Anne Laure Gannac

MÈRE-FILS
l'impossible séparation

•Marabout•

Ouvrage publié sous la direction de Véronique de Bure.

À Louis, Paul et leur mère.

Ma mère, à toi je me confie.
Des écueils d'un monde trompeur
Écarte ma faible nacelle.
Je veux devoir tout mon bonheur
À la tendresse maternelle.

Alfred DE MUSSET, *À ma mère*

INTRODUCTION

> « Les fils croient à la vertu de leur mère – les filles aussi, mais moins. »
>
> Anatole FRANCE,
> *L'Anneau d'améthyste*

Mère, fils : deux vies, deux destins... inséparables ? En 1998, le pédiatre et psychanalyste Aldo Naouri assurait : « Si l'image d'Épinal de la mère et du fils pathologiquement accrochés l'un à l'autre continue encore d'avoir cours, il semble que ce soit en train de devenir une pièce de musée [1]. » Depuis ? Plus rien ou presque sur cette relation entre mère et fils. Alors qu'ils abondent d'ouvrages se proposant de nous expliquer les enjeux des relations entre mères et filles, entre pères et filles, ou entre fils et pères, les rayons psy des librairies semblent avoir oublié les fils et leurs mères. Comme si, depuis Aldo Naouri, le débat était clos. Le « fils à maman » serait une espèce en voie d'extinction.

1. Aldo Naouri, *Les Filles et leurs mères*, Odile Jacob, 1998.

Et celle de la « maman à son fiston » par la même occasion.

Pourquoi la plupart des fils habitant « seul avec maman dans un très vieil appartement » auraient-ils soudainement choisi de quitter la « rue Sarasate [1] » ? Qu'est-ce qui a bien pu se passer pour que la « mère poule » accepte tout à coup de laisser son petit voler de ses propres ailes ? Il y a bien quelques explications possibles : désormais davantage préoccupées par leur carrière et/ou par leurs histoires de couple qui n'en finissent pas de se compliquer, les mères n'ont plus le temps ni même l'envie de jouer les *mammas* auprès de leurs garçons. Qu'ils réussissent au mieux leurs études et se trouvent une gentille fille, et elles seront comblées. Puis il y a les pères : longtemps absents, les voici qui, sous les injonctions de leurs partenaires – et des meilleurs alliés de celles-ci, à savoir les psys –, (re)découvrent depuis quelques années les joies et responsabilités de la parentalité, notamment vis-à-vis de ces fils pour qui, on ne cesse de le leur répéter, ils sont un « modèle indispensable ». En s'imposant, les pères auraient ainsi facilité le « décollement » entre mère et fils, diagnostiqué il y a six ans déjà par Aldo Naouri.

Pourtant, d'autres évidences incitent à nuancer ce bilan. La première, que les psychanalystes ne peuvent nier : les destins d'une mère et de son fils sont éternellement liés. Pour lui, elle est la Femme, la première, l'inévitable, celle qui, en l'initiant à l'amour au féminin, influencera à jamais son rapport à la féminité et aux femmes en général. Pour elle, il est le sésame de

---

1. Référence à la chanson de Charles Aznavour, *Comme ils disent.*

la plénitude : femme, elle a porté l'Homme en elle. Mère elle vivra aussi, à travers lui, ce prolongement d'elle-même au masculin. Mère et fils, ce sont donc deux vies, deux histoires, mais inéluctablement dépendantes l'une de l'autre. Ainsi, au quotidien, il suffit de regarder autour de soi pour constater que, autant les filles ont souvent une réelle fierté à exprimer et concrétiser leur désir d'indépendance, autant les garçons se satisfont plus largement de leur vie sous le toit familial. Le succès d'un film comme *Tanguy*, prénom hissé depuis au rang de nom commun, en est une illustration : quelle famille, aujourd'hui, n'a pas son « Tanguy » ? D'après une enquête publiée par l'INSEE en 2001 – année de sortie du film d'Étienne Chatiliez – parmi les jeunes Français âgés de 20 à 23 ans, 71 % des garçons vivaient encore chez leurs parents, contre 51 % des filles. Bien sûr, ce ne sont que des statistiques et rien ne dit dans quelle ambiance se déroule cette cohabitation entre les fils et leurs mères, ni dans quelles circonstances les filles décident d'y mettre un terme. Rien ne dit non plus si ces fils choisissent de rester avec « maman » au nom d'un amour sans bornes, ou pour s'épargner, le plus longtemps possible, la prise en charge des tâches ménagères...

Mais quand bien même : un fils peut-il jamais quitter sa mère ? Et la mère peut-elle jamais « lâcher » son fils ?

Sortons du rayon psy pour nous rendre au rayon « romans » : la réponse est là, dans des dizaines d'ouvrages. La mère plane au-dessus des livres de son fils comme une ombre obsédante ; elle l'a fui ? Il lui a couru après avec sa plume ; elle l'a suivi sans relâche, étouffé, violenté ? Il a tenté de s'en défaire par les mots de la rupture. De tout temps, les écrivains ont trouvé dans la littérature un moyen de rendre hommage à leur mère, ou de régler des comptes avec elle ; parfois ouvertement – ce sont les *Livre de ma mère*, *Lettre à ma mère*, *Le Miroir de ma mère*, *À ma mère*, *Une petite femme...* [1] ; d'autres fois sous le masque de la fiction, mais avec juste ce qu'il faut d'indices pour qu'on ne s'y trompe pas : Madame Lepic, décrite par Jules Renard, ou Paule Rézeau, surnommée Folcoche par Hervé Bazin, c'est elle, c'est la mère. Et c'est elle encore que, sous les identités éclatées de Dina, Victoria et Clara del Monte, le romancier Michel del Castillo refuse d'appeler « maman » ou, par son vrai prénom, Candida.

La stratégie dont usent les fils cinéastes n'est pas différente. Sous l'œil des caméras de Woody Allen, de Shohei Imamura, de Pedro Almodovar, de François Truffaut ou encore de Maurice Pialat, c'est la mère qui apparaît, héroïne ou figurante, sainte ou hystérique, admirée ou détestable. Et, à peine audible ou clairement annoncé, c'est le même message d'amour – ou de haine, ce qui revient au même – du fils à sa mère qui se fait entendre.

Ainsi, bien que les évolutions socioculturelles semblent favoriser la séparation entre mère et fils – au point que le « fils à maman » échappe de plus en plus au regard analytique de certains spécialistes tels qu'Aldo Naouri –, il semble pourtant que dès qu'on

---

1. Dans l'ordre : Albert Cohen, Georges Simenon, Philippe Delerm, Alfred de Musset, Jean-Marc Roberts.

lui donne l'occasion de s'exprimer avec la voix de sa sensibilité, le fils n'ait plus que deux mots à la bouche : « Ma mère. » Bien sûr, on peut penser que les romanciers, poètes, réalisateurs ou chanteurs sont des « cas à part ». Créateurs, quoi de plus normal qu'ils soient obsédés par LA créatrice ? On peut imaginer, aussi, qu'ils ont choisi la voie de l'art parce qu'ils sont en proie à une hypersensibilité développée dans le cadre d'une relation « particulière » avec celle qui fut, qui restera toujours, la première femme de leur vie. On peut conclure qu'ils trouvent dans la création artistique l'occasion de rejouer un rapport trop violent d'amour ou de douleur avec la mère, et ce, dans le but de le comprendre enfin, avant de pouvoir en sortir... C'est en effet souvent le cas. Mais si ces artistes étaient avant tout des hommes comme les autres, auxquels ont simplement été donnés la chance et le talent de pouvoir s'exprimer sur ce qui les agite tous, quel que soit leur itinéraire, intimement ? Et si, tout simplement, ils avaient, un peu plus que les autres, la faculté et l'envie de se laisser rattraper par leurs souvenirs d'enfant et de laisser parler leurs sensations, impressions et fantasmes ? Qui peut dire si, dans leurs silences, les autres hommes ne sont pas aux prises avec les mêmes pensées, les mêmes ressentiments ou les mêmes élans nostalgiques et pleins d'amour pour leur mère ?

Les mères, elles, ne font pas tant de mystère : car autant les œuvres artistiques composées par des mères à l'attention des fils restent rares, autant, au quotidien, il n'est sans doute aucun sujet de discussion qui les inspire mieux que celui de leur fils. Une maman pourrait en parler des heures, de ce petit garçon qui l'a couverte de bisous, de cet « ado-capricieux-mais-au-fond-si-sensible », de l'homme brillant, du mari exceptionnel, du papa fantastique qu'il est devenu. Elle lui reconnaît parfois des erreurs, bien sûr. C'est vrai, que, sur certains points, il aurait pu mieux faire. Quoique : non, ce n'était pas de sa faute. On ne lui a pas facilité la tâche : le travail, les femmes, les enfants... Oui, vraiment, il s'en sort bien, leur fils. Intarissables, elles vous inondent d'un flot de souvenirs tous plus tendres les uns que les autres, oubliant au passage les images sombres pour ne plus retenir que le cliché d'un « garçon bien ». Comme si, en filigrane, c'était leur propre portrait de mère qu'elles esquissaient. Celui d'une mère qui, quoi que les autres en aient vu, n'a jamais eu que de bonnes intentions à l'égard de son fils.

Volubilité des mères, silence des fils : deux variations mais toujours, au fond, sur le même thème, l'amour. Inné, acquis : à quoi tient cet amour côté mère et côté fils ? À qui, à quoi « sert »-il ? Quelles sont ses origines ? Connaît-il des nuances d'une culture à l'autre, d'une tradition à l'autre ? Qu'est-ce qu'une belle histoire d'amour entre une mère et son fils ? Autant de questions auxquelles se proposeront de répondre la psychanalyse mais aussi l'histoire : quel regard les spécialistes posent-ils sur ce lien qui apparaît aujourd'hui naturel, évident ? Depuis quand parle-t-on d'une relation particulière entre une mère et son fils ? Comment cette relation varie-t-elle selon l'époque, la culture, la religion ?

Aux voix des théoriciens feront écho celles des intéressés. Les témoignages de mères et de leurs fils ont été organisés et choisis en partant de cette hypothèse qu'il y a entre mère et fils un lien amoureux sans équivalent. Déjà très présent dans l'inconscient de la femme, il révèle toute sa force dans le bonheur que celle-ci affiche lorsqu'elle apprend que l'enfant à venir est un garçon, et dans les fantasmes qu'elle développe autour de cette future relation.

Puis l'enfant paraît. L'attachement entre la mère et le fils se concrétise, se distord, se fragilise, se consolide, au fil du temps et en fonction du profil de la famille. Ainsi, « on dit » que le fils unique entretient avec sa mère une véritable passion : pourquoi ? Et comment est-elle vécue ? avec quelles conséquences ? Faut-il en conclure qu'une mère de famille nombreuse aimerait « moins » chacun de ses fils ? Comment les fils se partagent-ils l'amour de leur mère ? Mère enfant, mère copine, fils surprotecteur : quelles conséquences attribuer à l'amour trop fusionnel entre une mère et son fils ? On dit aussi que « les histoires d'amour finissent mal, en général » ; qu'en est-il de celles entre mères et fils ? Leurs conflits sont-ils des querelles d'amoureux, aussi vite explosives qu'oubliées ? Interrogés tour à tour, des mères et des fils, anonymes et célèbres, apporteront leurs réponses au fil des témoignages.

Il n'y a pas, bien entendu, de « typologies ». Il ne s'agit pas de montrer que toutes les mères de fils uniques sont ainsi, ou que l'amour d'une mère est toujours reçu de la même façon par chacun de ses fils. Ces témoignages ne sont que des cas parmi d'autres, rattachés à des histoires de vie et à des personnalités uniques ; ils n'ont pas la prétention de tout dire ni de tout expliquer de cette relation si fluctuante. Par ailleurs, ils ont été recueillis dans le cadre d'un échange. Très rares sont les mères et plus encore les fils qui se sont lancés dans un monologue qu'il m'aurait suffi de retranscrire du premier au dernier mot. J'ai posé des questions, j'ai entraîné les mères, puis les fils, à revenir sur des souvenirs parfois très anciens et flous, des impressions et sensations qui n'auraient pas été évoquées spontanément. À l'inverse, j'ai pu oublier de leur en suggérer d'autres. La subjectivité dans le choix des questions puis dans la réorganisation d'un discours parfois long de plusieurs heures est une limite inévitable de ce travail. En revanche, j'ai voulu que le rythme, le style, le ton de langage donnés à lire restent au plus près de ceux que l'on m'a donnés à entendre.

Tous les témoins ont eu la possibilité de relire leurs confidences. Certains ont voulu apporter des corrections. Souvent des détails ; un mot à remplacer ici, une virgule à ajouter là... Parfois un peu plus. « Je ne voudrais pas blesser ma mère » : une remarque entendue plusieurs fois, distinctement ou indirectement dans des ratures apportées à la première version retranscrite. La relecture de paroles lancées librement dans une conversation éveille une farouche tendance à l'euphémisme. Mais mon but n'étant pas de romancer des histoires de vie, j'ai parfois proposé, plutôt que d'affadir des passages entiers, de les supprimer. Droit au silence accordé, mais pas à la langue de bois. Tous ont joué le jeu. Ainsi, bien que ces histoires soient les leurs, porteuses de leurs propres manques, richesses, forces et faiblesses, le souci de vérité qui les sous-tend devrait permettre à chaque mère et à chaque fils d'y lire un peu de sa propre histoire. J'espère également qu'à travers les entretiens précédant ces témoignages, mère et fils trouveront des clés pour mieux se comprendre l'un l'autre et continuer de bien vivre cette relation... amoureuse. Puisque, de toute évidence, c'est bien d'amour dont il s'agit.

Quant aux autres lecteurs, ou plutôt lectrices, qu'elles ne referment pas tout de suite ce livre. Écrit par des mères et des fils, il est aussi un mode d'emploi sur les hommes et les belles-mères. Vous devriez donc y trouver votre compte. Croyez-moi : je suis bien placée pour vous le dire.

Une relation d'amour

« Dans les yeux de ma mère
Il y a toujours une lumière
L'amour je trouve ça toujours
Dans les yeux de ma mère. »

Arno, *Les Yeux de ma mère*

Catherine Bergeret-Amselek : « Pour une mère, aimer son fils, c'est apprendre à le lâcher. »

« Parlez-moi de votre mère, maintenant. » « Ah ! ma mère ! » La machine à remonter le temps est lancée. Semblant puiser une inspiration sans fin dans les moulures du plafond, l'homme se laisse aller à un monologue agité, tandis que, les yeux fermés, son auditeur tente désespérément de lutter contre une farouche envie de somnoler... L'image est caricaturale, bien sûr, mais difficile à zapper pour ceux qui n'ont jamais fait l'expérience du « divan » ailleurs que dans leur salon, ou à travers les personnages torturés de Woody Allen. Cela étant, aucun psy ne peut nier que son cabinet est hanté par des mères ; trop dure, trop absente, castratrice ou si douce... La mère arrive forcément au détour d'une confidence. Le patient aura beau répéter que sa mère n'a rien à voir avec son mal-être, il devra admettre qu'elle en est, nécessairement, l'une des origines. Puisqu'elle est son origine. Il y viendra donc, immanquablement. Même s'il n'en dit rien, puisqu'en langage psy, le silence en dit au moins autant que les mots.

Quelques heures d'entretien avec une psychanalyste ne pourraient suffire à tout raconter de cette histoire que des millions de fils et de mères retracent chaque jour, sur tous les divans du monde, depuis Sigmund. Pour cerner au mieux le sujet qui nous intéresse ici, j'ai donc choisi d'organiser l'échange autour de ce sentiment, supposé lien fondamental et fondateur entre mère et fils : l'amour. Pour cela, je me suis adressée à la psychanalyste et psychothérapeute Catherine Bergeret-Amselek. Membre de la société de psychanalyse freudienne et du Groupe de recherche et d'études sur la naissance et le nouveau-né, elle a été amenée, par sa pratique de psychanalyste en cabinet privé, depuis plus de quinze ans, à accompagner en analyse des femmes enceintes et des femmes infertiles. Elle présente son approche particulière de la maternalité dans son premier livre : Le Mystère des mères [1]. *Elle a dirigé plusieurs ouvrages collectifs et participé à des émissions de télévision et de radio, et donne des conférences dans divers colloques et associations.*

Catherine Bergeret-Amselek est également mère d'un fils unique.

*

> « Avec les plus aimés, amis, filles et femmes aimantes, il me faut un peu paraître, dissimuler un peu. Avec ma mère, je n'avais qu'à être ce que j'étais, avec mes angoisses, mes pauvres faiblesses, mes misères du corps et de l'âme. Elle ne m'aimait pas moins. Amour de ma mère, à nul autre pareil.
> Avec elle seule, j'aurais pu vivre loin du monde. Jamais elle ne m'aurait jugé ou critiqué. Jamais elle n'aurait, comme d'autres, pensé : il ne publie plus de

1. Les principales publications des spécialistes interrogés se trouvent recensées en fin d'ouvrage.

livres, ou : il vieillit. Non, "Mon fils", se serait-elle dit avec foi. Eh bien, moi je t'envoie à travers les espaces et les silences, ce même acte de foi, et je te dis gravement : ma Maman. »

Albert Cohen, *Le Livre de ma mère.*

Peut-on réellement parler d'une relation d'amour entre mère et fils ?

Oui, c'est une histoire d'amour, au sens fort du terme. Les hommes de la vie d'une femme ne sont-ils pas son père, son mari (ou l'homme avec lequel elle vit) et son (ses) fils ?

Quand cet amour pour le fils naît-il dans l'esprit de la mère ?

Il existe avant même que le fils soit là. Chez toute femme, même si elle affirme de façon consciente qu'elle préférerait avoir une fille, il y a le désir d'avoir un fils.

Pourquoi ?

D'abord, parce que toute femme a le fantasme (parfois resté inconscient) de faire un bébé avec son papa pour l'offrir à sa maman. Pour peu que ce bébé soit un garçon et qu'il ressemble à son grand-père maternel, la mère aura, bien sûr, plus de facilité à reporter sur lui des sentiments éprouvés autrefois pour son propre père. Si tout va bien cependant – entendez si la mère a résolu son œdipe –, elle aura élu un homme pour être le père de son enfant. Un enfant, cela se conçoit, se porte et s'élève à deux. C'est cette triade qui, dès le départ, va donner forme au futur œdipe de l'enfant et à sa « parentalité » plus tard.

Autre raison : pour une femme, il est très comblant d'avoir un garçon dans la mesure où il est porteur du phallus qu'elle n'a pas. Grâce à ce fils, elle obtient cette position de femme « complète », ce phallus imaginaire et symbolique venant combler son manque.

D'où ce surnom de « mon petit bout » que tant de mères donnent à leur fils...

Tout à fait. Le fils donne à la mère ce « petit bout de chair » qu'elle n'a pas et qui, sur le plan symbolique, représente tant : le pouvoir, la puissance...

De fait, l'attachement d'une mère à son fils sera d'autant plus fort si elle a souffert de son statut de femme qui l'aurait empêché de s'imposer et de s'épanouir. Elle pourra prendre sa revanche à travers lui qui reste un prolongement d'elle-même. C'est « l'enfant phallus » venu combler le manque. C'est le « fils gladiateur » qui va conquérir pour elle.

Que le fils soit, traditionnellement du moins, celui qui transmet le nom, est-ce un autre facteur de cet attachement particulier au fils par la mère ?

Non, je pense que, sur ce point, c'est plutôt le père qui est flatté. Pour la mère, la fierté se situerait éventuellement dans le fait que, par ce garçon, elle permet la continuité de la lignée.

À ce sujet, en tant que psychanalyste, que pensez-vous du fait que les mères puissent transmettre leur nom à leur fils ?

Je pense que l'homme n'est pas la femme. Qu'il y a des transmissions d'hommes et des transmissions de femmes. Le père qui fait tiers et sépare le bébé de la fusion avec sa mère en donnant son nom à l'enfant et en le déclarant à la mairie marque son sceau et l'introduit dans le registre du symbolique. C'est ce qui va lui permettre de se relier au monde en tant qu'individu, capable de dire « je » et de rencontrer l'autre.

Le pouvoir de porter un bébé dans son ventre est immense, ainsi que celui de lui donner la vie et de s'occuper de lui les premières années. Laissons aux pères leur part de pouvoir dont la transmission du nom.

L'autre particularité de cet amour entre mère et fils c'est sa dimension charnelle, cette relation fusionnelle dans laquelle les mères disent souvent entrer davantage avec leur fils qu'avec leur fille ; comme si le « décollement physique » avec le fils restait toujours plus compliqué qu'avec la fille. Pourquoi ?

Parce qu'il la comble ! Il la complète. C'est un homme sorti d'elle ; c'est, d'une certaine façon, la réincarnation d'elle-même en homme !

Puis parce que, comme je vous le disais, elle revoit en lui quelque chose de son propre père. Elle vit avec son fils une sorte d'œdipe inversé.

Et parce que ce fils l'aime d'un amour fou. Elle est sa « déesse ». La fille aussi, bien sûr, vit cette relation de séduction originaire avec la mère, seulement très vite, elle entre en conflit avec elle : c'est l'œdipe ; cette période où la petite fille rejette sa mère et devient « amoureuse » de son père. Or, pour le fils, l'œdipe consiste justement à rester dans cet amour pour la mère. D'où la difficulté pour elle et lui de se « décoller » l'un de l'autre.

Comment évolue ensuite cet amour entre eux ?

Il sera encore présent dans la période de latence (7-12 ans) mais lors d'un réaménagement du complexe d'Œdipe, qu'on appelle déclin de l'œdipe ; cela correspond à un certain refroidissement du feu œdipien, où la flamme à l'égard de la mère et la rivalité pour le père, puis l'amour pour le père et une certaine opposition à la mère se renvoient la balle. Le rôle de la maman sera, dès lors, de maintenir une certaine distance avec son fils. Il est souhaitable qu'il y ait moins de bisous, moins de câlins, pour ne pas érotiser son corps. En un mot, pour l'aimer, la maman doit commencer à le lâcher. Or, ce lâcher du fils impose un travail psychique à la mère.

Que signifie « lâcher son fils » ?

C'est ne plus le considérer comme un bébé ni comme un petit garçon, c'est le laisser devenir un grand garçon, puis un adolescent. Cela signifie faire le deuil du petit garçon qu'il a été, et, en même temps, de son statut de jeune maman.

Puisque le fils se complaît dans la relation fusionnelle avec sa mère, comment, donc, celle-ci peut-elle savoir si elle le « lâche » suffisamment ?

Il n'y a pas de mode d'emploi. Cela se sent. Une mère sent bien qu'elle ne peut pas faire le même genre de câlins à un bébé et à un garçon de sept ans. Puis elle le voit, aussi : quand sous ses caresses ou dans un câlin, il rit de façon presque hystérique, il s'agite... Il y a ce quelque chose de trop érotisant qui passe.

Puis, de son côté, la mère se rend bien compte que si elle est dans le manque et si ce fils vient la combler par ces câlins, c'est qu'elle l'utilise comme un « doudou ».

Qu'est-ce qui peut faciliter ce « lâcher » du fils ?

S'épanouir au niveau personnel dans son couple et son travail aide une mère à se séparer de son enfant. Ce qui fait qu'une mère « désire ailleurs » donne de l'air à chacun d'eux.

Mais surtout, il y a le père ; c'est son travail de rappeler à la mère qu'elle en fait trop avec son fils et qu'elle doit le laisser un peu tranquille. À lui, aussi, de remettre le fils à sa place d'enfant, sur le ton de l'humour, de lui faire comprendre que tout n'est pas permis et que tout n'est pas possible. L'interdit de l'inceste avec la mère, c'est au père de le signifier ; mais encore faut-il que la mère ne lui sabote pas le travail en faisant de son fils son petit homme, ou son « petit bout » comme vous le disiez précédemment ! Cela implique, surtout, pour elle, d'avoir accepté pleinement sa féminité ; c'est-à-dire d'entretenir un bon rapport aux autres et aux hommes en particulier ; c'est accepter de ne pas utiliser son fils comme un « bouchon » venu combler son manque.

L'absence du père complique-t-elle nécessairement la relation mère-fils ?

Elle ne la facilite pas, car pour une mère, un homme auprès d'elle, fût-il le beau-père de l'enfant, représente un garde-fou. Si le père est absent, la mère doit le « porter » en elle, ce qui le rend présent symboliquement. Elle doit « présentifier » ce père, le faire exister dans ses propos ; il doit être « quelque part » dans sa tête et dans son corps, et elle doit se souvenir que cet enfant est également le sien. Puis plus tard, si elle rencontre un autre homme, il pourra aussi devenir une figure paternelle pour cet enfant.

Si le travail de la mère consiste très vite à lâcher son fils, est-ce à dire qu'elle ne joue aucun rôle dans la construction identitaire du garçon ?

Disons que si elle ne le lâche pas, il risque de ne pas pouvoir s'arrimer à son père (ou à une figure masculine qui le représente si besoin est), et de ne pas pouvoir aimer une autre femme que sa mère. C'est en s'identifiant à son père – entre autres pour plaire à sa mère ! – qu'il en recevra les transmissions essentielles pour la construction de son identité. Il va ensuite « tuer » symboliquement son père pour prendre sa place d'homme. Il le remboursera plus tard d'une sorte de dette de vie en devenant père à son tour. Le pédopsychiatre Roger Teboul parle très bien de ce remboursement du fils à son père [1].

Selon vous, un homme se construit donc surtout grâce à son père ?

En grande partie. De même que la féminité se transmet essentiellement de mère en fille (voir mon livre *Le Mystère des mères*), la masculinité se transmet de père en fils ; cela n'empêche cependant pas que, pour les deux sexes, les deux parents jouent un rôle.

Quelle sorte de rôle attribuer, alors, à la mère ?

Déjà, l'amour de la mère fournit au bébé, fille ou garçon, un sentiment de sécurité de base pour son développement. Il lui permet de grandir dans la confiance. En cela, l'amour maternel est une force immense pour le petit enfant.

Mais concernant le fils, tout particulièrement ?

Au fur et à mesure qu'il grandit, le rôle de sa mère est de le reconnaître en tant qu'homme ; de l'autoriser à aimer une autre femme qu'elle ; de laisser le père faire son travail de père. Bref : d'accepter de ne pas tout contrôler de la vie de son fils.

Puis l'amour de la mère a aussi cette « fonction » de nourrir la part féminine du fils. Il lui apprend à

---

1. « Devenir père. Un modèle pour devenir parent au XXIe siècle », in *Devenir parent en l'an 2000*, sous la direction de Catherine Bergeret-Amselek, Desclée de Brouwer, 1999.

s'ouvrir, à exprimer ses émotions ; même si, bien sûr, son père lui en transmet aussi quelque chose, surtout si lui-même ose exprimer les siennes.

> « Neuf mois au chaud dans son ventre, je n'avais besoin de rien,
> Après c'n'était pas une autre qui m'a donné son sein
> Elle m'a tendu sa main dès que j'en avais besoin,
> Quand j'habitais chez elle, je n'avais jamais faim
> Elle a travaillé dur, oui, ça j'en suis certain,
> Elle a privé sa vie et ça j'en suis témoin
> Oh ! je l'aime, oh ! je l'aime tant
> Laisse-moi dédier cette chanson pour maman
> Il y a tant de femmes dans mon cœur mais c'est elle ma *number one*,
> Allez leur dire ça pour moi
> On s'est pas toujours compris mais ma foi tant pis,
> Je l'aime et ça tu n'y peux rien
> [...]
> Les ambiances familiales, j'suis pas trop avec ça
> Mais rien ne me plaît si bien que de prendre ma mère dans mes bras. »
>
> Tonton David, *Ma Number One.*

Il y a presque toujours, chez un homme, cette fierté à revendiquer son amour pour sa mère, ce plaisir à lui dédier son trophée, son livre, sa chanson... Pourquoi ?

Parce que c'est son premier amour ! Et que cet amour primaire a continué de sévir durant toutes les années de la période œdipienne. Tous les hommes ont fantasmé inconsciemment, à un moment de leur enfance, sur cette mère. Tous ont essayé quand

« papa » était parti deux jours en voyage, de prendre sa place dans le lit. En un mot : tous les fils ont essayé de séduire leur mère. De plus, à l'adolescence et à la paternalité, l'homme est plus ou moins repris dans cette séduction originaire, car son œdipe se réveille. De cet amour, il est donc évident qu'il reste une trace dans la vie de l'adulte !

> « Je suis dans une position très agréable. Je suis pas seul : il y a ma mère. [...] J'aime beaucoup ma sœur... mais je protégerai toujours ma mère. »
>
> Maurice Pialat, *À nos amours.*

Souvent, aussi, les fils deviennent très protecteurs envers leur mère.

En effet. Certaines fois, s'il sent sa mère dépressive, un fils se donne pour mission de la soigner. Il arrive que, si ses parents s'entendent mal, il devienne le confident de sa mère, son petit homme. Or, c'est bien lourd à porter pour un enfant que d'être l'antidépresseur de ses parents. Le rôle d'« enfant sauveur » est hélas endossé par bon nombre de fils, hautement investis. D'ailleurs, on retrouve cet « enfant sauveur » dans tous les romans contemporains pour la jeunesse qui présentent précisément leur héros en tant que tel. La philosophe Isabelle Smadja souligne cette constante chez les héros modernes qui remportent un vif succès auprès des jeunes et des moins jeunes [1].

---

1. Isabelle Smadja, *Le Seigneur des anneaux ou la Tentation du mal*, PUF, 2002 ; *Harry Potter : les raisons d'un succès*, PUF, 2001.

Par ailleurs, il y a aussi tout ce qui relève du domaine de la galanterie du fils pour sa mère ; il l'aide par exemple à porter ses courses ou prend soin d'elle quand il la sent fatiguée... Évidemment, dans ces cas-là, les mamans y voient une preuve d'amour.

Ce type de relation n'est-il pas encore plus fréquent dans le cas des mères célibataires ?

Certes, après les divorces, beaucoup de mamans élèvent leurs enfants seules. Mais heureusement, toutes n'utilisent pas leur enfant en « enfant sauveur ». Puis, très souvent, il y a ensuite une famille qui se recompose. Cela dit, dans les familles recomposées on constate plus de proximité et d'échanges, ce qui, parfois, entraîne un climat où tout se mélange. La confusion des générations, des genres, des sexes fait que, dans certains cas, chacun semble pouvoir pénétrer l'univers de l'autre. La mère celui du fils, le fils celui de la mère. Tantôt elle lui fait ses confidences, tantôt elle aime séduire ses copains.

Et cela est nécessairement « mal » d'avoir une mère copine ?

Oui. Parce que même si l'enfant dit être fier que ses copains trouvent sa mère « jeune et belle », ou s'il se sent fort quand on le prend pour le petit copain de sa mère, en réalité, il en souffre. Il n'a plus de repères. Alors, pour lui qui, au fond, aime follement sa mère, cela devient encore plus difficile de se détacher d'elle. Toute cette « poudre sexuelle » de l'ordre du « trop à contenir » finit par exploser.

J'imagine que vous faites surtout référence, ici, à la période de l'adolescence ?

Pas seulement. Cela vaut bien avant, pendant la période de latence.

Pourtant, on entend généralement dire que cette période dite de « latence » serait dénuée de toute sexualité dans l'esprit de l'enfant puisque tous les acquis de la sexualité infantile sombreraient alors dans le refoulement...

D'abord, la période de latence correspond à un remaniement de l'œdipe. Elle n'est nullement dénuée de sexualité. Ainsi, le fils a besoin qu'on respecte son intimité et que sa mère préserve la sienne. C'est l'âge de la pudeur. C'est alors que pourra s'opérer une sublimation des pulsions sexuelles dans des buts culturels. (N'oublions pas qu'à cet âge-là, les parents demandent essentiellement à leurs enfants d'être des petits élèves brillants !)

Le problème, aujourd'hui, c'est qu'une culture adolescente fait irruption dans la grande enfance, si bien que certains enfants deviennent adolescents avant leur puberté. Un certain nombre de messages sexuels, à travers la banalisation de l'érotisme et de la pornographie à la télé, dans les pubs, sur Internet... font violence aux enfants prépubères, non encore équipés pour décharger des excitations trop fortes. D'où certains troubles nouveaux chez les préados que l'on rencontrait avant chez les ados : violence, phobies scolaires, hyperactivité, anorexie, schizophrénie, tentatives de suicide...

« M'man,
J'viens tout juste d'avoir mes quatorze ans.
J'veux plus d'école : j'suis dev'nu grand.
J'te promets, j'te gagn'rai plein d'argent.
M'man,
J'viens d'fumer ma toute première Week-End.
Sur les fortif' où t'aimes pas qu'j'traîne.
J'me s'rais tué plutôt que d'refuser.
Y a pas qu'les mères qui font les enfants :
La zone, la rue coulent dans mon sang.
M'man, j'aimerais chanter tout ce que r'sentent les autres :
Ta vie, la nôtre...
M'en veux pas, mais maint'nant j'ai choisi. »

Eddy Mitchell, *M'man.*

Vient ensuite la période de l'adolescence : la relation entre mère et fils se dégrade-t-elle forcément à ce moment ?

Disons que depuis la puberté et pendant l'adolescence, le fils devient un homme. Cela impose à la mère de perdre son petit garçon, son odeur, sa peau douce, sa voix claire... Elle a à faire le deuil de cet enfant parfois si câlin pour laisser passer et accueillir ce tout nouvel homme.

Lors de sa crise d'adolescence, si un fils s'oppose à sa mère, n'est-ce pas plus facile pour elle de le « lâcher » ?

Pas vraiment. Ne plus être la maman dont il a besoin lui laisse les mains vides. Et c'est très « dénarcissisant » que son fils s'intéresse à d'autres, à des filles qui vont devenir des rivales et qui lui prennent son garçon !

Puis : « Petit enfant, petits soucis, grand enfant, grands soucis ! » Avec la menace du sida, de la drogue… les craintes sont fortes. L'adolescence, c'est l'âge de toutes les prises de risque et l'occasion pour les mères d'avoir peur. Pour une mère, un ado reste la chair de sa chair. Elle a peur dans son ventre pour son enfant, alors qu'un père est plus « détaché » à la base.

Comment, justement, aborder les sujets drogue, sexualité… avec son fils ?

Le plus simplement. Mais de préférence, il me semble que ce sont les pères qui doivent parler de sexualité aux fils et les mères aux filles.

Pourquoi ?

Si son fils lui pose des questions, bien sûr que la mère va lui répondre et non pas systématiquement l'envoyer vers son père ! Sauf lorsqu'il s'agit de donner des détails et de trop avancer sur le terrain de la sexualité masculine. Cela deviendrait vite déplacé ! Prenez, par exemple, le sujet des premières éjaculations : la mère n'a pas à faire des remarques ; ni « Bravo mon fils ! », ni « Tu as encore sali ton lit ! ». C'est le meilleur moyen de le mettre mal à l'aise et même de provoquer des troubles importants dans sa sexualité d'adulte.

> « Les hommes tiennent le monde. Les mères tiennent l'éternel qui tient le monde et les hommes. »
>
> Christian Bobin, *Le Très-Bas.*

Pour résumer, vous semblez dire qu'un fils qui n'aura pas été « lâché » par sa mère ne pourra pas être épanoui en tant qu'homme. Pourtant, quand on regarde parmi certains « grands », politiques ou artistes notamment, on voit que, souvent, derrière eux, se tient une mère très présente et aimante...

Mais qu'ils aient acquis du pouvoir ou de la notoriété ne signifie pas pour autant qu'ils sont heureux ! Quand on reçoit ces hommes en analyse, on se rend compte que tout cela n'est qu'un masque et qu'ils ont souvent des problèmes relationnels et sexuels avec les femmes. Sous son costume, l'homme peut être resté un petit garçon ou un jeune homme blessé. Il peut avoir réussi socialement pour remplir un contrat, signé avec sa mère, de réussite à tout prix. On peut avoir une vie professionnelle pleine de succès et une vie privée ratée, voire entretenir une folie privée. Il y a un certain nombre de « cas limites » parmi les hommes de pouvoir. D'ailleurs, désirer le pouvoir n'est-ce pas déjà un symptôme ?

Mais l'amour d'une mère peut aussi être un moteur ! On dit bien que l'amour est constructif, et celui d'une mère à plus forte raison !

L'amour d'une mère est indispensable pour se construire. Ce que l'on peut dire, c'est que les fils bien aimés par leur mère, qui ont eu une mère sur laquelle ils pouvaient compter, une « juste bonne mère » (« good enough mother », selon la conception du psychanalyste Winnicott : une mère ni trop envahissante ni trop absente), ces hommes-là ont toutes les chances de réussir, sur les plans professionnel et privé, plus tard. Ils dégagent une sécurité communicative. J'ai d'ailleurs remarqué que ces garçons attiraient de nombreuses filles qui recherchaient en eux cette mère qu'ils avaient eue. La mère aide le fils à s'ouvrir, à apprivoiser ses émotions ; elle cultive sa part féminine. Un homme en contact avec sa féminité n'est nullement efféminé ; c'est un homme capable de tendresse, de sollicitude auprès de sa mère quand elle vieillit, de sa femme, et de ses enfants.

De nouveau, donc, cette « tendresse », cette proximité physique dont nous parlions au début...

C'est bien normal ! Par sa tendresse, un fils adulte gratifie sa mère. C'est un moyen pour elle de voir que même si son fils est devenu un père, un adulte, elle n'est pas oubliée en tant que « maman ».

Mais cette tendresse semble tout de même moins fréquente entre mères et filles adultes...

Beaucoup de mères et de filles adultes ont des relations tendres, mais elles sont parfois entrecoupées de sursauts de rivalité d'origine œdipienne.

Et comment expliquer que certains fils devenus adultes refusent au contraire cette tendresse maternelle ?

Trop de proximité mère-fils peut réveiller chez certains hommes une crainte d'être repris dans la mère des premiers temps, dans la fusion éprouvée autrefois avec elle, et, en même temps, raviver des peurs d'un amour incestueux.

Enfin, vous définissiez à l'instant la « juste bonne mère » : qu'est-ce, à l'inverse, qu'une mauvaise mère ?

On est toutes mauvaise mère un jour. Et j'allais dire : heureusement, parce qu'une mère parfaite serait une mère étouffante qui ne laisserait jamais l'occasion à son enfant d'éprouver le manque et, donc, le désir.

En revanche, une mère imprévisible, voire trop présente ou trop absente, est une mère qui fait violence à son fils.

> « Ma mère apparaît souvent pour me prendre par les oreilles et me calotter. C'est pour mon bien ; aussi, plus elle m'arrache de cheveux, plus elle me donne de taloches et plus je suis persuadé qu'elle est une bonne mère et que je suis un fils ingrat. Oui, ingrat ! car il m'est arrivé quelquefois, le soir, en grattant mes bosses, de ne pas me mettre à la bénir, et c'est à la fin de mes prières, tout à fait, que je demande à Dieu de lui garder la santé pour veiller sur moi et continuer ses bons soins. »
>
> Jules Vallès, *L'Enfant.*

Nous avons parlé jusqu'à présent de cet amour exceptionnel qui unit mère et fils. Mais est-ce un amour inconditionnel ? Est-ce un amour dénué de toute ambivalence ?

Oui, une mère aime son fils inconditionnellement, et c'est bien le problème ! Cela ne veut pas dire qu'il ne puisse pas la faire sortir de ses gonds ou l'agacer. Il y a aussi des mères qui en veulent à leur fils de grandir. Mais fondamentalement, une mère ne hait pas son fils. Un fils peut haïr sa mère si celle-ci lui casse sa vie ; il a besoin de la haïr pour s'en défaire. Mais il lui en veut car il sent, d'un autre côté, qu'elle lui est indispensable. Cette ambivalence est celle du fils pour sa mère quand il tente de résoudre son œdipe. La mère, elle, n'éprouve pas cette ambivalence. Elle peut être jalouse des conquêtes de son fils, mais le combat a lieu entre ces femmes et elle-même. Il arrive aussi qu'une femme qui hait les hommes haïsse son fils parce qu'il prend pour tous les autres. Mais ce sont là des femmes très particulières et elles se livrent parfois à une véritable émasculation psychique de leur fils.

Faites-vous référence aux mères qui battent leur fils ?

Non, pas ici. Les mères qui en viennent aux mains le font souvent dans le cas d'une séparation mère-fils impossible. Elles l'envahissent, sont intrusives ; le fils, pris dans cette mère et devenu dépendant d'elle, la colle et en même temps lui en veut, donc dépasse parfois les bornes, la tyrannise, la bouscule et elle le gifle ; il se « colle », elle se sent envahie et elle le frappe... C'est un jeu en spirale sans fin, fait de violence et de caresses. Après la gifle, elle se culpabilise et s'excuse ou l'embrasse, etc. Je caricature, bien sûr, un comportement extrême, pour montrer l'ornière d'une relation mère-fils maintenue fusionnelle trop longtemps. C'est là que le père est un garde-fou qui doit intervenir dès les premiers jours dans le relais des soins à prodiguer au bébé. C'est dans cette période de fragilité, traversée par les mamans les premiers mois, que se prépare leur future capacité à lâcher leur fils.

À l'inverse, pourquoi certains fils en viennent-ils à se montrer violents avec leur mère ?

C'est face au tout-petit qu'une mère doit se faire respecter et ne pas tolérer que son garçon l'insulte ou la frappe. Et c'est aussi au père de signifier au fils qu'il est interdit de frapper sa mère et de mal lui parler. Sinon, tout-puissant, autoritaire, le fils devient un fils tyran. Si un garçon voit son père maltraiter sa mère, il aura tendance à reproduire cette attitude avec les filles, avec sa propre mère, et parfois avec sa femme plus tard. Il me semble primordial qu'un homme respecte sa femme devant son fils pour lui donner l'exemple. C'est essentiel pour son avenir d'homme.

> « Il n'est pas bon d'être tellement aimé, si jeune, si tôt. Ça vous donne de mauvaises habitudes. On croit que c'est arrivé. On croit que ça existe ailleurs, que ça peut se retrouver. [...] Avec l'amour maternel, la vie vous fait à l'aube une promesse qu'elle ne tient jamais. On est ensuite obligé de manger froid jusqu'à la fin de ses jours. Après cela, chaque fois qu'une femme vous prend dans ses bras et vous serre sur son cœur, ce ne sont plus que des condoléances. [...] Je ne dis pas qu'il faille empêcher les mères d'aimer leurs petits. Je dis simplement qu'il vaut mieux que les mères aient encore quelqu'un d'autre à aimer. Si ma mère avait eu un amant, je n'aurais pas passé ma vie à mourir de soif auprès de chaque fontaine. »
>
> Romain Gary, *La Promesse de l'aube.*

Comme vous l'avez dit, la mère est le premier amour féminin du fils : elle joue donc un rôle important dans les futures amours du fils ?

Souvent, en effet, un homme va rechercher des femmes qui ressemblent à sa mère, ou en sont l'opposé. Ce qui revient au même. Ainsi, certains épousent-ils leur mère !

Cela suffit-il pour dire que l'homme cherche toujours une partenaire qui ressemble à sa mère ?

Il me semble tentant de penser qu'elle en a toujours des ingrédients ; mais on peut le dire des femmes pour le choix de leur partenaire par rapport à leur père. Dans les deux cas, ce n'est pas cela qui est vraiment important. C'est que l'homme arrive à voir une femme en tant qu'« autre ». *Idem* pour les femmes avec les hommes.

Le psychosociologue québécois Guy Corneau explique bien cette façon dont les relations mère-fils conditionnent les amours du fils. Et, tout comme vous, il explique que pour que cette distinction psychologique entre mère et partenaires se fasse dans l'esprit du fils, « il faudra qu'il y ait séparation. Sinon, écrit-il, les territoires demeureront confondus et les fils prêteront à leur femme les attributs que portait leur mère. Ils se retrouveront vite en position de tout-petits sans défense devant une partenaire désemparée qui ne saura trop que faire de la toute-puissance qui lui est accordée. Ou encore, elle aura à essuyer des coups et des colères qui ne lui sont manifestement pas adressés[1] ». *D'après cette analyse, ce serait donc surtout dans leurs relations aux femmes que les hommes seraient conditionnés par la relation vécue avec leur mère...*

Tout à fait. À travers les rapports qu'elle entretient avec lui, la mère enseigne à l'enfant sa future façon d'aimer. Ainsi, parfois, un fils en proie à une mère dominatrice aura-t-il tendance à chercher une femme qui le domine à son tour ; un homme trop chouchouté par sa mère recherchera-t-il une femme qui ne soit pas trop envahissante et aura-t-il peur dès qu'elle voudra prendre soin de lui... Mais là encore, la mère ne fait pas « tout » le fils.

> « Qu'est-ce que je vais penser des autres femmes, maintenant que je sais que ma mère peut mentir ! »
>
> Marcel Pagnol, *César*.

Partant de cette hypothèse que le comportement amoureux d'un homme en dit long sur la relation qu'il a eue avec sa mère, comment « analyser » les hommes qui multiplient les conquêtes ?

Il y a plusieurs façons de multiplier les conquêtes. On peut être un séducteur de type Casanova, qui consomme et qui rapporte ses conquêtes en trophées de chasse à sa maman ! Ou bien ce type don Juan, trouve le plaisir dans le ballet de séduction et non dans l'acte ; qui aime à s'entourer des plus belles femmes mais sans coucher avec elles...

---

1. Guy Corneau, *N'y a-t-il pas d'amour heureux ?*, J'ai Lu, 1999.

Quel peut être, dans ce cas, le poids de sa relation à sa mère ?

Il n'y a pas de lien généralisé de cause à effet. Cela dit, il s'agit souvent d'hommes qui sont restés pris dans leur mère et qui ne sont pas parvenus à la rencontre de « l'autre ». Leur mère est restée la seule femme possible.

Mais le séducteur peut également être un homme qui se sent enfermé dans un couple, incapable d'assumer la castration (c'est-à-dire resté dans la toute-puissance infantile), et qui veut à la fois le confort du foyer et la liberté du célibataire. Et il peut être un homme très équilibré qui recherche les conquêtes un temps avant de rentrer au port et de jeter l'ancre. (Mais attention, car il y a de belles sirènes dans bien des « mers » !...)

Que penser, toujours dans la perspective de la relation mère-fils, de ceux qui recherchent perpétuellement le grand amour sans jamais le trouver ?

Ils recherchent un idéal qui n'existe pas.

Leur mère ?

Bien souvent, oui ; une mère qui les aura trop « comblés » et dont les caresses seront restées les « meilleures ».

Ce peut être aussi parce que s'engager avec une femme réveille chez eux des angoisses beaucoup plus archaïques, notamment une peur d'être repris dans une mère qui va les « castrer », les engloutir, ou, au contraire, les abandonner (s'ils ont eu une mère abandonnique). Parfois, enfin, c'est le sexe féminin qui leur fait peur : il rappelle en quelque sorte le sexe de la mère duquel ils sont sortis. C'est la peur du « continent noir » dont parle Freud concernant la féminité.

Tous ces hommes dont nous venons d'esquisser le « profil amoureux » peuvent-ils jamais se défaire de l'influence de leur mère dans leurs relations aux femmes ?

Heureusement que certains y arrivent, même si cela nécessite parfois une analyse !

Enfin, à l'inverse, quelle part de « responsabilité » attribuer à la mère dont le fils devient un père de famille présent, un homme fidèle... Bref, un mari exemplaire ?

L'un ne va pas toujours avec l'autre ! Cela dit, avoir intériorisé une bonne mère sécurisante donne quand même toutes les chances de s'en détacher et de rencontrer alors une ou plusieurs grandes amours. Ensuite, il me semble que c'est important que la mère reconnaisse son fils dans son nouveau statut de père et dans sa capacité à l'être. Mais je crois que le fils attend beaucoup que ce soit son père qui valide sa paternité et ses liaisons amoureuses. Je crois, enfin, que ce qui fait du bien à un fils c'est de sentir que sa mère est heureuse d'être grand-mère.

> « La belle-mère et la bru dans la même maison sont comme deux chats dans un sac. »
>
> Proverbe yiddish.

Évoquant ce thème des amours du fils, on ne peut pas ne pas parler des relations belle-mère/belle-fille. Je devine que, là encore, la qualité de cette relation va dépendre de la capacité de la mère à accepter la séparation d'avec son fils. Cela dit, est-il réellement possible de vivre ces rapports sans quelque jalousie ?

Cela va dépendre en grande partie du rapport de la mère à sa propre mère. Une mère jalouse des conquêtes de son fils sera en réalité en combat avec toutes ses rivales, comme elle l'a été avec sa première rivale qu'était sa mère ; et c'est un combat de poules ! Si la mère est fière des conquêtes de son fils, de le voir heureux avec une femme, elle peut se dire qu'elle a bien fait son travail.

Si une mère a elle-même une vie sentimentale, elle sera heureuse pour son fils et se sentira remboursée du mal qu'elle s'est donné pour l'élever, surtout quand elle sera grand-mère.

Le sentiment de jalousie est donc évitable ?

Très évitable. Cela dit, il y a parfois des choix que les mères n'approuvent pas. Elles ne sont pas obligées non plus d'apprécier leur belle-fille, d'autant que c'est parfois celle-ci qui s'oppose à sa belle-mère. En revanche, elles ont à respecter le choix de leur fils.

Bien sûr, voir son garçon embrasser une fille, c'est se souvenir de ses premières amours, c'est le revoir tout petit ; cela favorise un retour dans le passé, mais la nostalgie fait vite place au bonheur de le voir devenu un homme.

C'est la maman qui parle ?

Voir mon fils grandir me rend très fière, mais, non, je n'échappe pas à la nostalgie du temps qui passe. Ainsi va la vie !

Pour conclure, si vous deviez expliquer à votre garçon les règles d'une belle et saine relation à sa mère, que lui diriez-vous ?

D'abord, nous les composerions ensemble. Ensuite, je lui dirais ce que lui dit souvent son papa : « Sois un homme, mon fils ! »

Cela devrait suffire à rendre sa mère heureuse ?

Ce qui devrait rendre une mère heureuse, c'est d'avoir un fils en accord avec lui-même et de le voir épanoui en tant qu'homme, même si toute sa vie elle n'oubliera jamais le petit garçon qu'il a été.

Andrée Chedid
et son fils Louis

Andrée Chedid :
« Je n'aime pas parler d'"amour" entre mère et fils. Il y a dans ce mot quelque chose de "trop". »

Plan en main, je me retrouve dans une longue rue souterraine baignée des lumières jaunâtres et des vrombissements de néons carrés. En renfoncement, je finis par découvrir l'entrée d'un immeuble. Je passe sous une arcade triangulaire en béton blanc et, continuant ma progression dans cet espace digne d'un décor de science-fiction, j'obéis aux consignes ; j'appuie sur l'interphone et dis : « Chedid ! » Une voix me répond : « Quatorzième étage. » J'avais pourtant noté seizième... Je monte au seizième, cherche et trouve le nom de Chedid sur une porte. Sonne. Attends. Pas de réponse. J'essaie tout de même deux étages en dessous. De nouveau, le nom de Chedid sur une sonnette. J'appuie. Andrée Chedid m'ouvre la porte de chez elle. Son mari habite deux étages au-dessus.

Pendant moins d'une heure, mes questions vont tenter de faire réagir une voix douce et bercée par quelques roulements de r. *Mais ce que j'entendrai surtout, ce seront des silences. Au bout de dix minutes, j'en viens à penser que je dérange, peut-être. Elle m'assure que non. Je me demande si mes questions sont intéressantes. Elle me répond qu'elle les trouve très pertinentes, « seulement il est toujours difficile de parler d'un sentiment, surtout de celui-là ». Aucune fausse pudeur, donc, de la part de cet auteur dont je comprends soudain mieux comment, en près de soixante ans de carrière, elle est devenue à la fois une des romancières, nouvellistes, dramaturges et poètes les plus prolixes et les plus lues, tout en restant un visage presque inconnu du grand public. Tout au long de notre tête-à-tête, Andrée Chedid cherchera, parfois désespérément, des mots et des souvenirs. Elle m'offrira régulièrement des sourires d'une générosité... indicible. Avant que je parte, elle s'excusera, de nouveau, de ne « pas avoir été bonne », de ne « pas avoir su dire ». Puis elle me montrera des photos de son fils enfant, de son mari, de son père, de son petit-fils et de son arrière-petite-fille. Et je me dirai que, en effet, il existe des supports bien plus beaux et loquaces que les mots. Y compris chez les poètes.*

*

Je n'ai pas été une mère possessive. D'abord, parce que j'ai un profond respect de la liberté de l'autre et de son besoin d'indépendance. Ensuite, parce que je suis moi-même très indépendante ; je ne cherche pas à « posséder », ou à « m'enclaver » dans quelqu'un. Au contraire, ayant commencé à écrire très tôt, j'ai toujours eu besoin d'une certaine solitude. C'est ce qui m'a permis ensuite d'accepter et de vouloir l'indépendance de Louis vis-à-vis de moi.

Je n'ai pas été « là » continuellement, à chercher à savoir ce qu'il faisait, ce qu'il pensait, à me précipiter pour lui préparer des petits plats... Je n'ai pas été la « maman-gâteaux » telle qu'on peut se la représenter.

Cela implique aussi des défauts. C'est un certain égoïsme, je suppose. Je ne crois pas, cependant, que Louis me l'ait reproché un jour... Non, il n'aurait pas aimé une mère qui se mêle de sa vie ou tente de savoir de quoi elle est faite. Il est lui-même très indépendant et secret. Je me souviens d'une image, en particulier. Il devait avoir 13 ou 14 ans. Nous étions sur la plage. Il s'est éloigné et il est resté seul un moment. Peut-être pensait-il à sa vie, ou rêvait-il... Je ne le saurai sans doute jamais. Je ne me mêlais pas de ses pensées.

Il est né à Ismaïlia. Nous vivions à Paris depuis deux ans déjà, mais j'étais retournée quelques semaines en Égypte, parce que mon père était malade. Et parce que cela faisait plaisir à ma mère que j'accouche dans l'hôpital dans lequel exerçait son deuxième mari. Fille ou garçon ? L'échographie n'existant pas à l'époque, j'ai attendu, sans avoir de préférence particulière. Ce fut un garçon. J'étais contente ; ayant eu une fille peu avant, je trouvais que c'était un joli équilibre...

J'ai le souvenir d'un petit adorable, très facile à vivre. Mon mari aimait beaucoup jouer avec lui et sa sœur, les faire sauter en l'air, les rattraper dans ses bras tendus. Moi, j'imagine que je participais avec plaisir à ces rires. Parfois nous allions en vacances dans le Sud, à Bouc-Bel-Air, où nous avions une petite maison. Je crois que Louis en était très amoureux. Il a d'ailleurs donné le nom de ce village à l'un de ses disques. Là-bas, nous jouions aux boules, souvent. C'était une atmosphère agréable, simple. Oui, j'ai l'impression d'une enfance heureuse et décontractée. Sans conflits. Peut-être y en a-t-il eu et les ai-je oubliés. Son enfance me paraît tellement lointaine que j'ai du mal à savoir... à revoir...

Et lorsque je tente de me souvenir de son adolescence, c'est toujours cette image d'un jeune homme s'éloignant sur la plage qui me revient. Et ce calme, encore. Je me rappelle aussi qu'il n'aimait pas beaucoup l'école. Il préférait sans doute rêver. Et pourtant, il a eu son bac avec mention bien. Nous nous sommes presque évanouis en apprenant la nouvelle ! Je crois qu'il avait surtout brillé sur un devoir de philosophie. C'était en 1968 ; un professeur avait, semble-t-il, eu l'esprit assez ouvert pour accueillir les pensées de Louis...

Il me fait penser à mon père : physiquement, d'abord, puis dans cette discrétion qu'il a, cette espèce de détachement. Cela dit, Louis est bien plus fantaisiste que ne l'était mon père. Il y a beaucoup d'humour en lui.

Je me souviens de ce premier court métrage qu'il avait fait, pendant ou peu après la fin de ses études de cinéma : deux clowns se chamaillaient. Il y avait toute une scène très amusante, puis l'un commençait à frapper l'autre avec une raquette, en plaisantant. Encouragé par les rires du public, il continuait de plus belle, jusqu'à le tuer. J'avais trouvé cela poignant. Avec le temps, je comprends qu'il s'agissait d'un plaidoyer envoyé, par avance, envers la célébrité. Louis a toujours entretenu une certaine inquiétude à l'égard de la notoriété...

J'étais très heureuse quand il s'est mis à faire de la musique. Il trouvait un sens, une direction dans laquelle il saurait s'épanouir. J'ai aimé regarder, de loin, monter en lui cet éveil artistique. Dès son premier disque, j'ai senti le talent. Un talent étonnant. Je trouve ses textes beaux parce qu'ils ont du sens. Et puis il a cette façon d'être sur scène à la fois simple, vraie, naturelle, gaie. Il est lui et j'aime le voir chanter. Est-ce que, dans ce plaisir que j'éprouve, il y a celui de la mère ? Sans doute, mais ce n'est pas comme cela que je l'analyse ; je ne me dis pas : « Il m'appartient », « C'est mon fils ». Non, je le vois comme un artiste. Mais un artiste qui, certes, est mon fils.

Cela me rappelle une fois où nous étions invités, mon fils, mon petit-fils et moi, pour un festival à Reims. Je leur ai demandé, dans le train, de se préparer pour lire l'un de mes textes. Ils étaient complètement affolés ! Et ils ont lu... lamentablement ! Puis ils ont chanté et c'était magnifique.

Je n'ai jamais aidé Louis pour aucun de ses textes. Il ne me l'a pas demandé et, de mon côté, je respecte trop son désir de liberté pour le lui proposer. Je comprends très bien ce besoin de n'être en connexion avec personne lors du travail de l'écriture. Je fonctionne de la même façon. Je garde mon livre pour moi jusqu'à la fin, sans le montrer. En revanche, une fois qu'il est paru, Louis me l'emprunte, puis m'en parle. Il a l'air... comment dire ?... intéressé. Oui, je crois qu'il aime assez, et moi, je suis heureuse que cela lui plaise.

Le dialogue est plus facile avec une fille qu'avec un fils, me semble-t-il ; du moins sur des sujets un peu quotidiens et futiles. Pourtant, mon fils me ressemble beaucoup plus que ma fille. Oui, nous nous ressemblons beaucoup, lui et moi. Mon mari me le fait souvent remarquer. C'est sans doute pour cela que je n'ai pas le souvenir de conflits entre nous. Nous nous comprenons trop pour avoir des raisons de nous accrocher.

Je n'aime pas parler d'« amour » entre mère et fils. Il y a dans ce mot quelque chose d'accaparant, de « trop ». Je pense à l'amour fou, l'amour délirant, l'amour possessif... Ce n'est pas bon, tout cela, ce n'est pas moi, ce n'est pas nous. Non, je préfère parler de tendresse. Dans ce mot-là, on entend tout à la fois « affection », « respect », « liberté » et « plaisir »...

Il y a beaucoup de tendresse entre nous. Louis me téléphone régulièrement pour prendre des nouvelles, passe me voir quand il en a le temps... Il est très présent tout en étant lui-même, c'est-à-dire discret, et en me laissant être moi-même.

S'il fallait tracer la ligne de notre relation, je dirais qu'elle est continue, et je la ferais osciller entre un immense sentiment de liberté et une profonde tendresse. Il a des gestes adorables ; cette façon qu'il a de me tendre son bras, de m'entourer les épaules... Autant de petites choses qui disent la douceur de ses sentiments. Il y en a de plus en plus ; sans doute, avec l'âge, veut-il me faire davantage entendre qu'il est *là*. Et je l'entends, avec plaisir.

Louis Chedid :
« Nous voguons sur la même longueur d'onde, elle et moi. »

Dans l'entrée, des valises sont prêtes à prendre l'avion ; dans le salon, quelques objets éparpillés évoquent des retours de voyages ; et des tableaux posés au sol disent qu'ici on passe en coup de vent... Louis Chedid est rentré depuis peu à Paris ; il repart le lendemain pour l'étranger. Mais pas d'urgence... Il met en place nos cafés sur la table, se love dans un large canapé puis allume une cigarette : paré à remonter le cours de son histoire. Il parle, plus et plus vite que sa mère. Il voudrait bien trouver des anecdotes originales, des souvenirs un peu saugrenus à me raconter. Mais non. Cette histoire d'un fils et de sa mère c'est l'histoire de rapports simples, sains et heureux, entre deux personnes pleines d'affection l'une pour l'autre. Une histoire d'amitié, avant tout. Une relation racontée avec tant d'humilité et de simplicité par cet artiste que je croirais, parfois, entendre sa mère...

*

C'est très difficile de parler de ça... de cette relation. Surtout quand elle fonctionne. Finalement, les histoires entre les gens sont plus intéressantes à raconter s'ils se « foutent sur la gueule » ! Cela ne nous est jamais arrivé. Jamais. Il n'y avait pas de raison. Nous sommes très « en phase » elle et moi. Nous voguons sur la même longueur d'ondes.

Nos rapports ont toujours été très affectifs. Oui, la première chose qui me vient à l'esprit quand je repense à mon enfance, c'est la présence d'une mère très affectueuse. Nous sommes orientaux : nous nous embrassons beaucoup, sommes très proches les uns des autres. Mais sans excès. On n'était pas du tout le genre de famille réunie autour de la *mamma*, non.

Ma mère est très indépendante aussi, c'est certain. Mais c'est de famille. On a tous un côté un peu sauvage. Elle, mon père, ma sœur... Elle était ainsi avec tout le monde. C'est dans sa nature... dans notre nature. Je ne pense pas qu'elle et moi ayons eu des rapports particuliers ou privilégiés par rapport à ceux qu'elle a pu avoir avec ma sœur. Non, j'étais un enfant timide, très introverti, tandis que ma sœur, mon aînée de trois ans, était forte de caractère et extravertie... Ma mère a dû se retrouver dans chacun de nous, à différents moments, de façon différente...

Je me souviens d'elle écrivain. Je la voyais se lever le matin, se mettre à son bureau, commencer à travailler ses pages. Parfois elle écrivait au lit, aussi... Cela me fascinait, c'est sûr. Quand vous êtes petit et que vos copains ont des parents avocats, médecins ou commerçants, il est certain qu'avoir un parent artiste vous ouvre une porte supplémentaire. Tous les enfants, je pense, fantasment à un moment ou à un autre sur l'idée de faire une carrière artistique. Si l'un de vos parents est inscrit dans cette voie, cela vous y incite d'autant plus. Vous vous dites que c'est possible, que c'est un métier en soi. Mais de là à en faire un vrai choix de vie, non. Ça, c'est très personnel. Il faut une certaine inconscience pour cela. Une sacrée confiance en soi, aussi. C'est un métier tellement aléatoire, incertain...

Je ne sais pas trop quel genre de fils j'ai été. Je crois que j'ai été, tout « bêtement », un enfant affectueux. Très timide et renfermé sur lui-même, aussi. Et vraiment pas terrible à l'école ! J'ai eu une scolarité minable. Ça, je pense que cela a dû l'inquiéter. Pour elle et mon père qui avaient suivi de brillantes études, j'étais une catastrophe scolaire ! Donc peut-être que quand j'étais ado, il y a eu quelques moments « chauds » entre nous. Comme je voulais faire de la musique, la punition était justement de me confisquer ma guitare pendant quinze jours pour que je bosse. Cela passait vraiment très mal, pour moi ! Ma rébellion d'ado, elle a dû essentiellement consister en cela : dans le fait que je voulais être artiste et que mes parents attendaient d'abord de moi que je réussisse mes études. C'est normal, c'était une autre génération ; eux-mêmes avaient été élevés comme ça, dans cet intérêt porté d'abord au carnet de notes. Je comprends que cela ait pu perturber ma mère. Quand je lui ai annoncé que je voulais faire artiste, j'imagine qu'elle a dû penser : « Il fait ça parce qu'il est nul à l'école, mais il ne se rend pas compte de la difficulté que cela représente... » Ça a dû l'inquiéter. J'ai compris bien plus tard que, quand votre enfant révèle une vraie passion et un don pour un domaine quel qu'il soit, vous ne vous inquiétez pas.

Au contraire, vous vous dites : « C'est très bien, qu'il se lance ! » Mais tant que ce choix reste assez flou et que, par ailleurs, sa scolarité ne marche pas, là, vous avez toutes les raisons d'être inquiets... C'est ce qui se passait dans mon cas. J'aimais le cinéma, la musique, mais ce qui m'importait vraiment, au départ, c'était de devenir artiste... Non : être libre. Ne pas avoir de comptes à rendre à qui que ce soit, ne pas être pris dans un carcan professionnel où, comme à l'école, on vous oblige à rendre des comptes, à être là de telle heure à telle heure... Ma première motivation était la liberté. J'ai la phobie des contraintes, depuis toujours. Ça, c'est une chose que j'ai prise de ma mère : ce côté indépendant, libre avant tout, est dans nos natures communes. Nous fonctionnons tous les deux suivant cette idée que le travail est un plaisir mais l'effort une contrainte. Beaucoup d'écrivains s'infligent une discipline quotidienne et quasi monastique : écrire de 10 heures à 14 heures, tous les jours... J'en connais, et de très bons, qui fonctionnent comme cela. Ma mère, pas du tout. Elle, je crois qu'elle « gamberge » tout le temps mais qu'elle écrit sur une impulsion ; elle se met tout à coup à son bureau et ne fait plus que ça...

De mon père, j'ai hérité un côté perfectionniste et pointilleux. Lui est un scientifique. Quand je travaille une musique, il m'arrive de me concentrer sur un son pendant des heures, de me documenter... Dans ces moments-là, je me fais penser à mon père. Mais mon père, c'est avant tout un puits sans fond de culture : la philo, la peinture, la littérature... Il est très ouvert à tout... Comme tous les grands esprits scientifiques, finalement. Ils ne sont, en cela, jamais bien loin de l'univers artistique...

Ma mère ne m'a jamais donné explicitement de conseils ni fait de leçons sur ce monde des artistes. En revanche, elle a une attitude envers ce métier dont j'ai dû beaucoup m'inspirer. Elle n'est pas du tout carriériste, hyper-ambitieuse, soucieuse de son image auprès du public... Non, elle est une artiste. Quand je dis cela, je me comprends. Cela signifie que ma mère fait ce métier parce qu'elle l'aime, elle le « ressent », elle le « vit ». La notoriété qui l'accompagne, elle s'en fiche. Ou alors, il faut qu'elle vienne naturellement. Ce qui, d'ailleurs, a été le cas. Elle a une longévité artistique que beaucoup pourraient lui envier ! Contrairement à tous ces écrivains « météores », elle, en creusant son sillon, a su passer au travers des modes. Il est certain que c'est un enseignement pour moi. Plus ça va, plus elle est honorée et invitée à toutes sortes de manifestations culturelles. Mais sa motivation première n'est pas là. J'ai pris d'elle sur ce plan-là, à ceci près que mon métier nécessite davantage de médiatisation. Un écrivain peut toujours se cacher dans l'ombre de son œuvre. Un chanteur que l'on ne voit pas est un chanteur qui n'existe pas.

L'autre aspect de sa personnalité qui me frappe beaucoup c'est sa fraîcheur de vie. C'est l'une de ses grandes qualités. Elle a des rigolades et un enthousiasme toujours aussi vifs. Tel jour elle ira suivre une troupe de théâtre qui joue ses pièces, tel autre donner une lecture de textes... En fait, elle n'a pas du tout son âge. Du coup, on peut parler ensemble de beaucoup de sujets sans aucune barrière. Notre relation a beaucoup évolué sur ce terrain-là.

J'entretiens avec elle, et avec la famille en général, des relations amicales. Je n'arrive pas à envisager mes parents comme « des Parents », mes enfants comme « des Enfants »... Non, je nous vois tous sur le même plan. Cela vient peut-être de moi, je ne sais pas... Je crois que cela tient beaucoup à l'éducation que j'ai reçue. Je n'ai pas l'impression que l'on m'ait imposé la vision d'une grande distinction entre les générations. Je ne vois pas les écarts d'âge. Je suis persuadé qu'il y aurait moins de problèmes dans les familles si parents et enfants portaient ce regard-là les uns sur les autres. Il est tellement plus agréable de s'adresser à ses parents comme à des gens qui vous intéressent, et non pas seulement comme à des « parents ». C'est plus riche, moins « factice ». Sinon, à quoi cela servirait de continuer à se voir ? À respecter des convenances ? On se retrouverait tous les dimanches pour obéir aux traditions et parler de lien du sang ?... Personnellement, je sais que si, par malheur, ma mère ne m'avait pas intéressé, elle aurait beau être ma mère, je la verrais moins, je serais moins à l'écoute. *Idem* avec mon père et mes enfants...

Pendant très longtemps, ma mère m'a donné l'impression d'être une personne distraite, je me faisais d'elle une image un peu évanescente, hors du temps et de la réalité. Poète, en quelque sorte... Ce n'est que bien plus tard, vers 30 ans, que je me suis rendu compte qu'elle avait un sens de la vie très construit. J'ai découvert quels étaient sa conception et son rapport aux gens, au monde, à la vie. Et je me suis dit : « Mince ! Vraiment bien cette façon qu'elle a de voir les choses ! » Je l'avais toujours trouvée intéressante, mais sans avoir vraiment eu l'occasion de discuter de tout avec elle, en profondeur. Le mode affectif l'emportait. La pudeur, aussi. Oui, nous sommes très pudiques dans la famille. Je ne sais pas pourquoi d'ailleurs... On ne nous a pas incités à étaler nos états d'âme en famille.

Ni à nous juger les uns les autres. Concernant le travail, par exemple. Je connais très bien toutes les œuvres de ma mère ; il lui est même arrivé de m'en faire lire certaines avant parution, mais jamais dans l'attente de mon avis. Qu'est-ce que cela veut dire, donner son avis ? Qu'est-ce que j'en sais, moi, de ce qui peut plaire et marcher ? Chacun a son propre avis, donc si l'on attend le jugement des autres pour travailler, on ne s'en sort plus ! Non, au mieux, je peux donner mes impressions, des sensations... Comme lorsque je lui fais écouter des morceaux parfois avant même qu'ils soient enregistrés. Parce que ça me fait plaisir qu'elle les entende. L'intérêt est de lui en offrir la primeur.

Cette connivence artistique, je la retrouve avec mon fils. Et je la vois aussi entre elle et lui. Comme je vous le disais, il n'y a pas d'espace entre les générations. Oui, entre nous tous, la sympathie circule bien...

Ce sera un garçon !

« Depuis l'temps que j'te rêve,
Depuis l'temps que j't'invente,
De pas te voir j'en crève
Et j'te sens dans mon ventre. »

Renaud, *Chanson pour Pierrot*

Patrick Ben Soussan :
« Au fur et à mesure de la grossesse, la mère “tricote” la venue de son enfant, et ce, différemment s'il s'agit d'un garçon ou d'une fille. »

À l'origine, ils ne font qu'un. Bien sûr, cela ne dure que neuf mois, et dans une position qui ne favorise pas vraiment les échanges de regards et d'opinions entre eux... Mais la réalité est là, ou plutôt la future réalité du fils est là, dans la mère. Et les autres auront beau venir coller leurs yeux, oreilles ou bouche sur son ventre bombé, aucun n'aura le privilège d'entendre, de sentir ou de voir ce qui se passe là-dedans entre elle et lui... Et si tout commençait là : avant même le commencement ? Et si la future réalité de la relation entre une mère et son fils se préparait dans cette « avant-réalité » du fils ? Et si la façon dont la femme vivait la présence de ce « petit d'homme » en elle, et dont elle fantasmait la venue au monde, servait de prologue à ses futurs rapports avec ce garçon ?

Direction Marseille, pour recueillir les réponses du pédopsychiatre Patrick Ben Soussan. Pendant près de vingt années, il a exercé en maternité et en unité de néonatologie à Bordeaux, à Libourne et à La Réunion. Membre fondateur et président de l'Association pour la recherche en Aquitaine sur le nourrisson et son environnement, il a participé à de nombreuses recherches en périnatalité et a suscité des groupes de travail et de réflexion sur le bébé, sa famille et ses différents lieux d'accueil et de soins. Intervenant auprès de différentes institutions médico-universitaires, associatives ou privées, il est régulièrement sollicité pour des missions d'expertise et de formation.

Depuis 2001, il préside le comité Petite Enfance du Centre de promotion du livre de jeunesse de Seine-Saint-Denis. Il est l'auteur, entre autres ouvrages, de Comment ça fonctionne un père ? *et* Le baby blues n'existe pas.

Enfin, il est père de quatre enfants : Florian, 20 ans, Lou et Léo qui sont jumeaux de 13 ans et demi, et Félix, 15 mois.

*

Une femme enceinte d'un garçon est plus épanouie qu'une femme enceinte d'une fille » : rumeur, idée reçue ou réalité ?

Parfois certaines idées toutes faites reposent sur des vérités psychologiques : concrètement, quand une femme est enceinte, elle se retrouve « avec quelque chose » qu'elle n'avait pas auparavant. Ce « quelque chose » est certes un bébé qui « pousse » dans son ventre, mais qui peut aussi figurer bien d'autres organes, le premier venant à l'esprit étant bien entendu... parlons cru, un sexe d'homme.

Cet événement est redoublé par le fait que c'est un garçon : avec une fille, elle porte en elle quelque chose qui lui ressemble, qu'elle connaît. Avec un garçon, ce n'est plus pareil, la voilà confrontée de nouveau et de l'intérieur d'elle à cette éternelle question de la différence sexuelle. Elle a bien conscience, à ce moment-là, d'être la plus « complète » possible puisqu'elle est à la fois femme et porteuse d'un sexe d'homme : le fantasme parfait réalisé !

Et après ? Quel cheminement cette idée va-t-elle suivre dans l'esprit d'une femme ?

C'est difficile à dire. Nous n'avons, en fait, que très peu d'informations nous permettant de savoir ce qui se joue sur le mode de l'élaboration consciente, voire préconsciente, de cette illusion. La négociation de la différence sexuelle à l'intérieur de soi est un phénomène fondamental dans la structuration de la personne, qui ne peut être interrogé, de mon avis, que dans le cadre de l'intimité des cures psychanalytiques.

Pourquoi ?

Parce que cela renvoie à ces fantasmes, sans doute très crus et violents, sur ce que constitue la différence sexuelle et sur cette idée que l'on peut tout à coup porter en soi du « même différent » : c'est à la fois un enfant, donc quelque chose qui fait partie de la « même » humanité, et un garçon alors que l'on est une femme. Très peu de femmes peuvent ou veulent élaborer de tels paradoxes. On y accède seulement dans le cadre d'un long travail sur soi... qu'il n'est assurément pas nécessaire de promouvoir pour toute grossesse et toute femme !

Mais qu'en disent-elles ?

Elles font souvent référence à des composantes très incestuelles : elles « sentent » un garçon en elles. Cela peut aller très loin, jusqu'à l'idée que ce sexe qui pousse en elles risque de les transpercer, comme une lance qui sortirait tout à coup du ventre ; comme parfois le sexe de l'homme qui « menace » de les transpercer pendant l'acte sexuel... Certaines futures mères très désorganisées psychiquement peuvent faire référence à l'hermaphrodisme : une véritable construction mentale s'établit dans leur esprit autour de l'idée qu'elles ont tout à coup « un autre sexe ». Une confusion se crée entre le sexe de l'enfant et l'enfant lui-même : ce n'est plus un enfant qu'elles sentent pousser en elles, mais un sexe. Cela correspond, répétons-le, à des situations pathologiques très spécifiques.

Mais ne peut-on pas penser que les angoisses propres à ces femmes en souffrance sont, dans une certaine mesure, présentes en toute femme ?

Si, tout à fait. Mais elles sont tellement enfouies dans l'inconscient, qu'elles ne deviennent accessibles que lors d'un lourd travail d'introspection ou lors de désordres mentaux.

Plus communément, quelles peuvent être les inquiétudes particulières des mères enceintes de garçon ?

Je crois que si l'on reste à ce niveau commun, il n'y a pas d'angoisse particulière due au fait que cet enfant est un garçon. Les inquiétudes portent davantage sur l'intégrité du fœtus et sur son bon développement.

Ensuite, peuvent s'y ajouter des fantasmes et des angoisses relatives à l'histoire personnelle de la mère, du couple ou de la famille. Pour une femme victime de sévices sexuels et de mauvais traitements de la part d'un homme, par exemple, il est évident que ce garçon pourra venir personnifier le souvenir d'un traumatisme. Puisque, pour elle, l'homme constitue une menace, toute la difficulté sera d'admettre de donner la vie à un de ces individus « potentiellement dangereux »... Pour une autre qui aura connu des difficultés avec son père, pendant son enfance ou son adolescence, ce garçon pourra figurer le retour de ces angoisses et de ce vécu pénible : comme si elle ne pouvait donner naissance qu'à une copie de son père, qui reproduirait les mêmes infortunes.

La majorité des femmes enceintes disent ne pas penser au sexe de leur enfant : elles se préparent à la venue d'un enfant et non d'un garçon ou d'une fille... Qu'en pensez-vous ?

Je pense que les rêveries maternelles qui s'élaborent autour de l'idée d'un garçon ou d'une fille ne sont pas du tout comparables. Au fur et à mesure de la grossesse, la mère « tricote » la venue de son enfant. Et ce, différemment s'il s'agit d'un garçon ou d'une fille.

D'abord parce que dès l'annonce de son sexe, la réalité de l'enfant change. Pendant les premières semaines, une mère peut bien penser : « Elle sera danseuse étoile », « Il sera footballeur » ou que sais-je encore... Mais à partir du moment où on lui dit : « C'est un garçon », elle doit oublier l'idée de la danseuse ! Un travail de deuil est obligatoire devant la réalité de l'autre sexe, en même temps qu'un effort de confirmation de ce sexe annoncé.

Le fœtus est ainsi, très tôt, investi d'une dimension sexuelle. Les mères disent par exemple : « Il bouge beaucoup » ou « Elle est très calme »... Elles sont déjà dans un mode de pensée particulier qui s'articule autour des réponses culturelles apportées aux questions : « Qu'est-ce qu'un garçon ? », « Qu'est-ce qu'une fille ? » Si c'est un garçon, il faudra lui trouver quelque chose du « petit mec » : « Il est costaud », « Il s'agite sans cesse »...

Comment expliquer, alors, que certaines futures mères choisissent d'ignorer le sexe de l'enfant ?

La majorité d'entre elles opte ainsi pour l'effet « surprise ». D'autres diront qu'elles veulent « laisser faire la nature », s'en remettre à la réalité. Au contraire, on peut penser que cela témoigne d'un désir de contrôle. On *veut* ne pas savoir, gardant ainsi la libre maîtrise de ses pensées. C'est donc, à l'inverse de ce que certaines peuvent dire, une manière de refuser de s'en remettre à la réalité. Car une fois que l'échographie dit : « C'est un garçon », il faut accepter la réalité et faire le deuil de ses éventuels souhaits d'avoir une fille.

La construction fantasmatique qui s'établit autour de cet enfant à venir a-t-elle une influence sur la relation qui s'établira ensuite entre l'enfant et la mère ?

Oui, car il n'y a pas de césure explicite entre tout ce moment de rêverie autour de la réalité de l'enfant « dans sa tête » et le moment où l'enfant est là, dans ses bras. Le passage d'un monde intra-utérin à un monde aérien ne brise pas les capacités de pensée et les représentations parentales : les fantasmes de la mère autour de cet enfant imaginaire continuent de vivre même lorsque cet enfant est à côté d'elle.

En quoi ces fantasmes sont-ils bénéfiques pour la future relation au bébé ?

On constate que plus la capacité de rêverie est nourrie pendant la grossesse, plus cela enrichit et alimente ensuite l'interactivité entre les parents et l'enfant : les parents qui ont beaucoup pensé, rêvé, construit de choses autour de la grossesse, continuent à le faire quand l'enfant est là et sont donc beaucoup plus créatifs dans la réalité. La rêverie n'est pas une entrave ; au contraire, elle féconde la pensée et favorise l'ouverture à l'enfant.

Ainsi, on s'est rendu compte que chez des femmes enceintes dépressives, la capacité de penser et de « construire » mentalement un bébé était très faible. On retrouvera ensuite cette pauvreté dans les interactions entre le bébé et sa maman.

Il est donc essentiel de « tricoter » son bébé pendant sa grossesse, pour l'investir, faire lien avec lui. Pour que, lorsqu'il arrive, la relation continue aussi vivante et dynamique. Et ce, même si ce bébé se révèle différent de celui qu'on avait imaginé.

Outre ces éléments culturels dont vous parliez à l'instant, quelles sont les autres références sur lesquelles s'appuie la mère pour « tricoter » ce garçon à venir ?

Elle s'appuie sur les figures masculines essentielles de sa vie, la première étant son père. La psychanalyse explique bien que le premier enfant est toujours l'enfant fantasmatiquement fait avec le père. Cela est d'autant plus vrai lorsqu'il s'agit d'un garçon, puisqu'il est du même sexe que lui et que, bien souvent, il est acquis qu'il lui ressemblera. La qualité des relations avec le père est donc fondamentale dans la mise en place de ses fantasmes autour du garçon à venir.

Quand l'enfant attendu est une fille, l'idée que la mère s'en fait s'inscrit dans une lignée de femmes. C'est : « Ma mère, moi, ma fille. » Tandis que le garçon vient rompre cette transmission : il renvoie à la lignée masculine, donc, d'abord, au père de la mère.

Et le père de l'enfant, dans tout cela ?

Très vite, effectivement, c'est lui qui sert de référence. Autant, quand elle attend une fille, il est plus facile pour une mère de penser : « J'ai fait un enfant toute seule », comme si, en quelque sorte, par sa réalité sexuelle ce bébé prouvait bien que « c'est une histoire de femmes »... Autant, quand elle attend un garçon, le caractère de son partenaire est, d'emblée, porté en elle. Ce bébé ne peut manquer de renvoyer à « l'autre » sexué. Et cet autre, c'est son partenaire. Il y a donc une revalorisation plus forte de la lignée paternelle quand la femme est confrontée à un garçon à l'intérieur d'elle. Après, bien sûr, cela dépend du rapport œdipien qu'elle-même entretenait avec ses parents, et de sa relation à cet « autre », à son conjoint.

Le garçon à venir s'inscrit d'abord sur le modèle de la duplication et de la répétition : souvent, la mère enceinte imagine porter un « double » de son homme. Jusqu'à ce que soit posée la question essentielle qui regroupe toute la famille autour du berceau : « À qui ressemble-t-il ? » C'est là, en général, que les mères deviennent de très singulières comptables, adeptes d'arithmétiques bien complexes : du « moitié-moitié » à « c'est tout mon portrait » ou encore « c'est son père tout craché ». Il faut en tout cas que l'enfant ait un peu du père et un peu de la mère en lui, en d'autres termes que génétiques, bien sûr.

Vous dites « il faut » : cela signifie que ce partage est nécessaire ?

C'est ainsi que les parents en viennent à humaniser l'enfant qui naît. Parce qu'il ne faut pas oublier que, pendant les premiers temps – on parle des premiers « cent jours » –, ce tout petit être est un étranger assez angoissant. On a besoin, pour apprendre à le comprendre et à s'en approcher, de se retrouver un peu en lui, de le re-connaître.

Quelle est, selon vous, la place du père auprès de la femme enceinte ?

Sa présence auprès de la future mère est nécessairement tierce. Quels que soient les sentiments et/ou frustrations exprimés par l'un et l'autre : depuis le fantasme du père enceint, en passant par « Je l'ai privé de ce bonheur », jusqu'au « Il ne peut rien comprendre à cet enfant puisqu'il n'a pas vécu ces neuf mois »... La réalité est là : la femme vit quelque chose à l'intérieur d'elle que le père ne vivra jamais. Point final !

Cela dit, le père est bien entendu présent très tôt. Avant même que cet enfant soit dans le ventre de sa mère, il a d'abord été dans sa tête et dans celle de son compagnon. Le père est donc déjà là, bien avant la grossesse. Il le reste, après, par sa présence physique et charnelle auprès de sa femme... et de son ventre rond. C'est sa fonction contenante : il entoure sa femme de ses bons soins et de son amour. Sans forcément aller jusqu'à pratiquer l'haptonomie, se retrouver auprès du ventre de sa femme, le caresser, lui parler, l'écouter – et l'enfant à travers lui –, tout cela permet l'établissement d'une vraie communication père-fœtus. On sent bien qu'il y a là quelque chose de possible d'une relation charnelle autour de la réalité de cet enfant porté par la mère. Cela me semble essentiel, notamment dans le cas où cet enfant est un garçon et où la menace d'être exclu et « remplacé » est alors plus forte dans l'esprit du père.

Autrement dit, bien avant que son fils naisse, le père doit s'imposer entre lui et sa mère...

Le père a, selon moi, cette fonction d'accompagner au plus près la mère et l'enfant durant la grossesse et l'accouchement. Non seulement pour lui, pour préparer l'avenir de sa relation avec l'enfant, mais aussi, tout simplement, pour la mère. On oublie trop souvent le bouleversement notable que constitue cet événement chez une femme. Physiquement d'abord : les formes nouvelles, la coloration inhabituelle des téguments, les aléas hormonaux... Puis au niveau émotif, moral, affectif... Un homme ne peut pas ne pas accompagner sa femme au fur et à mesure de ces transformations.

À moins, bien sûr, que l'on pense comme Françoise Dolto, que la place d'un homme n'est pas auprès du berceau et que cela risque d'aviver chez lui des tendances féminines... Ou, comme Aldo Naouri, que la place de l'homme est dans la tête de sa femme et nulle part ailleurs...

Personnellement, je serais enclin à croire, tout à leur opposé, que la présence physique et charnelle du père auprès de sa femme et de son bébé est tout aussi agréable que nécessaire, pour lui, pour son épouse et pour leur enfant. C'est mon credo de psy... et de père de famille.

Laurence :
« Je préfère le bleu au rose. »

On dit souvent des femmes enceintes qu'elles rayonnent. Certains ajoutent même : « Surtout celles qui attendent un garçon. » Un « truc » de nos grands-mères, peu ou prou confirmé par la psy...

Le jour où je l'interviewe, Laurence[1] *est enceinte de sept mois. Elle attend un garçon. Elle rayonne. Cette jolie blonde, que j'ai vue jusqu'alors dissimuler ses rondeurs dans des tenues amples, présente aujourd'hui un ventre rebondi moulé dans un haut noir. Pointé en avant. Le ventre qui abrite un garçon, dit-on. La fille se cacherait plutôt dans un ventre rond... Encore un « truc » que nos grands-mères tiennent de leurs grands-mères...*

Je connais Laurence depuis trois ans à peine. Le peu que je savais de la vie intime de cette journaliste était qu'elle espérait, depuis longtemps, qu'un bébé veuille bien « s'accrocher » enfin dans son ventre. Après plusieurs tentatives, thérapie et traitements, à 40 ans, elle a trouvé le temps et, surtout, la disponibilité d'esprit et la santé pour

---

1. Les prénoms de ce témoignage ont été modifiés, à la demande des intéressés. « Laurence » y révèle des éléments très intimes de sa vie et méconnus de la plupart de ses collègues et proches. Je la remercie encore de sa confiance et de sa sincérité.

donner à un enfant le désir de répondre à son attente. Dans une discussion, elle m'a annoncé la nouvelle, l'air de rien : « Je suis enceinte, je m'absenterai quelque temps, à la fin de l'année. » Le ton était si calme et si naturel que, connaissant un peu son histoire, j'ai d'abord cru à une plaisanterie. Avant de comprendre que Laurence était sereine. Tout simplement et sainement heureuse.

*

Au début, ce bébé, je l'appelais le « squatteur ». Pour plaisanter, bien sûr... Enfin, pas seulement. Mon ventre était « habité », il y avait quelque chose en moi qui n'était pas moi et que je n'arrivais pas à intégrer, du moins physiquement. En vacances, par exemple (j'en étais au cinquième mois), je ne pouvais plus marcher aussi longtemps, grimper les sentiers côtiers... J'essayais de vivre comme avant : impossible !

Maintenant, je sais, je vis comme une femme enceinte. J'ai une « deuxième maison » sur le ventre, mais elle fait partie de moi. Je dors plus facilement avec, je sais bouger avec... Je me suis même surprise à penser au « vide » que je ressentirai après, quand mon « locataire » sera parti. Cela dit, je ne me focaliserai sans doute plus sur mon ventre autant que maintenant : le petit bonhomme sera là !

Pour l'instant, je ne pense qu'à ça. C'est incroyable comme l'on peut se recentrer sur soi et son nombril quand on est enceinte ! Je me demande sans cesse : « Est-ce qu'il est réveillé ? », « Qu'est-ce que c'est que ça ? Son pied ? son coude ? » Je ne reconnais rien, mais j'imagine... J'essaie aussi de faire sentir le bébé à Jean-

Christophe. Au début, chaque fois qu'il posait sa main sur mon ventre, c'était trop tard : il ne bougeait plus ! C'était très frustrant ! Maintenant, il sent le moindre frémissement.

Fille ou garçon ? Quand, comme nous, on a attendu près de dix ans avant de réussir à faire un bébé, on ne se permet pas le luxe de dire : « Je préférerais que ce soit un garçon »... Ce n'est pas le sexe qui importe mais l'enfant. Surtout à nos âges. À 40 ans, on se dit que nous n'en aurons peut-être pas d'autre.

Jean-Christophe et moi avons longtemps été persuadés que ce serait une fille. Une amie, un brin médium, nous l'avait prédit. C'était pour rire, mais nous avions fini par nous habituer à cette idée. Bizarrement, quand les médecins nous ont annoncé que c'était un garçon, pour moi, la nouvelle n'en était pas une. C'était une évidence. C'est alors que je me suis rendu compte que j'avais une préférence.

Enfant, j'avais fait le « choix du roi » : je voulais un garçon, puis une fille. D'abord parce que j'avais un petit frère mais pas d'aîné, et cela me manquait. Ensuite, parce que j'aime l'« esprit garçon ». Je me suis longtemps mieux entendue avec les hommes qu'avec les femmes. Enfin, un petit garçon, je sais ce que c'est. J'ai vu grandir mon petit frère. J'ai été très maternelle avec lui, très protectrice... Je dis toujours « mon petit frère », alors qu'il a 38 ans ! Je sais ce que c'est que de jouer avec un garçon. Avec une fille, moins... Attention, je n'étais pas un garçon manqué. Seule, j'avais des amusements de petite fille. Mais avec mon frère, on jouait aux cow-boys et aux Indiens, au train électrique... Et j'adorais ça. J'adore toujours, d'ailleurs ! C'est important pour moi de jouer. De transmettre par le jeu.

Je préfère aussi le bleu au rose. Cela peut paraître idiot ; je sais bien que l'on peut habiller une petite fille en bleu, en vert, en beige, seulement voilà, j'ai en tête cette image de la petite fille un peu précieuse, avec ses petits bijoux, ses petites manières et ses chanteuses préférées. Toutes ne sont pas ainsi, bien sûr. Il n'empêche : l'éventualité de vivre dans une chambre rose bonbon avec des posters de Lorie – parce que mon enfant l'aura choisie ainsi – me terrifie. Aucun risque de ce genre avec un garçon... sauf s'il accroche des posters de Jean-Claude Van Damme !

Quand je dis préférer un garçon, c'est aussi en pensant au père. À son père. Ce fils, je ne le visualise pas comme quelqu'un qui va *me* ressembler, mais *lui* ressembler. Comme s'il allait être un Jean-Christophe miniature. Il ne le sera pas, évidemment. Mais je ne peux pas m'empêcher de penser qu'à travers cet enfant, je découvrirai mon chéri petit garçon. J'ai toujours regretté de l'avoir rencontré « trop tard », à 25 ans. J'aurais aimé le connaître enfant, puis adolescent...

Je serai sans doute aussi moins jalouse. L'arrivée d'un bébé bouleverse la vie d'un couple. Surtout lorsque, comme nous, cela fait quinze ans que l'on est entièrement focalisés l'un sur l'autre. Un tiers va se mettre entre nous. Pour moi, cela devrait être plus facile à accepter si c'est un garçon. On parle tellement du lien qui unit un père à sa fille ! Et puis j'ai aussi souffert de la rivalité mère-fille avec ma propre mère... Elle était sans cesse en train de se comparer à moi : « J'ai deux centimètres de plus que toi, mais tu as les poignets plus fins... » Ma mère était une femme très belle. J'ai passé ma vie à me comparer à elle et à me trouver moche.

Jean-Christophe, lui, aurait été rassuré par l'arrivée d'une fille. Même s'il ne me l'a pas dit, je pense qu'il est un peu inquiet à l'idée du couple mère-fils que nous pourrions fonder, ce bébé et moi... D'autant que lui et sa mère sont très proches. Mais sa crainte concerne surtout ce qui va se passer entre lui et ce garçon plutôt qu'entre ce garçon et moi. Il sait qu'il va se rejouer des choses de sa relation à son propre père. Or, celle-ci n'a pas été très épanouie...

De plus, Jean-Christophe s'entend mieux avec les femmes qu'avec les hommes... surtout s'ils aiment le foot. « Et si jamais il aime le foot ? », me demande-t-il parfois... Être parent d'un enfant du même sexe, c'est accepter que cet être né de nous ne soit pas notre double... Alors que pour le parent de sexe opposé, cet enfant est forcément « autre ». C'est plus simple.

Je n'ai pas le souvenir de parents très présents. Nous partions rarement en vacances ensemble. Pour mon frère et moi, c'était la colo. On était ravis, à l'époque. C'est bien plus tard que nous nous sommes rendu compte de ce qui nous avait manqué. Nous étions bien habillés, bien éduqués, mon frère allait au karaté, moi à la danse, nous prenions des cours de piano... La famille parfaite. Mais il n'y avait pas de place pour la tendresse, l'affection. Beaucoup d'enfants de ma génération ont été élevés ainsi. Aujourd'hui, je sais que j'en ai souffert.

Enfant, je ne pensais pas que ma mère avait des rapports différents avec mon frère. Mais, à 25 ans, lorsque j'ai quitté la maison, je les ai vus soudainement « collés » l'un à l'autre : ils s'embrassaient, se chamaillaient comme des enfants... C'est alors que j'ai compris qu'il existait un lien privilégié entre eux, plus charnel. Moi, j'ai toujours été dans un rapport très intellectuel avec mes parents. Je ne le leur reproche pas : de mon côté, je n'ai jamais cherché à être tendre avec eux. Si mon père ne m'embrassait pas, je ne l'embrassais pas non plus...

Avec mon fils, j'ai envie de trouver – et surtout de montrer ! – cette affection dont j'ai manqué. Mais pas question de basculer dans le sens inverse et de devenir une mère poule ! Je veux que l'on s'inquiète à deux pour notre fils. C'est étrange : j'ai du mal à assumer l'idée d'exercer le rôle maternel toute seule. Est-ce parce que je m'en sens incapable ? parce que je manque de modèle ? Ou, au contraire, parce que j'ai peur de m'y abandonner ? Je crois que je suis naturellement trop protectrice. J'ai besoin que quelqu'un intervienne pour me dire « stop ». Cela, Jean-Christophe sait le faire.

Ce que je souhaite pour mon fils ? Qu'il se sente libre avant tout. Mais aussi qu'il sache aimer, qu'il soit tolérant, amusant, séducteur... Pas macho mais pas timide non plus... Oh ! cela dit, je n'en sais rien ! Je voudrais qu'il soit heureux, avant tout. Je ne sais pas comment la vie avec cet enfant va tourner. Avec des surprises ? des déceptions ? Sans doute un peu des deux. Et si, parfois, je me perds sur mon parcours de mère, je sais que Jean-Christophe me remettra sur les rails... et *vice versa*. Donc, j'avance sereine... *On* attend, sereins.

Mère-fils au pluriel

« Oh, l'amour d'une mère ! Amour que nul n'oublie !
[...] Chacun en a sa part, et tous l'ont tout entier ! »

Victor Hugo,
Les Feuilles d'automne

Brigitte Camdessus :
« Une mère ne peut pas tout contrôler de la vie de ses enfants, à plus forte raison lorsque ce sont des garçons et qu'ils sont nombreux. »

Un fils, puis deux, puis trois, puis quatre... Peu importe le nombre. L'amour maternel se démultiplie au fur et à mesure que la famille s'agrandit, dit-on. Disent-elles. Bien sûr. Et quelle que soit la taille de la fratrie, chacun des fils traversera les étapes classiques et nécessaires à son évolution dans sa relation à sa mère. Pourtant, il paraît évident qu'une mère ne peut pas développer les mêmes rapports avec chacun de ses fils, du moins pas des rapports aussi privilégiés que ceux qui la lieraient à un fils unique.

Qu'il ait un, deux, trois... ou plus de frères, qu'est-ce que cela change pour un fils, dans sa relation à sa mère ? Et comment est-on mère avec chacun de ses fils ? Ces rapports sont-ils différents selon le rang de l'enfant ? selon qu'il vit ou non entouré de filles ?...

J'ai choisi de poser ces questions à la psychologue et psychothérapeute Brigitte Camdessus, après la lecture d'un excellent ouvrage qu'elle a dirigé, sur le thème de la fratrie. Diplômée en psychologie clinique, Brigitte Camdessus a d'abord travaillé pendant six ans dans un centre d'accueil pour jeunes mères sortant de l'hôpital avec leurs nouveau-nés. Ensuite, elle a exercé la thérapie familiale à l'École des parents, puis au Centre d'études cliniques des communications familiales à la création duquel elle a participé au début des années 1980. Le thème de la fratrie, elle l'a surtout développé à partir de 1997, dans le cadre de colloques, avant de diriger un livre collectif, La Fratrie méconnue.

Brigitte Camdessus est également mère de cinq enfants dont deux garçons.

*

Partant de cette hypothèse que l'amour d'une mère pour son fils est exceptionnel, en est-il de même lorsqu'il y a plusieurs fils ?

Une mère peut sans conteste aimer tout autant chacun de ses fils, mais elle ne va pas les aimer de la même façon. Pour la simple et bonne raison que chaque enfant est différent. La relation qui se crée entre deux personnes dépend des deux personnes. Ce n'est pas à sens unique. Or, la façon dont l'enfant va réagir à l'amour de la mère sera différente d'un garçon à un autre.

N'y a-t-il pas nécessairement un fils préféré parmi la fratrie ?

Chaque garçon apporte quelque chose de spécifique à la mère. Untel lui ressemblera, tel autre lui rappellera davantage son mari ou son père... Puis il y a les goûts, les talents que ces enfants vont très vite développer chacun à sa façon. De même, certains vont rester plus proches de la mère, d'autres vont s'opposer ; certains vont servir d'intermédiaires entre les parents et les enfants, quand d'autres vont s'éloigner du cercle familial... Il y a finalement autant de cas de figure qu'il y a d'enfants. Donc autant de types de relation entre la mère et le fils qu'il y a de fils. Et parmi toutes ces relations, il y en aura nécessairement une qui sera faite de davantage d'affinités.

N'est-ce pas aussi en fonction du rang ? On dit – et l'on remarque – que l'aîné est souvent le fils préféré de la fratrie.

Parfois ce sera l'aîné, d'autres fois le dernier, ou bien encore celui du milieu, plus « facile » que les autres... Je crois que, plus que du rang dans la fratrie, cela dépend de l'accueil qui est réservé à l'enfant au sein de la famille.

C'est-à-dire ?

La relation mère-enfant s'inscrit dans une dynamique familiale. Elle s'appuie en même temps sur tout un réseau de relations : relation au père, relation aux autres frères et sœurs, entre les frères et sœurs, entre ceux-ci et leur père, relation aux générations précédentes aussi. La façon dont une nouvelle naissance sera accueillie par la mère dépendra donc fortement de tout ce qui se joue au sein même de ces autres relations. Tel garçon peut lui rappeler, par exemple, son père ou son beau-père ou tel autre membre de la famille, et la relation qu'elle entretient avec lui

– bonne ou mauvaise – peut influencer la façon dont elle se comportera avec ce fils et, en fonction de la réaction de l'enfant, la relation qui se tissera entre eux.

Il faut également prendre en compte les conditions dans lesquelles intervient cette naissance : à savoir, à quel moment de sa vie la mère se trouve alors, quelle étape le couple parental est en train de vivre... Tout cela participe de la mise en place d'une relation particulière avec l'enfant. Mais le plus important, je crois, c'est que l'enfant soit désiré.

Justement : est-ce que, après avoir déjà eu trois, quatre garçons ou plus, une mère peut réellement accueillir un autre enfant avec le même désir ?

Je pense que si une mère souhaite avoir plusieurs enfants, la question ne se pose pas. Bien sûr, il arrive, lorsque la fratrie s'élargit, que la mère souhaite l'arrivée d'une fille. Je pense notamment à une mère que j'avais suivie en consultation, qui avait cinq fils et mourait d'envie d'avoir une fille. Cela ne l'empêcha pourtant pas d'accueillir un sixième garçon avec joie ! On peut avoir le même plaisir à élever un énième enfant, sachant que celui-là ne sera pas comme les autres et qu'il apportera à la famille et à la mère sa personnalité unique.

Revenons à l'aîné : quel est son statut particulier dans la famille et en quoi cela influe-t-il sur sa relation à la mère ?

La relation avec le premier fils sert facilement de modèle. Car c'est avec celui-là que se crée la famille ;

c'est avec lui que le couple a d'abord appris à vivre à trois, et non plus à deux. Cela lui attribue nécessairement une place particulière dans la famille. Et aussi dans le cœur de sa mère ; c'est avec lui qu'elle a fait l'apprentissage de la maternité. Il y aura donc quelque chose de très fort entre eux au départ : c'est son premier bébé ! Mais cela ne veut pas dire qu'il restera le préféré. L'arrivée des autres enfants vient changer la donne.

Elle oblige à la prise de distance entre la mère et l'aîné...

Oui, encore que les relations se complexifient quand le groupe familial s'élargit. Le fils aîné peut se rapprocher de sa mère en devenant le soutien de celle-ci et en prenant en charge les suivants... Le risque de responsabiliser très tôt l'aîné est un piège qu'il n'est pas toujours simple d'éviter, dans la pratique.

En fait, tout dépend de la personnalité de cet enfant, ainsi que de la distance qui le sépare de ses frères et sœurs. Souvent, si l'aîné est suivi de très près par d'autres garçons, on constate que de toutes les relations intrafamiliales, c'est la relation entre frères qui va primer.

À l'inverse, qu'en est-il du cadet ?

Il faut bien préciser ce que l'on entend par cadet : c'est le deuxième fils. Le mot vient de la langue d'oc et signifie « chef de bande ». Traditionnellement, c'était celui qui devait partir de la maison pour mener sa vie ailleurs. Tandis que l'aîné devait garder les traditions familiales, le cadet partait à la « conquête du monde », pour se créer sa propre fortune.

Il était mis à la porte ?

Plus ou moins... Sinon, il arrivait qu'il reste à la ferme familiale, sans se marier, pour aider la famille de l'aîné.

Autrement dit, parmi tous les garçons, seul l'aîné pouvait devenir un « homme accompli » ?

Oui dans le cadre d'une civilisation rurale où les biens sont les terres. Cela dit, les autres fils pouvaient s'épanouir et faire carrière dans l'armée, la marine, les ordres religieux ou encore l'artisanat et le commerce dans les villes. Aujourd'hui, tout cela a changé à partir du moment où l'héritage de biens matériels est devenu moins important que l'investissement dans des études et les qualités professionnelles.

Concernant le dernier de la famille : on lui attribue volontiers le statut d'enfant gâté...

Quelquefois, effectivement, c'est un petit gâté, parce que la mère sait qu'elle n'en aura pas d'autre après lui. Elle redouble de tendresse à son égard et, en même temps, elle est souvent plus souple avec lui qu'avec les précédents, du fait de son expérience et de son âge.

Mais d'autres fois, cet enfant sera celui qui rejettera toutes les valeurs familiales et suivra une voie diamétralement opposée à celle ouverte par ses aînés.

Pourquoi ce fils serait-il plus « forte tête » que les autres ?

Parce qu'il a plus de mal à faire sa place. Quand on a plusieurs garçons avant soi, il faut « faire son trou » d'une façon ou d'une autre.

N'est-ce pas surtout le cas de l'enfant du milieu ?

Tout dépend de sa personnalité. Il doit se situer entre un ou des aînés et un ou des plus jeunes. Avoir à batailler pour faire sa place peut le rendre plus créatif, plus combatif. Étant moins en vedette que l'aîné, il peut se faire oublier et avoir plus de latitude pour imaginer sa vie. C'est à la fois une contrainte et une chance de se trouver dans cette position.

On dit souvent que c'est la place la plus difficile...

C'est vrai qu'il est pris entre son petit frère, souvent choyé, et un aîné, parfois admiré... Mais cela dépend, comme toujours, de l'enfant lui-même, de sa personnalité. L'essentiel est qu'il puisse finalement trouver sa place.

De quelle façon sa mère peut-elle l'y aider ?

Normalement, elle doit stimuler chacun de ses fils pour qu'il se réalise en tant qu'homme et individuellement. Stimuler un enfant, c'est d'abord porter sur lui un regard d'amour et d'intérêt pour ce qu'il a d'unique. C'est ensuite ne jamais faire à sa place ce qu'il peut faire seul. C'est enfin l'encourager et le soutenir dans ses initiatives et ses efforts d'autonomisation pour devenir un adulte responsable.

Cela étant, la mère n'est pas seule à aider l'enfant à faire sa place ; il y a aussi son père et tout le reste de la famille au sens plus large : une tante, une grand-mère, un grand-père, des oncles, des cousins... peuvent également être, pour l'enfant, le soutien de sa propre construction. Ce n'est d'ailleurs pas si mal que l'enfant puisse se référer à eux. Il a besoin de sortir du petit cercle familial et de trouver ailleurs de quoi nourrir son identité.

Comment un enfant vit-il le fait de devoir partager l'amour de sa mère ?

C'est assez paradoxal. Dans son esprit, il y a à la fois la jalousie et la joie d'avoir des « copains ». En grandissant, selon sa personnalité, ses besoins particuliers et sa place dans la famille, il va plus ou moins s'arranger entre ces deux sentiments.

La jalousie est inévitable : chacun voudrait avoir sa maman pour lui tout seul. D'ailleurs, chacun l'a, même dans une famille nombreuse, les premiers mois ; et ce sont ces premiers mois qui importent le plus. Le sentiment que les enfants auront plus tard de la disponibilité de la mère tient en très grande partie à cette courte période. L'enfant qui, dans les premiers mois de sa vie, ressent la présence et l'amour unique de sa mère, grandit avec un sentiment de sécurité. Il peut ensuite avancer seul avec confiance : il « sait » que sa mère l'aime puisqu'elle a été là pour lui au début de sa vie.

Dans le cas de famille très nombreuse, une mère peut-elle vraiment être disponible pour chacun ?

Je vous répondrai honnêtement que c'est très difficile. On ne peut s'occuper que des choses vraiment importantes pour chaque enfant. Pour le reste, on « laisse courir » et on laisse les enfants s'éduquer entre eux, ce qu'ils font souvent fort bien. C'est aussi une force de grandir dans une grande fratrie. C'est une bonne école de socialisation.

C'est donc là que la fratrie joue son rôle ?

Elle devient en effet très importante. On va s'aider les uns les autres, bénéficier de l'expérience d'un plus grand, orienter un plus petit... Mais encore faut-il le vouloir ! Il ne s'agit pas d'imposer aux enfants des responsabilités d'adulte ou des rôles de soutien les uns auprès des autres. C'est à eux de choisir.

Souvent, une fille secondera sa mère dans son rôle. Être pris en charge par une sœur plutôt que par une mère, quelles conséquences cela a-t-il sur le fils ?

Pour un petit, la figure maternelle est celle qui le prend en charge et s'occupe de lui. Ce peut donc être une grande sœur, mais aussi une grand-mère, une tante, une belle-mère... Peu importe, à vrai dire. Ce qui compte, c'est que cette femme sache donner la sécurité affective à l'enfant.

Quels sont les avantages pour un fils, et pour sa relation à sa mère, de vivre dans une grande fratrie ?

Cela facilite très souvent la séparation entre eux et, donc, le processus d'individuation de l'enfant. Souvent aussi, grandir parmi de nombreux frères crée des personnalités très indépendantes et solides. D'abord parce qu'il leur a fallu s'imposer au milieu des autres, ensuite parce que n'ayant que peu de temps à consacrer à chacun, les parents leur ont donné les règles de base ; ensuite, à chacun de grandir à sa façon.

Mais il y a d'autres difficultés en contrepartie. Par exemple, ce sont souvent des familles dans lesquelles, du fait du nombre, on est contraint de mettre en place un fonctionnement assez rigide. Le problème n'est donc plus tant celui d'une relation « fusionnelle » – tel qu'il peut se poser quand il n'y a qu'un fils – que celui de rapports froids et distants. Il n'est d'ailleurs pas rare qu'un des enfants se rebelle contre les règles de la famille, en adoptant des comportements parfois « limites ». C'est sa façon de montrer que ces règles ne sont pas adaptées à la vie qu'il a, lui, besoin de mener. Car, si les enfants d'une même famille ont besoin d'être soumis aux mêmes règles, il faut aussi que chacun puisse y trouver de quoi satisfaire ses propres envies et besoins.

Difficile de trouver un juste milieu...

Cela se résume en deux mots : adaptabilité et souplesse. Une mère ne peut pas tout contrôler de la vie de ses enfants, à plus forte raison lorsque ce sont des garçons et qu'ils sont nombreux ! Et tant mieux, d'ailleurs : peu importe qu'il vive parmi deux, quatre ou dix frères, chaque garçon doit pouvoir se réaliser comme il l'entend, en tant qu'individu, dans la société où il est amené à vivre.

Est-ce l'éducation que vous avez voulu donner à vos enfants ?

Effectivement. J'ai moi-même deux garçons et quatre filles. Et mes fils, l'aîné et le quatrième, sont aussi différents que possible ! Entre autres parce que je les ai incités à suivre chacun son propre chemin. Puis quand bien même une mère essaierait de modeler tous ses enfants sur le même moule, ils ne lui en laisseraient pas la possibilité : chaque enfant arrive à son heure et il est unique.

Édith Cahier Mitterrand
et ses fils,
Jean-Gabriel, Olivier et Frédéric

Édith Cahier Mitterrand :
« Ce que je ne voulais surtout pas, c'était être dure. »

Abandonnée par un majordome au milieu d'un salon majestueux, j'attends Mme Édith Cahier Mitterrand. Tout ce que je sais d'elle, je l'ai lu dans son livre, Ma famille Mitterrand. *Je sais qu'elle a grandi sous le joug d'un père militaire, réactionnaire et violent ; qu'en 1939, elle s'en libère et trouve sa vraie famille auprès du clan Mitterrand en épousant Robert, le frère de François dont elle deviendra une grande amie. Je sais aussi que de cette union, suivie d'un divorce en 1953 puis de deux autres mariages, sont nés trois fils : Jean-Gabriel, Olivier et, le plus célèbre, Frédéric. J'ai également lu qu'elle se disait « mère avant tout », d'où mon envie de la rencontrer.*

Une petite dame très élégante arrive un peu pressée, me félicite de ma ponctualité et me tend un fauteuil à côté du sien. « Alors, pourquoi êtes-vous là, déjà ? » Elle ne me laissera pas finir ma présentation. Le regard est perçant, vert d'eau, la voix est aussi ferme et claire que le discours. Édith Cahier Mitterrand mène la danse. Les premiers souvenirs sont limpides, trop sans doute ; le récit a les sonorités d'un discours déjà mené. Puis, peu à peu, quelques doutes, des silences, une cigarette, puis deux, les yeux qui se perdent un peu dans le vague. Elle se remet en cause, s'interroge, me demande mon avis. Est-ce qu'elle a bien élevé ses fils ? Est-ce qu'elle les a suffisamment entourés ? Est-ce qu'elle ne les a pas trop étouffés ? Je suis touchée par sa franchise et la confiance qu'elle m'accorde, si vite. Elle en vient à me livrer des anecdotes intimes sur elle et sur ses fils. « Mais que cela reste entre nous. » J'acquiesce, bien entendu, flattée autant que gênée de pénétrer dans un drôle d'univers qui sent le secret mitterrandien. C'est, du moins, le parallèle qui me vient alors à l'esprit...

Puis elle reprend de l'assurance, se redresse sur son fauteuil, et se rend à l'évidence : ses fils l'aiment. Elle va me le prouver en m'entraînant dans la pièce d'à côté. Sur un panneau accroché à l'un des murs de sa chambre, ce sont des dizaines de petits bouts de papiers épinglés qu'elle me lit en n'en retenant que l'essentiel : « Maman chérie », « Affectueusement », « Je vous embrasse tendrement », « Votre fils qui vous aime »... Celui-ci lui a été envoyé des États-Unis, celui-là glissé sous sa porte le mois dernier... Elle remet un peu d'ordre dans ce patchwork de mots d'amour, puis m'accompagne vers le seuil de son luxueux appartement, rassurée : tous les doutes réveillés par l'évocation de ses souvenirs ont disparu. Certes, les circonstances de la vie ne lui ont pas toujours permis d'être la mère qu'elle aurait voulu être. Elle le reconnaît, elle s'en veut. « Il aurait fallu être parfaite. » Je lui assure que non ; la perfection d'une mère est un cadeau empoisonné. Ce qui importe, c'est ce qu'il reste de la relation après des années : ces mots d'amour, notamment. Ses fils l'aiment. C'est écrit.

*

Comment je suis devenue mère ? Un peu par accident, il faut bien le dire ! Et dans des conditions plutôt critiques... C'était en 1940, en pleine guerre. J'avais 18 ans. L'accouchement s'étant très mal passé, je suis restée à Évian chez ma mère, trois mois sans voir mon fils, même pas à travers une fenêtre. Bien que presque inconsciente, j'ai eu beaucoup de mal à supporter cette séparation. J'avais l'impression d'un vol, d'une frustration. Un sentiment qui persiste, probablement... C'était extrêmement pénible ; quand vous donnez la vie dans des conditions aussi difficiles, vous avez d'autant plus besoin de voir ce bébé, de le protéger, de le toucher pour vous dire : « Ça y est ! C'est bon, je suis arrivée au bout du chemin. » Mais cela, on ne me l'a pas permis. C'est ce qui explique que j'ai pu avoir, ensuite, un excessif besoin de protection à l'égard de mon fils... Et des suivants, d'ailleurs...

En cette période de guerre, il n'y avait rien dans les magasins et les règles de limitation étaient très strictes. Malgré cela, j'ai réussi à suralimenter mon fils ! Je me souviens que j'allais voir la pharmacienne d'en bas de chez nous, rue de Grenelle, pour la supplier de me donner toujours plus de lait « Mont Blanc ». Je dépassais largement les doses. C'était une grosse erreur, mais j'avais tellement peur de ne pas avoir fait ce qu'il fallait... Oui, j'étais excessive avec lui, tant sur ce plan matériel que sur le plan affectif. Mais il ne faut pas oublier le contexte : j'avais 18 ans, le climat de fragilité était insoutenable ; il semblait qu'à tout moment pouvait se produire une catastrophe. Personnellement je n'avais pas peur. Aller à la cave, rester enfermée... tout cela, je ne le faisais pas, je m'en fichais. Mais c'était pour mon fils que je tremblais. Il y a eu le fameux bombardement de Billancourt, notamment. Je me souviens que Jean-Gabriel était terrorisé et moi, j'étais terrorisée de le voir terrorisé ! Je me disais : « Ça va le marquer. » Oui, déjà à cette époque, je pensais aux risques de traumatisme dont on parle tant maintenant. C'est pour cela que je le surprotégeais. Le jour de ce bombardement, j'ai voulu lui expliquer : « Ce sont des choses qui ne sont pas normales, mais elles ne vont pas durer. » Et lui me répétait sans cesse : « Maman ! A peur ! ». Je lui répondais : « Non, tu n'as pas peur ! Tant que je serai là, il n'arrivera rien. » Je le rassurais comme je pouvais, avec des paroles de mère. Puis il a grandi « normalement ». Je ne crois pas, en réalité, qu'il ait été tellement marqué. Il était si jeune... Puis il a eu un petit frère assez vite, ce qui l'a sans doute « rassuré ».

Olivier est né en 1943. Là aussi, ça a été difficile. On est toujours déroutés quand un personnage débarque, comme ça, dans notre vie. On ne le connaît pas, on ne sait pas par quel bout le prendre ! D'autant qu'Olivier était extrêmement différent de son frère. Il a d'abord été très malade. Nous étions à Évian quand il est né. C'est à un médecin, assassiné peu après par les FTP, que je dois la survie d'Olivier. Il m'a donné des seringues, des sulfamides et m'a dit : « Faites-lui une piqûre toutes les deux heures. » – « Mais je ne sais pas faire ! » – « Vous apprendrez. » Et il est parti. Il y a des moments, dans la vie, où vous vous retrouvez face à un problème qui paraît tout à fait insurmontable mais dont vous savez pourtant que vous devez l'affronter. Celui-là en fait partie : administrer des piqûres à un enfant de dix mois quasi mourant, sur des indications d'un médecin inconnu, sans avoir jamais manipulé la moindre seringue... Je me suis acharnée pendant des heures sur un édredon pour m'entraîner, puis il a bien fallu s'y mettre ! Cet effort fait sur moi-même m'a d'autant plus donné un sentiment de responsabilité à l'égard de mes enfants. De cet enfant que je voulais aider, sauver, élever... J'imagine que c'est toujours ce sentiment de responsabilité qui fait que, même à l'heure actuelle, j'ai des angoisses terribles en pensant à ce qui peut arriver à mes fils. Tout me paraît fragile. Sans doute parce que j'ai commencé ma vie, et plus particulièrement ma vie de mère, dans un climat bouleversé... Et puis parce que la vie est fragile, au fond. Quoi qu'il en soit, il ne se passe pas un jour sans que je m'inquiète pour mes fils. J'ai peur de tout pour eux : Jean-Gabriel qui ouvre une nouvelle galerie : est-ce que ça va marcher ? Olivier ou Frédéric qui doit prendre l'avion pour telle ou telle destination : est-ce qu'il ne va rien lui arriver ?... Puis il y a la moto : Frédéric et Olivier en ont chacun une. Je n'ai jamais pu supporter ces engins ; c'est au point que, quand je suis au volant de ma voiture dans Paris et qu'une moto arrive à ma hauteur, je suis tétanisée ! C'est ennuyeux, parce que j'embête souvent mes fils à ce sujet et cela crée parfois des petits conflits entre nous. Mais je n'arrive pas à dominer cette angoisse. Et chaque fois que je les vois monter sur cet engin, j'en suis malade ! Tout le temps, je sens en moi la mère surprotectrice. Je crois que le cordon ombilical n'est jamais vraiment rompu !

Mais ne croyez pas que je sois une mère castratrice !

Pas du tout ! Non seulement je garde la plupart de ces craintes pour moi, mais j'ai toujours incité mes fils à faire ce qu'ils voulaient. J'ai été très tolérante. Peut-être trop même. Je voulais à tout prix les laisser s'épanouir à leur façon. Mais ayant aussi ce fond très protecteur, je me retrouvais souvent en porte à faux : tandis que je les laissais libres en ce qui concernait les grandes décisions, je devenais rigide sur des détails matériels sans importance : « Faites attention à ceci », « On ne fait pas ce genre de choses », « Couchez-vous tôt »... J'insistais sur des faits secondaires, alors qu'il y avait sans doute des questions plus importantes à régler avec eux, que je laissais filer. Je n'osais peut-être pas les affronter...

Au fond, ce que je ne voulais surtout pas, c'était être dure. Il faut dire que je traînais mes rapports avec mon père. Le souvenir de leur brutalité était là, dans un coin de mon esprit... Il n'en est jamais sorti, d'ailleurs. Je ne voulais donc pas qu'il y ait la moindre dureté dans mes relations avec mes fils. Je ne pense pas leur avoir jamais donné la moindre petite claque. Non. J'ai probablement été assez faible ; incapable de me confronter à eux, ne serait-ce que par des « Tu as tort » ou « Je ne suis pas d'accord »...

Si, une fois, je l'ai fait. Et j'en suis très fière ! À sa sortie de Sciences-Po, Jean-Gabriel devait faire un petit travail pendant quelques mois, qui consistait à parcourir des villes de province pour y présenter des produits d'un labo. Il était tout jeune à l'époque. Il me répétait : « Je ne pourrai pas, je vous assure, je suis incapable de faire cela ! » Je n'ai pas craqué : « Si, tu le dois. » Je l'ai emmené à la gare et mis dans le train. Au final, cela lui a fait le plus grand bien !

C'est la première fois, et sans doute la dernière, où je me suis sentie un peu « ferme » face à l'un de mes fils. Le reste du temps, je ne leur ai jamais rien imposé. J'ai seulement émis mon avis, les laissant ensuite décider. J'ai une anecdote assez drôle à ce sujet. C'était à l'occasion de Mai 68, l'époque de Frédéric. J'apprends, un jour, qu'il va sur les barricades. Je le laisse faire. Mais au bout de deux ou trois jours, j'ai tout de même voulu lui donner mon avis : « Tu sais, je ne veux pas t'empêcher d'aller sur les barricades. Je ne suis pas contre. Cela dit, chaque matin, ton petit déjeuner est servi, ton lit est fait, tes costumes sont brossés, ta voiture t'attend en bas... Tout cela, si tu veux mon avis, ne va pas très bien avec les barricades. Il faut être logique dans la vie ! » C'était un peu dur, non... ? De lui faire ainsi perdre ses illusions de gamin ? Je m'en suis un peu voulu... Mais c'était la mère réaliste qui parlait ! Et il semble que cela l'ait fait réfléchir, puisque, dès le lendemain, il est retourné à ses cours de Sciences-Po...

Vous n'imaginez pas à quel point ces trois garçons sont différents ! On pourrait penser qu'ils ne sont pas nés des mêmes père et mère !

Jean-Gabriel a commencé sa carrière dans une très grosse affaire d'art. Il y est resté dix ans environ, avant de lancer sa propre galerie. Elle marche très bien. Je ne dis pas cela parce que c'est mon fils, mais il est aujourd'hui considéré comme l'un des plus grands galeristes en Europe.

Olivier est, je pense, celui qui me ressemble le plus. C'est un hyperactif, sans doute angoissé. Il travaille comme un forcené, sans cesse entre les États-Unis, l'Espagne, l'Angleterre, Paris… Il s'occupe de chercher des terrains pour y construire des bureaux. Sa société marche brillamment. Comme Jean-Gabriel, il est divorcé, mais lui s'est remarié. Ils ont tous les deux des enfants. Bien que puîné, Olivier a toujours été un peu le « chef de famille ». Celui qui défendait ses frères en cas de souci, le « costaud ». Encore maintenant, c'est très souvent lui qui s'occupe de prendre les décisions familiales.

Quant à Frédéric, c'est l'artiste à deux cents pour cent ! D'une générosité de cœur absolument exceptionnelle, mais éternel insatisfait, toujours à fleur de peau. C'est un hypersensible.

Oui, les différences entre eux sont immenses. Tellement que cela m'a valu de passer à côté de beaucoup de choses dans la vie de chacun. Je crois ne pas avoir toujours su prendre en compte leur particularité. En ce qui concerne Frédéric, surtout. Je n'ai pas senti toute sa fragilité. Par exemple, après la guerre, j'ai pris une gouvernante : une femme que je croyais d'abord très bien et qui ne l'était pas du tout ! Mais cela, je ne m'en suis rendu compte que plus tard. Et Frédéric en a beaucoup souffert ; il la détestait ! Était-ce seulement à cause d'elle ou parce que, à la même époque, j'étais en plein divorce ? Je ne peux pas le dire… Il est certain que j'ai été moins présente pour lui que pour les autres, alors qu'il était celui qui aurait eu le plus besoin de protection. Je repense, entre autres, à cette époque où François Mitterrand était très contesté ; Frédéric se faisait poursuivre par les gamins de l'école qui l'insultaient : « Mitterrand ! Salaud ! » Frédéric se réfugiait dans les portes cochères. Jusqu'à ce que son frère Olivier aille voir ces gosses et les menace : « Si vous continuez, je vous casse la gueule ! » Ça, c'est Olivier. Frédéric, lui, ne se serait jamais battu. Il n'a jamais pu affronter la violence et la méchanceté. Aujourd'hui, il s'est un peu « blindé »... Son arme, désormais, c'est la défensive. Il est très à l'affût, à fleur de peau, vite replié sur lui-même. Quand il vient me voir, par exemple, il s'allonge sur le tapis, se relaxe, ne parle pas ou très peu...

Chacun m'aime à sa manière. Frédéric est peut-être celui qui montre le plus sa sensibilité à travers l'affection qu'il me porte. Olivier affiche moins ses sentiments. Jean-Gabriel, lui, montre son attachement par des coups de fils quotidiens. Ils sont très, très proches de moi, mes enfants.

Preuve que le vouvoiement n'empêche pas la tendresse. C'est bizarre, n'est-ce pas, ce choix du vouvoiement ? Surtout de la part d'une fille de 18 ans qui a toujours tutoyé ses parents... Mais c'est sans doute parce que j'avais eu ces rapports extrêmement durs avec mon père. Instinctivement, j'avais besoin d'instaurer une sorte de distance entre mes fils et moi. Une limite à ne pas franchir... Je voulais que ce soit une relation très « construite », que mes enfants se comportent à mon égard d'une façon différente, et que, par conséquent, j'agisse moi aussi de façon particulière avec eux. Je souhaitais qu'il y ait quelque chose d' » exceptionnel » dans nos rapports.

De même, j'ai toujours été très précise dans ma manière de leur parler. Je m'appliquais. Et à côté de cela, j'étais très câline et enveloppante. Je n'ai, par exemple, jamais voulu les laisser seuls dans l'appartement, même quand ils étaient adolescents. C'est idiot, non ? Peut-être que, sur ce point, je les ai un peu étouffés. Mais comment savoir si on élève bien ses enfants ? Et pourquoi une mère en vient-elle à adopter telle attitude plutôt que telle autre ? Est-ce que je ressentais le besoin de les surprotéger pour amoindrir les chocs des divorces ? Je ne cesse de le répéter : le divorce est une catastrophe pour les enfants. Je le sais. Je le vois partout. Moi-même, je me suis mariée trois fois... Mes enfants ne me l'ont jamais reproché cependant. En fait, je n'ai jamais entendu le moindre reproche de leur part. Mais aujourd'hui, je me rends compte que mon absence a été ressentie par eux comme un long abandon. Il est certain que je n'étais pas là pour les embrasser le soir dans leur lit, comme je le faisais autrefois... J'ai divorcé de Robert Mitterrand en 1953. Après de longues discussions, nous sommes arrivés à un compromis : il gardait les enfants qui avaient 13, 10 et 6 ans, et je pouvais les voir chez lui chaque fois que je le désirais, l'appartement m'étant cordialement ouvert. Je me suis installée avenue Léopold, à proximité des enfants. J'allais les voir tous les jours. Dans le même temps, j'ai cherché un appartement plus proche ; après de laborieuses recherches, j'ai trouvé : 1, rue Dufrénoy. Robert et les enfants habitaient au 5 de la même rue. Ainsi, les enfants pouvaient me voir longuement, ils venaient déjeuner à la maison, dîner et coucher à tour de rôle avec l'accord de leur père. Mais peu après, j'ai dû partir pour le Maroc. J'étais remariée au Dr Baudoin qui s'était vu interdit d'exercer en France ; j'ai vécu environ six mois à Casablanca, le cœur déchiré. Ce séjour a été plus long que prévu contre mon gré ; j'avais contracté la typhoïde. Les enfants sont venus me voir durant les vacances de Pâques. À mon retour à Paris en 1954, j'ai retrouvé l'appartement de la rue Dufrénoy et j'ai repris nos habitudes ; repas à la maison, les enfants couchant à tour de rôle (je n'avais qu'une chambre pour eux) et les vacances passées tous ensemble. Malgré cela, je pense qu'ils ont dû souffrir de ces séparations. Leur vie en a fatalement été déséquilibrée, parce que celle des parents l'est toujours dans ces moments. Puis c'étaient des garçons fragiles à la base.

Oui, s'ils ont quelque chose en commun c'est bien cela : la fragilité. Même s'ils ne le montrent pas tous. Jean-Gabriel l'est, à sa façon. Olivier est un grand tendre sous des allures de « dur ». Quant à Frédéric, c'est la fragilité incarnée ! Alors, est-ce à cause des gènes, de ma personnalité, ou de l'éducation qu'ils ont reçue ? Je n'en sais rien. Ce que je sais, c'est qu'il y a des mères qui réussissent à faire des enfants forts, sûrs d'eux. Les miens sont brillants et divers, même si je n'ai pas conscience d'y être pour quelque chose. Mais je m'en veux un peu de ne pas les avoir aidés à devenir plus forts ; j'aurais bien voulu qu'on me dise ce qu'il fallait faire pour « mieux faire »...

Mes seules références étaient un père brutal qui a cassé la vie de mes deux frères, et une mère effacée devant un homme qu'elle aimait plus que tout. Ma mère était un être exquis. Elle avait cette énergie extraordinaire des gens qui ne peuvent pas la montrer, mais face à mon père elle était d'une faiblesse !... Combien de fois ai-je pu lui dire : « Maman, je t'en supplie, partons, on est trop malheureux ici. » Elle avait de l'argent, elle aurait pu. Mais elle adorait mon père. Une fois seulement, elle a su prendre position face à lui. C'était au sujet de mes fiançailles avec Robert Mitterrand. Comme d'habitude, mon père a décidé sans aucune raison de se dresser contre ce projet. Ma mère s'est imposée : « Paul, laisse-la tranquille. Je soutiendrai ses fiançailles et elle aura une dot. » J'étais sidérée ! Elle devait se dire qu'au moins, quand je serais partie, il n'y aurait plus de conflit... Et ce fut vrai.

Je déteste ma famille Cahier. C'est horrible à dire, n'est-ce pas ? D'autant que j'aime mes frères et que j'aimais ma mère. Mais mon père a tout cassé.

Puis j'ai eu la chance d'arriver dans une famille extraordinaire. La famille Mitterrand était d'une générosité et d'une intelligence incroyables. Mes fils en ont hérité. Ils ont cette « finesse Mitterrand ». De temps en temps, pour plaisanter, Jean-Gabriel me dit qu'il en a assez d'être un « Mitterrand », qu'il voudrait être un « Cahier ». Je le supplie de se taire ! Ou bien quand ils ratent quelque chose ou qu'ils ne vont pas très bien, ils disent : « Ça, c'est "Cahier" ! » On en plaisante...

Jean-Gabriel et Olivier se retrouvent assez souvent tous les deux, ils sont très liés. Frédéric, c'est autre chose ; il est moins souvent là, il ne gravite pas tout à fait dans le même monde, puis il est plus jeune. Je les réunis le plus souvent possible à la maison. Il y a quelques jours, Olivier nous a organisé un déjeuner au restaurant chinois en bas de chez moi. Vous n'imaginez pas comme ils étaient heureux ! Ils n'ont pas si souvent l'occasion de se voir tous ensemble. Et le plus miraculeux, c'est que dans ces moments-là, Frédéric parle, mais parle ! Chaque fois qu'ils se retrouvent tous les trois, ils sont tellement bavards ! Je me souviens que souvent, lorsque nous dînions tous ensemble, mon deuxième mari en plaisantait : « Je pense qu'on peut sortir de table, ils ne s'en rendront même pas compte ! » Quand ils sont tous les trois, c'est un bloc. C'est formidable. Pour eux, bien sûr, mais aussi pour moi. C'est réconfortant. Il n'y a rien de pire pour une mère que de voir ses enfants se déchirer. Les miens sont solidaires.

Est-ce que j'y suis pour quelque chose ? Allez savoir... Est-ce que ma présence auprès d'eux a aidé au développement de cet esprit de clan ? Ou est-ce que ce sont, au contraire, mes absences, et le fait qu'ils ont dû supporter ensemble des périodes difficiles de divorces ?...

Ce qui est certain, c'est que je me suis toujours efforcée de les élever de la même façon, sans préférence. Est-ce que c'est normal, d'ailleurs, de ne pas avoir de « fils préféré » ? Je m'interroge... Un jour, untel sera plus particulièrement gentil avec moi. Je me dirai : « C'est vrai, il a toujours été plus tendre... » Puis le lendemain, ce sera un autre... Non, je ne fais aucune différence de sentiment. Chacun a été un enfant unique auprès de moi, par ce qu'il m'a donné, appris de lui, et par ce qu'il a développé en moi...

J'aurais été très heureuse d'avoir une fille. Je pense que tout aurait été différent, aussi bien dans ma vie personnelle que dans ma façon de m'occuper de mes fils. Cependant, le fait que ce sont trois garçons m'a facilité les choses. Il me semble que mon comportement énergique et mon parcours de vie étaient plus adaptés à des garçons. Je crois qu'avec une fille, j'aurais été... comment dire... mal à l'aise. En face d'une fille, on est davantage en face de soi, avec tout ce que cela signifie de mauvais souvenirs qu'on ne veut pas perpétuer, d'ambitions qu'on est tenté de projeter... Alors qu'avec mes fils, tout était net. Ils devaient faire des études, marcher droit. Point final. La relation est claire et saine.

Nous nous embrassons beaucoup. Ils sont très affectueux mais, en même temps, je les sens toujours un peu sur leur quant-à-soi. De même, ils ne me feront jamais de critiques ouvertes, ils ne sont pas du genre à se lancer dans de grandes confidences et déclarations. Cela dit, je ne pense pas qu'ils soient mal à l'aise avec moi. Non... Ils sont eux-mêmes, tout en maintenant cette légère distance... Un certain respect, sans doute. Je reste leur mère, je ne suis pas une amie. J'ai toujours voulu que cette différence soit très nette.

En revanche, nous fonctionnons beaucoup sur le mode de l'humour. La dérision est un excellent moyen de communication entre nous. Il y a quelques jours, par exemple, je leur disais que je souhaiterais être enterrée en Normandie. Je sentais bien que cela les gênait d'évoquer ce sujet. Alors j'ai ajouté une pointe de sarcasme : « L'avantage de la Normandie, c'est que ce n'est pas loin. Quand vous voudrez venir me voir, le week-end, il vous faudra quoi ? Une heure et quart aller-retour, tout au plus... en moto ! » L'ironie permet de tout dire et de se comprendre au-delà des mots, dans un éclat de rire !

Jean-Gabriel Mitterrand : « Cette image que j'ai de ma mère a très certainement influencé la vision que j'ai eue, plus tard, de la femme. »

Sa mère m'avait prévenue : « Mes fils sont extrêmement occupés ; vous aurez beaucoup de difficultés à les joindre ! » Elle s'est donc engagée à m'y aider. Après quelques messages laissés à leurs assistantes et quelques rencontres « éclair » entre mère et fils dont je finissais toujours par avoir l'écho – « J'ai vu Olivier hier, il va vous appeler » ; « J'ai eu Frédéric au téléphone, il devrait rentrer demain à Paris »... Après, donc, plusieurs semaines de filature, j'ai fini par décrocher un rendez-vous téléphonique avec le fils aîné, Jean-Gabriel. Entre deux départs d'avion, le galeriste a bien voulu se poser quelques minutes pour me parler d'Édith Cahier Mitterrand. Quelques minutes qui suffiront pour révéler toute la complexité d'une mère, restée, aux yeux de cet homme de plus de 60 ans, une figure féminine unique.

*

À l'évocation de ma mère, ce sont deux sentiments qui me viennent à l'esprit. D'abord le sentiment d'une forte présence protectrice et aimante. Ma mère a été le centre affectif et émotif de l'enfant puis de l'adolescent que j'ai été. Mais en même temps, le sentiment de manque. Après le divorce, prononcé quand j'avais 10 ans, je me souviens d'une mère absente par périodes. Et ce, d'ailleurs, sans aucun espoir de substitution ; pas un visage féminin qui se soit interposé, sinon celui d'une gouvernante, mais sans intérêt...

Comprenez bien que tout cela n'est pas lié directement à la réalité. Vous savez, quand vous avez 10 ans, il suffit que votre mère parte en voyage pour que vous pensiez qu'elle vous a abandonné ! Les impressions que je vous évoque là sont à peu près du même type, très subjectives... Ce sont des impressions d'enfant.

De ma petite enfance, je garde le souvenir d'une mère extraordinairement protectrice et rassurante. Je crois que la base de notre relation, la force du lien qui nous unit tient à ces années. J'ai été formidablement protégé par elle, dans des moments très rudes. J'ai en tête le souvenir de bombardements à Boulogne, d'uniformes allemands qui me faisaient peur, de mouvements de panique dans la rue... Ma mère était là ; elle m'a consolé, elle m'a entouré. Toute sa force maternelle s'est exprimée dans cette période troublée. Mais même plus tard : j'ai toujours ressenti la présence maternelle dans les moments de difficulté.

Cette période de guerre et d'après-guerre a été celle d'un fort rapprochement entre ma mère et moi. Puis il y a eu la rupture, le divorce, le départ de ma mère, les disputes entre elle et mon père... Les rapports étaient violents entre eux. C'était un choc pour nous, enfants ; nous avions l'impression d'un immense désastre. Et d'une certaine façon, d'un abandon ; ma mère est d'abord partie de la maison, puis du quartier, puis du pays... Ça a été une rude épreuve. D'autant que pendant cette période, nous étions élevés par mon père « à la dure ». Il souffrait peut-être, et sans nous le dire, du départ de notre mère ; sans doute nous faisait-il subir son absence ; nous étions un peu le miroir de ce qu'elle était... Quoi qu'il en soit, les rapports avec lui étaient assez difficiles. Cela a duré cinq, six ans environ. Nous voyions notre mère par intermittences, pendant les vacances, des week-ends...

Puis elle est revenue vivre dans le quartier, avant de repartir, et de revenir... Il y a eu trois divorces. Mais malgré l'instabilité affective qu'elle révélait, ma mère m'a toujours donné le sentiment de faire énormément de sacrifices et d'efforts pour être auprès de nous et nous offrir une sphère familiale solide. Elle y parvenait d'ailleurs très bien, à chaque fois. Elle réussissait, avec une force et un amour rares, à forger une vraie famille. Jusqu'à la cassure ! Son instabilité affective, ses tentatives successives à recréer un cercle familial, son étonnante solidité et sa grande présence, dans ces moments, auprès de son homme et de ses fils, puis ces cassures qu'elle imposait de nouveau : tout cela nourrissait à mes yeux son image de femme parisienne, séduisante, imprévisible... insaisissable...

Entre frères, il y avait une vraie solidarité. L'instabilité familiale et les difficultés relationnelles avec notre père à l'époque nous ont beaucoup soudés, surtout Olivier et moi. Frédéric était bien plus jeune. Nous n'avons peut-être pas toujours été assez attentifs à lui, d'ailleurs. Alors qu'il est sans doute celui qui a le plus souffert de ces divorces. C'était un hypersensible.

D'une certaine façon, ma mère était plus femme que mère. Elle avait, à mes yeux en tout cas, davantage une image de séductrice que de maman au sens traditionnel. Elle était pourtant très maternelle... Mais l'enfant que j'étais a surtout gardé d'elle le souvenir du mascara, des robes du soir, des tournées chez Carven, chez le chapelier Gilbert Orcel, des cocktails mondains, des vacances au bord de la mer...

Cette image que j'ai de ma mère a très certainement influencé la vision que j'ai eue, plus tard, de la femme. Une vision idéalisée, un peu abstraite, un manque de perception de l'attente réelle de la femme... Une image profondément romanesque, en fait. Malgré les nombreuses amies que j'ai pu avoir enfant, puis adolescent, aucune n'a su, semble-t-il, donner des contours plus concrets à ma conception de la femme, telle qu'elle m'apparaissait à travers ma mère. Pour moi, la femme c'est avant tout la séduction, la menace permanente de rupture... Je n'ai jamais eu une profonde confiance en l'avenir, sur le plan sentimental. J'ai divorcé, comme mon frère. Mais n'allez pas croire que j'en accuse ma mère ! C'est aussi l'époque qui veut cela.

Ma mère m'a apporté beaucoup de choses très belles. Par sa personnalité pleine de charme, vivante et drôle, elle nous a donné le goût de la vie, de l'amusement, de la séduction... Mais ce, tout en étant très attachée à la morale.

Elle a développé en chacun de ses fils le goût artistique et une ouverture à la culture générale. Elle a toujours été très favorable à tout ce qui sortait du champ bourgeois « pur ». La musique, le théâtre, la peinture...

C'est par et avec elle que j'ai pu assister aux principales manifestations culturelles de l'époque, et que j'ai vu, par exemple, Gérard Philipe à la Comédie-Française, quand j'avais 15 ans. Voyez : malgré ses absences en pointillé, elle a su fournir à ses fils la base de leur éducation... Bien plus que mon père, je pense. Lui s'occupait essentiellement des études. Jusqu'à l'âge adulte, nos relations avec lui se faisaient dans un rapport de forces centré autour du carnet de notes. Avec ma mère, la relation s'ouvrait vers la culture.

Elle a également été très ambitieuse pour ses fils, sur le plan professionnel ; toujours là pour encadrer et pousser chacun de nous vers la réussite. Nous lui devons beaucoup sur ce plan-là aussi.

Entre 25 et 35 ans, je me suis un peu éloigné. J'avais ma vie, mon mariage... La présence de ma mère n'était plus si nécessaire et possible. Ce n'est donc pas une période significative dans notre relation. Ma mère, je l'ai retrouvée plus tard, d'une certaine façon... Après 40 ans. En grandissant, on sent davantage la vulnérabilité de ses parents. On saisit leurs failles. Moi, quand j'ai compris la fragilité amoureuse de ma mère, cela m'a donné envie de la protéger. Oui, je crois qu'après une période de silence, je suis devenu plutôt protecteur.

Aujourd'hui, c'est une très grande complicité qui nous lie... En même temps qu'une sorte de difficulté à communiquer. D'une part parce que nos caractères sont très peu différents ; on se connaît et se comprend trop pour avoir besoin des mots. D'autre part parce que l'on exprime peu nos sentiments. Moi, en tout cas ; je ne suis pas du genre à me dévoiler de façon intime.

Avec le temps, il me semble que la relation aux parents garde ceci de complexe qu'elle est fondée tant sur du mental que sur de l'affect. Le mental vous fait prendre conscience des grandes différences qui vous séparent l'un de l'autre et, de fait, vous empêchent de communiquer. Tandis que l'affect vous engage à vous livrer. Ma mère est devenue beaucoup plus affective. Ce qui est extrêmement bon pour nous et pour la relation que l'on a pu développer en vieillissant. Mais en même temps, chacun sait rester dans une certaine distance ; on ne se laisse pas envahir l'un par l'autre. Oui, notre relation est un peu distanciée et pourtant très forte. C'est étrange... C'est cette même ambiguïté que l'on retrouve à la base de la personnalité de ma mère, et qui fait toute sa force, sa fragilité... son charme.

Olivier Mitterrand : « Femme d'abord, mère ensuite : n'est-ce pas dans l'ordre des choses ? »

Le premier contact n'était pas vraiment prometteur, il faut l'avouer... « Je n'ai aucune envie de vous raconter ma vie ! » Je n'ai pas insisté. Quelques heures plus tard, nouveau coup de téléphone. « Excusez-moi pour tout à l'heure... Dites-moi exactement ce dont il s'agit. » Entre-temps, une discussion avec sa mère aura su calmer sa méfiance – compréhensible – à l'égard de tous ces médias et autres auteurs avides de confidences signées Mitterrand... Après avoir écouté mes explications et recueilli les impressions de son frère aîné déjà interrogé, Olivier Mitterrand a bien voulu se livrer. Du moins, essayer. Tout au long de notre entretien, je sens qu'il ne « veut » pas. À tout moment, je le sens prêt à abandonner. Pourquoi ? Il m'explique qu'il se préoccupe du futur, pas du passé. Je le crois. Mais je comprends surtout qu'il a très peur de blesser sa mère. Je devine qu'en confiant pour la première fois des souvenirs d'enfant qui ne sont pas tous idylliques, il craint de gâcher la relation tendre et respectueuse qu'il a su développer avec elle depuis tant d'années. L'entretien sera bref. Mais ce sera à travers la relecture de sa retranscription qu'Olivier Mitterrand se livrera le mieux ; il ajoutera de nombreuses anecdotes, des dates, des noms, des sensations... Est-ce qu'il a finalement choisi de me faire confiance ? Je crois, surtout, qu'il a choisi de faire confiance à ses souvenirs et à ce profond attachement qui le lie à sa mère. Pour cela, je le remercie encore.

*

Ma mère est partie de la maison quand j'avais 8 ou 9 ans. Lorsqu'elle est revenue, en tout cas dans mon esprit, je devais en avoir 13. De cette période, je garde donc très peu de souvenirs d'elle. Pourtant, elle n'était pas totalement absente. Nous nous voyions pendant des vacances et des week-ends. Ainsi, j'ai en tête l'image agréable d'un séjour à Cabourg, de quelques jours passés à Casablanca, chez elle et mon premier beau-père que j'adorais, puis à Évian, où nous étions souvent envoyés en vacances, mes frères et moi, chez notre grand-mère maternelle. Je me souviens, aussi, d'une très belle photo que nous avions prise au bois de Boulogne en 1954, par un radieux matin de décembre...

Une amie d'enfance nous raconte qu'à cette époque, elle voyait mon frère aîné le nez collé à la fenêtre guettant le retour de sa mère. Je ne m'en souviens pas, mais j'imagine que cela a dû exister, même si ce n'est pas une vision qui me ravit... D'une façon générale, je ne cultive pas les souvenirs, n'étant pas de nature à me pencher sur mon passé. C'est presque une infirmité. Je ne saurais pas non plus dire l'image que je me faisais de ma mère à l'époque. J'imagine, en revanche, que ce n'était pas forcément celle que mon frère a pu vous décrire. Lui a eu la capacité de sublimer dans le romanesque ; une bonne chose sans doute... Au fond, je crois que je n'étais pas très conscient de ce qui nous arrivait. Tout cela – le divorce de mes parents, le départ de ma mère – avait quelque chose de flou, de mystérieux pour l'enfant que j'étais. Ce qui atteste mon manque de fiabilité dans la remémoration, c'est que, dans ce paysage sentimental, je n'ai aucun souvenir de mon second frère, Frédéric, qui a quatre ans de moins que moi. Parfois, je me demande s'il a été élevé avec nous durant cette période, ou s'il était avec ma mère à Paris... Pourtant, je crois qu'il était bien avec nous... Je devrais le lui demander, mais nous parlons peu du passé entre nous. De toute façon, il n'y a aucun intérêt à ressasser ces jours anciens.

Pour l'époque, notre situation n'était pas classique, puisqu'à l'inverse de ce qui arrivait habituellement en cas de divorce, nous vivions chez mon père et voyions notre mère de façon épisodique... Est-ce que j'en souffrais ? Je crois que lorsque j'étais jeune, je ne réalisais pas. Ce n'est qu'au fil de la vie et des expériences que certaines réalités de l'enfance vous rattrapent, à bas bruit. Personnellement, j'ai réagi bien plus tard, en faisant l'inverse de ma mère. Ou, plutôt, en rééditant l'attitude de mon père : j'ai toujours voulu être présent auprès de mes enfants. Peut-être trop ? Et quand j'ai divorcé, je les ai gardés avec moi. Je ne suis pas certain que ce genre de réédition soit positive non plus... Je m'en suis beaucoup voulu, ensuite ; ma première épouse avait la possibilité de voir nos enfants autant qu'elle le voulait. Mais avec du recul, je me dis que j'aurais dû l'obliger à s'en occuper davantage. J'ai le sentiment d'avoir remis mes enfants dans la situation qui avait été la mienne. Là encore, cette prise de conscience n'est venue que plus tard ; on répugne beaucoup à prendre le temps de vraiment analyser ses actes.

De même, il est certain que cette période de mon enfance a déterminé certains traits de ma personnalité. Cela a développé en moi une sorte de « syndrome de l'abandon ». Je peux difficilement quitter les gens, je ne supporte pas les séparations. Cela a sûrement influencé mes rapports avec les femmes. Chez mes frères aussi, d'ailleurs, bien que ce soit le genre de sujets que nous n'abordons pas non plus. Cela étant, je ne fais pas le procès de ma mère. Ce serait trop facile de la tenir responsable de tout ce que nous sommes devenus. Je n'ai pas de reproches à faire à mes parents. Ou bien, à l'inverse, tous les enfants ont des reproches à faire à leurs parents ; or, en avançant dans la vie, on réalise que l'on est le parent que l'on peut et donc que nous, enfants, avons eu des parents qui ont fait ce qu'ils pouvaient. Et puis, ma mère fait partie de cette génération de femmes que leurs aspirations poussaient à rompre avec la vie trop « rangée » menée par les générations précédentes, mais qui n'avaient pas les moyens d'assumer leur prise totale d'indépendance, particulièrement en termes d'études. Cette contradiction, nécessairement, crée un désordre douloureux pour tous : les enfants, les pères, mais aussi les mères... Femme d'abord, mère ensuite, n'est-ce pas aussi dans un certain ordre des choses ?

Mon père était attentif sans être débordant d'affection. Apparemment, il faisait essentiellement son devoir. Je me souviens qu'il nous faisait réciter nos leçons tous les matins à 7 h 15 et que cela était relativement pénible ; encore plus pour mon frère que pour moi. Il y avait aussi cette gouvernante épouvantable qui s'est occupée de nous jusque vers mes 12 ans. Elle voulait nous éduquer et, ce faisant, a tout fait pour nous rendre tordus...

Mais j'avais mon frère aîné ! S'il y avait, à l'époque, une relation dans laquelle le mot « amour » prenait tout son sens, et continue de le faire, c'était bien celle que nous vivions, Jean-Gabriel et moi. Il est certain que ces circonstances douloureuses ont forgé mon attachement à mon frère. Nous les avons vécues ensemble, dans ce lien grandissant qui nous unissait. Le sentiment d'amour fort, là aussi, a mûri au cours de notre existence. Et demeure intact aujourd'hui.

En 1953, notre mère est revenue vivre près de chez nous, à Paris, avant de partir quelques mois au Maroc avec notre beau-père... Ce n'est qu'en 1956 que la situation s'est stabilisée. Elle s'est installée de nouveau rue Dufrénoy, à deux numéros de mon père. Dès lors, ce fut une mère présente. Je pense qu'il y avait dans sa démarche à la fois un amour réel pour ses enfants et une volonté de rattraper le temps perdu, de réparer un abandon. Son instinct lui a permis d'y parvenir.

Ma mère est un personnage contrasté. Elle est évanescente, mais énergique et déterminée lorsqu'elle s'attelle à quelque chose. Plutôt autocentrée, elle est en même temps capable de réels élans de générosité. Je me souviens, par exemple, que, l'année où je devais passer mon bac, elle a remué ciel et terre pour qu'on m'y autorise malgré mon trop jeune âge... Oui, elle est capable de beaucoup pour ceux qu'elle aime. Et je crois qu'elle aime très sincèrement ses enfants.

Après mon bac, j'ai quitté la maison paternelle pour m'installer chez elle. C'était en 1959. J'étais en première année de préparation à Polytechnique. Je passais le plus clair de mon temps à étudier. Ma mère s'occupait de moi et me trouvait régulièrement mauvaise mine !

Puis, à 19 ans, j'ai quitté sa maison pour entrer à Polytechnique et, deux ans plus tard, je me suis marié. Très vite, donc, j'ai mené une vie indépendante. J'allais voir ma mère régulièrement, « normalement ». Nos relations étaient bonnes. Ainsi, quand j'ai divorcé, dix ans plus tard, je suis allé vivre quelques semaines chez elle. Très peu de temps après, elle a divorcé de son troisième mari et j'ai pris un grand appartement que j'ai divisé en deux : ma mère vivait dans une partie, moi dans l'autre, avec mes deux enfants. C'est là que j'ai commencé à développer un sentiment nouveau de responsabilité à l'égard de ma mère, dans le sens où je me suis occupé, outre de son appartement, de gérer ses affaires, de négocier avec mon beau-père pour sa pension... Ce sont aussi ces rapports que nous avons gardés et développés depuis. Avec l'âge, le rapport entre mère et fils doit s'inverser ; la relation se fonde aussi sur le sens de la responsabilité et le fils peut avoir davantage le comportement d'un mari auprès de sa mère.

Il y a eu un avant et un après le départ de ma mère. L'avant, je n'en ai, comme je vous l'ai dit, que peu de souvenirs. Ce que je sais, c'est qu'elle a su développer chez moi une grande capacité à adopter des beaux-pères. Je les ai tous aimés les uns après les autres. J'ai d'ailleurs une image qui me revient de l'annonce de son deuxième divorce ; nous étions à Évian, tous réunis autour de la table. Cette séparation me touchait brutalement à un âge où je comprenais mieux. Ce beau-père était, en partie, un père de substitution : je n'ai d'ailleurs pas cessé de le voir ensuite ; ni lui, ni le troisième puis le quatrième mari de ma mère !

Dans « l'après », j'ai eu une mère de qualité : une mère qui est là, qui écoute. Une mère qui s'inquiète très facilement de vous trouver l'air fatigué, soucieux, et qui vous dit que vous travaillez trop !... Une mère qui a su, aussi, devenir une grand-mère parfaite ; elle a d'excellents rapports avec ses petits – et arrière-petits-enfants, notamment avec ma petite-fille aînée. Elle réédite là, elle aussi, une situation qu'elle a vécue enfant : la présence de sa grand-tante pendant son enfance a été très importante pour elle. Un seul regret notoire : qu'elle n'ait pas su s'entendre avec ma deuxième épouse, et *vice versa*...

Ma mère a trois fils qui l'entourent beaucoup. Par amour, bien sûr, même si, personnellement, je ne trouve pas que ce mot soit le plus important. De mon point de vue, parler d'amour serait donner à notre lien une dimension presque romantique qu'il n'a pas : l'amour, c'est d'abord un don altruiste de soi qui m'a manqué dans mon jeune âge. Mais est-ce qu'il faut excessivement aimer ses enfants au risque de leur rendre la vie trop facile ? Ou, à l'opposé, vaut-il mieux instaurer une certaine distance avec eux, en fonction de leur âge, pour qu'ils se construisent indépendamment ? Je n'en sais rien... Entre ces deux approches, il ne nous reste qu'à faire ce que l'on peut, qu'à trouver notre juste équilibre.

En conclusion, je choisirais de parler de respect plutôt que d'amour. Finalement, est-ce que le respect n'est pas le sentiment le plus positif que les parents doivent faire naître chez leurs enfants ? Pas le respect hiérarchique porté aux aînés, pas celui de la filiation obligée, bien qu'il en fasse aussi partie. Non, je parle du respect né de l'éducation, au sens plein du terme, de l'édification, c'est-à-dire de toutes ces choses reçues des parents, conscientes ou qui ressortent au détour de la vie, et qui aident et aideront l'enfant à construire mieux sa propre vie. J'imagine que ce sentiment de respect est plus constructif et moins douloureux, au final, que l'amour.

Frédéric Mitterrand :
« Les mères sont innocentes. »

À l'ère médiatique, il est quelques rares personnages qui gardent cette étrange capacité de nous être familiers tout en restant quasi inconnus. Frédéric Mitterrand est de ceux-là : on connaît le nom, bien sûr, et le visage. Le lien de parenté sans cesse rappelé par ces mêmes nom et traits. La voix douce et tranquille qui tranche avec un « Bonsoir ! » caricatural. Une passion pour le cinéma classique et les arts en général. Mais sinon ? On imagine : un pur intellectuel, sans doute très timide et plutôt solitaire...

De sa mère et ses frères, j'apprends qu'il est un hypersensible. Puis, au fur et à mesure de mes dizaines de coups de téléphone passés à son assistante, je découvre qu'il est un travailleur acharné. Enfin, lorsque je parviens à décrocher un rendez-vous, je comprends qu'il faudra me contenter de ces maigres éléments pour esquisser son portrait. Frédéric Mitterrand ne joue pas les mystérieux ou les pudiques : il l'est.

Comment exprimer au plus près ce sentiment qui lie un homme à sa mère ? Comment redonner à des images d'enfant leur couleur originelle à travers ses mots d'adulte ? Et est-ce vraiment souhaitable, d'ailleurs ? Ces questions ont légitimement préoccupé chacun des témoins à un moment ou à un autre de nos entretiens. Mais tous ceux qui ont accepté de témoigner se sont finalement laissés emporter par ce goût de la nostalgie qui sait si bien délier les langues. Je pensais qu'il en irait de même avec Frédéric Mitterrand... Mais non. Le fils qu'il a été et qu'il est manque de « mots pour le dire ». Et c'est avec le langage de son hypersensibilité qu'il accepte de s'en expliquer.

*

Il est impossible de parler de cela. La relation entre un fils et sa mère relève de la vie privée dans ce qu'elle a de plus privé. C'est très gênant. Il faudrait... Aller au-delà de la portée intime de cette relation ? Il n'y a pas d'au-delà à la portée intime. Pas d'en deçà, non plus, et c'est là justement qu'est la difficulté.

Entre ma mère et moi, nous parlons très peu de nous. Nous discutons de tout le reste. Quand les relations sont extrêmement fortes, elles ne peuvent pas se mettre en mots. Je ne sais pas ce qu'ont pu vous dire vos autres interlocuteurs. Peut-être en parlent-ils très facilement. Tant mieux pour eux... ou tant pis. Moi je ne peux pas, car ce sont des choses trop importantes et qui ont trait à ma vie, à l'ensemble de mon existence. Car la présence de la mère se prolonge jusqu'à notre propre mort ; oui, jusqu'à ma fin, je penserai à ma mère.

Je n'ai pas en tête une image précise de ma mère que je pourrais vous décrire. Ce sont de multiples images d'elle qui s'additionnent. Des moments, des lieux, des discussions... tout ce qui constitue la trame d'une vie avec sa mère et que je ne peux pas raconter. C'est comme si vous m'appeliez en me disant : « Je suis en bas de l'immeuble ; je vais venir prendre mon bain avec vous » ! Qu'est-ce que je répondrais ? : « Non, on ne se connaît pas ! » Raconter l'histoire d'une relation à la mère nous plonge au plus profond de l'intimité d'un vécu.

Bien sûr, je pourrais vous parler de robes qu'elle portait ; bien sûr, je pourrais vous dire qu'elle venait me chercher à la sortie du lycée... Je pourrais vous donner ces détails, confier des anecdotes. Mais quel intérêt y aurait-il à cela ? Vous n'auriez jamais accès au fond de l'histoire. Puis elle a déjà dû le faire, non ? Les mères ont à l'esprit des anecdotes piquantes qu'elles ont plaisir à raconter. Parce qu'elles sont innocentes. Les parents ont gardé l'innocence des enfants qu'ils ont été. Oui, ils sont encore des enfants sur beaucoup de plans. Et les mères sont innocentes de la relation qu'elles ont avec leur fils. Elles ne se rendent pas compte. Elles ne peuvent pas savoir ce qu'elles ont vraiment impliqué pour leur enfant. Elles les ont aimés, elles ont été la mère. Voilà. Mais elles n'analysent pas très bien ce que leur amour a signifié pour leur fils. Les fils non plus n'analysent pas. Seulement eux, ils ont eu la présence de cette mère ; une présence très forte, qu'ils n'ont pas demandée ni choisie mais dont ils ont eu besoin tout aussi fortement. Et donc, chaque instant vécu avec elle est majeur ; l'enfant le prend et le vit entièrement. Comment pourrait-il en parler ensuite et le livrer ainsi sur la place publique ?

La mère n'est pas seulement présente dans un coin de l'esprit du fils. Elle est partout, tout le temps. Elle est beaucoup plus présente que le père. Surtout dans mon cas. Après le divorce, je suis parti vivre chez ma mère tandis que mon père s'occupait de mes frères. Je me suis donc retrouvé plus proche de ma mère. Puis les circonstances de la famille dans laquelle je m'inscris font que j'ai toujours préféré ma famille maternelle à ma famille paternelle. Oui, dans l'un des aspects de cette présence de la mère, il y a celle de la famille maternelle à laquelle je suis très attaché. Il y a la grand-mère, les oncles... autant de gens que j'ai beaucoup aimés et qui soulignent l'importance de la présence de la mère. Ils sont un univers. Un univers qui se rattache à l'univers de la mère et qui en fait partie. C'est un peu comme les poupées russes...

Mes frères étaient plus âgés que moi et les événements ont fait que nous n'avons pas beaucoup vécu ensemble. Donc, mes relations avec eux sont... complexes. Entre nous, aujourd'hui, ce sont des retrouvailles, des rencontres au cours desquelles rien ne se dit. Comme dans les films de Bergman : quand les gens se retrouvent, ils ne disent pas les choses. C'est ainsi que vivent les familles. Et c'est ainsi qu'il faut qu'elles vivent sans doute. Nous parlons beaucoup, bien sûr, mais pas de nous. Pourquoi ? Ce n'est pas qu'il y ait un risque à dire les choses ; c'est juste que cela est impossible. Il n'y a pas de mots.

Qu'ai-je hérité de mes parents ? Je me pose souvent la question, sans pouvoir y répondre. J'arrive à identifier ce que j'ai hérité de ma grand-mère maternelle, mais de ma mère... Je ne dis pas que je n'ai rien d'elle ; au contraire, des quantités de choses me viennent d'elle, c'est évident. Mais je ne saurais pas dire quoi exactement. Nous avons des vies tellement différentes...

Il y a beaucoup d'amour dans cette relation. Or, quand il y a beaucoup d'amour, il y a une sorte d'acceptation réciproque très, très forte. Elle porte rarement sur des faits précis. Et parfois, si ; il est des réalités tangibles dont nous ne pouvons parler parce que nous appartenons à des générations distinctes ; nos manières d'être et nos modes de vie sont naturellement bien différents. Pourtant, il y a des choses de moi qui étaient *a priori* inacceptables pour elle et qui sont devenues tout à fait admissibles. Au nom de cette acceptation réciproque. De cet amour. Inutile d'en parler entre nous. Pourquoi rendre les choses plus difficiles ? De la même façon, je peux la brusquer sur des détails, mais jamais sur le fond. L'amour que les gens se portent consiste à s'accepter, toujours, comme ils sont. À ne pas faire le procès de l'un ou de l'autre en permanence, mais à comprendre et admettre.

Cet amour entre une mère et son fils n'est comparable à aucun autre. Il est tel qu'à mon avis il est inconsolable quand les deux se perdent, tandis que l'on finit toujours par faire son deuil des autres amours, malgré tout, même si c'est long et difficile. Il est donc naturel de vouloir le ménager. C'est instinctif. Ce n'est pas « qu'il faut » le ménager. Non. Ce n'est pas une règle, ou bien seulement au regard de l'extérieur. Aux yeux des curieux qui veulent savoir ce qui s'y passe, par exemple...

Cet amour m'apporte un sentiment de sécurité considérable. Aujourd'hui surtout. Car s'il est une seule chose dont je ne doute pas, c'est bien de cet amour. Et cela, c'est terriblement sécurisant. C'est, encore, ce qui fait de cet amour un amour unique. Réciproquement, je ne pense pas que ma mère ait besoin d'être rassurée sur l'amour que je lui porte. Elle sait que je l'aime. Et, au fond, c'est peut-être la seule chose dont elle soit certaine en ce qui me concerne. Tout le reste est source d'inquiétudes pour une mère.

Élizabeth et ses fils,
Nicolas et Benoît

Élizabeth :
« J'ai tenté d'apporter à chacun selon ses propres besoins. »

Dressée au milieu d'une banlieue résidentielle et bourgeoise de Paris, la maison est immense. Logiquement. Et la femme qui m'accueille a un air un peu strict qui ne m'étonne pas davantage. Fille et épouse de militaire, Élizabeth est mère de onze enfants. Elle me propose de monter à l'étage, au salon : « Le rez-de-chaussée est consacré aux chambres. » J'en aperçois déjà trois ou quatre... Quelques photos d'enfants posées sur un meuble ancien, un crucifix accroché au mur, une table immense au milieu de la pièce, mais pas un jouet qui traîne, pas un objet qui ne soit « à sa place »...

Élizabeth parle très vite, sans me lâcher du regard. Répond immédiatement à chacune de mes questions, sans hésitation. Elle sait évoquer des souvenirs, les siens, ceux de son couple, et bien sûr de ses enfants, mais en privilégiant toujours les faits plutôt que les sentiments. Pas d'épanchement. Pas de « dérapage ». D'ailleurs, pourquoi s'étendre sur la relation mère-fils ? Elle a eu onze enfants dont quatre filles, elle a refusé de faire la différence. Ce n'est pas aujourd'hui qu'elle va déroger à ce principe. Je comprends et je m'y tiendrai dans la retranscription écrite de son histoire. En attendant, j'écoute le récit d'une vie de mère... impressionnante.

*

Nicolas, 27 ans. Il travaille chez Lafarge depuis trois ans et vient tout juste de s'installer à Paris. Il est marié et bientôt père de triplés ! Gwenaëlle, 26 ans, mariée et enceinte. Elle travaille dans la communication, à Paris. Thibaut, 24 ans. Il termine ses études de commerce. Ludovic, 22 ans, étudiant en licence de biologie à Orsay. Benoît 21 ans. Après une scolarité qu'il a détestée jusqu'en terminale S, il a choisi de s'engager dans l'armée, au IIIe Rima à Vannes. Cyprien, 19 ans, en classes préparatoires de commerce à Troyes. Violaine, 18 ans, commence ses études de médecine, à Orsay. Puis Bertrand, 14 ans, Vincent, 12 ans, Marie-Alix, 8 ans et demi et la petite dernière, Aliénor, 7 ans. Voilà ! La famille au complet ! Pourquoi autant d'enfants ? Ce choix s'inscrit dans une perspective d'ouverture à la vie. Mon mari et moi, comme nous sommes chrétiens, nous voulions accueillir comme un don de Dieu chaque enfant qu'il nous donnerait. Bien sûr, il y a des moments où cela ne s'est pas toujours très bien intégré dans notre planning... Quand Aliénor s'est annoncée en 1995, par exemple : j'avais 42 ans, les aînés étaient déjà en études supérieures, mon mari devait prendre le commandement d'un régiment à Tarbes. Avoir en même temps un déménagement, un enfant, la gestion des autres enfants et la prise de commandement d'un régiment qui est une fonction très lourde... cela faisait beaucoup ! Puis il se trouve que cette naissance, tout comme celle de Marie-Alix, a été une vraie grâce pour toute la famille. Les aînés aiment beaucoup leurs petites sœurs. Leur arrivée a été un très grand facteur d'équilibre : étant très rapprochés, les aînés ont pu avoir des difficultés à se situer les uns par rapport aux autres. Là, ils ont immédiatement trouvé leur place d'aînés auprès de ces petites. Puis comme ils étaient eux-mêmes plus âgés, ils ont pu mesurer la joie et la paix qui rayonnent de la présence d'un bébé dans une maison, comme ne peut le faire un enfant de 6 ans quand naît un quatrième petit frère ! Thibault, après avoir passé cinq mois en Finlande l'an dernier, nous a dit, à son retour : « Ce qui m'a manqué, ce sont les petits. » Oui, les grands leur sont très attachés. C'est peut-être un peu moins vrai pour Nicolas qui n'a jamais vécu complètement avec eux : il y a vingt ans d'écart entre Aliénor et lui. Quand elle est née, il était déjà à Polytechnique !

N'ayant pas tous vécu ensemble à la maison, les enfants sont un peu unis par groupes, souvent des paires. Bertrand et Vincent ont juste deux ans de différence, donc forcément, ils sont très liés. Ils ont longtemps joué ensemble, ils ont toujours partagé la même chambre... *Idem* pour les deux petites qui ont seulement dix-huit mois d'écart. Il y a une vraie connivence entre elles. Pour elles, c'est formidable... Et pour nous ! C'est pratique, surtout quand on a un long passé de parents de jeunes enfants ; mon mari et moi n'avons plus très envie de jouer aux dominos. Nous avons déjà beaucoup donné dans ce domaine ! Dans une certaine mesure, elles se suffisent à elles-mêmes.

Jeune, je ne m'imaginais pas du tout avec autant d'enfants. J'ai quatre sœurs, douze ans séparent l'aînée de la dernière, et moi, je suis celle du milieu. Chez mon mari, en revanche, ils sont très nombreux. Il est lillois ; dans cette région, avoir une grande famille a longtemps été une tradition. Du côté de mon beau-père, par exemple, ils sont douze, et neuf du côté de ma belle-mère. Mon mari a hérité cette conception de la famille. Quand nous nous sommes mariés, il m'a dit : « On en aura six, pour voir. » Je trouvais que c'était déjà suffisant ! Mais si au début de notre vie conjugale on m'avait dit que j'en aurais onze, j'aurais répondu : « Sûrement pas ! » Quand nous nous sommes mariés, je venais d'obtenir mon CAPES de lettres classiques, avec la ferme intention d'enseigner. Mon mari sortait de l'école d'application de Saumur et a été envoyé à Tarbes en première affectation. Il m'était impossible d'espérer un premier poste dans cette ville. Je n'ai donc pas travaillé pendant une année. Je vivais dans l'attente, convaincue qu'un jour ou l'autre, je serais prof. J'ai d'ailleurs commencé à préparer l'agrégation par correspondance. Mais j'ai arrêté en mars : Nicolas allait naître.

Trois ans plus tard, on m'a proposé un poste. Pour me rendre dans ce collège, il m'aurait fallu faire cinquante kilomètres matin et soir, sur les routes parfois enneigées. J'attendais le troisième enfant. J'ai donc refusé. Ce n'est que l'année suivante, quand mon mari a été muté en Bretagne, que j'ai pu enseigner, pendant un peu plus d'un an. J'en garde un souvenir formidable. Puis, le temps de prendre un congé de maternité pour préparer l'arrivée de Ludovic et mon mari a été muté, de nouveau à Tarbes ; ensuite, j'ai eu Benoît et Cyprien. C'est à cette période que j'ai fini par mettre mes aspirations professionnelles de côté. J'ai pris conscience qu'élever mes propres enfants suffisait pour combler ma vie. Bien sûr, j'ai eu quelques baisses de moral. Mais je crois que toute vie contient son lot d'insatisfactions et de tentatives d'évasion. Jusqu'à ce que l'on finisse par franchir le pas ; j'ai réalisé que ma « mission » était ici, auprès de mes enfants et non ailleurs.

Quand je n'avais que les trois aînés, il m'arrivait de n'en plus pouvoir à la fin de la journée. Je ne pensais pas pouvoir assumer, tout au moins dans l'immédiat, l'arrivée d'autres enfants. J'étais à saturation. Mais finalement, avec le temps, on arrive à prendre de la hauteur.

J'ai forcément des relations très différentes avec chacun d'entre eux puisqu'ils ont des tempéraments très différents. Et puis le cours de la vie elle-même n'est pas uniforme ; les relations évoluent en fonction de l'enfant, de son chemin de vie, mais aussi de soi. On traverse des périodes plus difficiles que d'autres, les rapports avec les enfants s'en ressentent... Parce qu'on n'a pas la même qualité d'écoute quand on est entravé par des soucis ou des problèmes.

Vice versa : je pense que les enfants ont tendance à répercuter sur nous, parents, et peut-être plus sur leur mère avec laquelle ils sont davantage en contact, leurs difficultés et leurs échecs.

Peut-être n'y a-t-il pas là une loi générale. C'est surtout ce que je vis avec un de mes fils qui, blessé par la rupture d'un amour profond et sur lequel il pensait construire son avenir, me renvoie sa souffrance en rejet de ce que j'ai pu être pour lui. Il rejette par là même des valeurs fondamentales pour nous, en premier lieu notre foi catholique, qui est la base de notre vie individuelle, conjugale et familiale.

Certains autres de mes enfants se sont éloignés de cette foi que nous avons voulu leur transmettre ou, plus superficiellement, d'une pratique religieuse. Vivant dans un environnement peu porteur, et voulant par ailleurs – et c'est tout à fait légitime – faire leur propre chemin de foi, les jeunes ne trouvent pas toujours réponse à leurs aspirations dans nos paroisses désertées ou vieillissantes...

Cela dit, en ce qui concerne nos fils, nous leur avons montré sur quelles valeurs nous avions bâti une vie de famille heureuse, même si elle comporte des ombres, bien sûr. Et c'est là l'essentiel. Ensuite, même si nous espérons qu'ils découvrent la même joie de croire, ils sont libres.

J'ai tenté d'apporter à chacun selon ses propres besoins. J'ai essayé, du moins. Maintenant, l'un vous dira peut-être que j'y suis parvenue, un autre non... Ils ne réagissent pas de la même façon ; c'est une question de caractère, et aussi de parcours de vie.

Cela étant, mes enfants ne m'ont, je crois, jamais reproché une inégalité d'attention portée à chacun d'eux. Du moins pas sur des choses fondamentales. Mais il est clair que je me suis assouplie au fil des ans et des enfants. C'est normal. Quand on est jeune parent, on découvre tout, on est inquiet. Puis quand ils arrivent ainsi, rapprochés et nombreux, on a tendance à adopter des réactions de défense, à se crisper, par crainte de se faire déborder, peut-être, et de ne plus tenir les rênes. À force, on se « fait la main ». On devient beaucoup plus serein face aux événements.

Je ne sais pas si en tant que mère, j'ai vu une différence dans mes relations avec mes filles et avec mes garçons. La distinction tient plus à la personnalité de chacun qu'à son sexe. Mes filles ne me ressemblent pas plus que mes garçons, même s'il y a, bien sûr, des traits de caractère plus féminins et d'autres plus masculins. Je me retrouve parfois même davantage dans les réactions de certains de mes garçons...

Je n'aurais pas voulu n'avoir que des filles ou que des garçons. Je n'ai moi-même que des sœurs et je mesure combien la présence des deux sexes est une richesse pour la famille. J'ai seulement regretté que les deux aînées soient perdues entre des garçons. Mes relations avec elles ont peut-être été particulières de ce fait ; j'ai davantage ressenti le besoin de les défendre, d'une certaine façon... Mais je ne sais pas si elles s'en sont rendu compte ! Et puis elles ont toutes les deux des caractères bien trempés ! C'était indispensable pour « subsister » dans cet univers d'hommes !

Je décèle parfois une certaine jalousie de certains garçons vis-à-vis des filles, notamment à l'égard de Violaine. Est-ce ma « faute » ? Est-ce que je me suis, malgré moi, plus « émerveillée » devant elle parce qu'elle est arrivée après plusieurs garçons ? Je ne sais pas. Je crois que c'est davantage son caractère qui est en jeu. Jusqu'à présent, elle a bien réussi tout ce qu'elle entreprenait, elle sait ce qu'elle veut. Certains envient sans doute ses prises de position et sa force qu'eux-mêmes n'ont pas toujours. Elle, à l'inverse de certains garçons, rien ne semble pouvoir l'ébranler. Mais aurait-elle été ainsi sans tous ces garçons autour d'elle ?

Je ne peux pas m'imaginer ce qu'aurait été ma vie avec un seul enfant. Tout aurait été tellement différent. J'aurais sans doute cherché à travailler. Mais je pense que la vie aurait été plus triste. Tous ces enfants m'apportent de la gaieté. Ils sont tellement contents de se retrouver de temps en temps tous autour de la table ! C'est un brouhaha insupportable, il n'y a pas moyen d'avoir la moindre discussion un peu calme et fouillée, mais on sent une telle joie de vivre ! On sent qu'ils sont tous du même bain. J'aime ces moments... quand ils ne durent pas ! C'est très lourd à gérer ! Puis, paradoxalement, j'aime bien la solitude. J'apprécie parfois davantage les moments où je me retrouve seule à la maison que ces périodes de vacances où toute la journée j'entends « Maman ! » par-ci, « Maman ! » par-là...

Je n'ai pas l'impression d'avoir été plus mère que femme. Au contraire. Mes enfants me reprochent peut-être de ne pas avoir été assez « mère », et d'avoir cherché à me préserver un espace personnel. J'ai essayé en effet, même si ce n'est pas simple, de ne pas être toujours à la disposition de mes enfants.

On essaie de donner la même quantité d'affection à chacun, au mieux, sachant que certains viennent spontanément réclamer baisers et câlins, quand d'autres restent très distants... Mais je ne suis pas une mère poule, c'est vrai. Certains me le reprochent. Je ne suis pas suffisamment tendre, à l'écoute. Je n'ai pas facilement de contact physique avec un enfant, passé les toutes premières années de sa vie. Je crois être très marquée par une éducation rigide. Enfant, j'ai regretté, intérieurement, que maman soit distante, que nous ne puissions pas aborder avec elle tous les sujets ni nous faire des confidences. Dans la famille, on n'exprimait pas beaucoup ses émotions et ressentiments les uns envers les autres. Mon père, qui était militaire, était souvent absent... Ma mère a dû en souffrir mais jamais je ne l'ai entendue se plaindre. Jamais elle ne s'est confiée à mes sœurs ou à moi. À mon tour, je ne fais pas de confidences à mes enfants. Ils regrettent, sans doute, ce manque d'intimité. Si j'avais pu être différente, je l'aurais été. Mais je ne sais pas être autrement. J'ai l'impression que c'est ma nature d'être distante. Avec mes filles autant qu'avec mes garçons. Cette connivence particulière que l'on attribue aux relations mère-fils, je ne l'ai pas connue. Certains me l'ont dit. Il y a des choses que l'on donne et que les enfants ne mesurent pas toujours. Puis il y a ce que l'on ne donne pas, parce qu'on ne sait pas le donner ; et cela, ils vous le font remarquer... Pourtant, je suis persuadée que certains de mes enfants reproduiront le même schéma. Il suffit de voir comment ils se comportent vis-à-vis de leurs cadets, ou combien ils ont eux-mêmes de la peine à se livrer.

Je suis très cérébrale et ne sais pas bien exprimer ma sensibilité. Ils en ont souffert, mais je crois que cela a été un « plus » aussi, dans la mesure où ils ont ainsi acquis une certaine force de caractère. Je pense qu'ils ont apprécié le fait de trouver en moi une mère qui puisse les aider dans leur scolarité, une personne avec laquelle les discussions plus ou moins intellectuelles étaient possibles. Je suis très organisée. J'aime que les choses soient réglées, « carrées ». Je ne laisse pas beaucoup de place à la fantaisie, c'est le revers. Mais même s'ils le regrettent, je pense que cela leur a aussi permis de se construire. Dans l'ensemble, ils sont assez solides. Ils ont grandi entourés de garde-fous bien définis. Ceux-là mêmes que j'avais connus, enfant.

Faute de véritable tête-à-tête, j'essaie d'avoir quotidiennement une attention particulière pour chacun des enfants. Ce n'est pas suffisant, sans doute. Parce que la vie quotidienne est chargée. Puis il faut aussi reconnaître que, souvent, les jeunes ont envie de vous parler à un moment où vous n'êtes pas du tout disponible ! C'est d'ailleurs sur ce point que je vois une vraie différence entre les filles et les garçons. Il me semble que les filles ont davantage peur du tête-à-tête ; elles balancent des sujets de fond dans les moments où toute la famille est réunie. Impossible de répondre, bien entendu. Et si vous relancez le sujet dans un moment de tête-à-tête, elles fuient. Comme si le dialogue en direct leur faisait peur. Oui, je pense que c'est plutôt féminin, mais peut-être pas général...

À l'inverse, les garçons recherchent davantage les moments privilégiés de dialogue. Notre militaire, Benoît, par exemple, nous a récemment invités au restaurant, son père et moi. Il venait de rentrer d'une mission de deux mois au Congo. Il avait besoin de raconter son histoire, rien qu'à nous, sans être dérangé par les autres. Il avait envie d'un moment particulier, pour lui. J'aime beaucoup ces rencontres, au calme, avec un seul enfant. Elles sont rares, bien sûr. Mon mari a lui aussi une vie très chargée. Il rentre tard le soir, et le week-end, il faut bien être à tout le monde...

Il y en a qui se ressemblent beaucoup. Bertrand, par exemple, me fait souvent penser à Nicolas. Marie-Alix aussi. À certains égards, j'ai parfois l'impression en la regardant, de voir Nicolas au même âge ; par son besoin d'être au centre, sa perpétuelle insatisfaction, sa recherche de reconnaissance... Tous deux sont suivis de près par une sœur et ont – ou ont eu – besoin de s'affirmer par rapport à celle-ci. Alors qu'Aliénor est capable de rester seule dans sa chambre pendant des heures sans rien demander à personne. Mais s'il y a des traits que l'on retrouve chez l'un ou l'autre, ce ne sont jamais des « copies conformes ».

Nous avons essayé de ne pas faire reposer sur les grands le fait que nous avons beaucoup d'enfants. C'est exigeant, bien sûr. La facilité voudrait que l'on dise : « Il y a des grands dans la maison, nous pouvons partir une semaine, tranquilles, à deux. » Nous ne l'avons jamais fait. Pas plus d'une soirée, ou de façon très exceptionnelle.

Nous ne voulions surtout pas qu'ils puissent nous reprocher de leur avoir fait porter notre choix d'une famille nombreuse, ni surtout qu'ils développent une rancœur à l'égard des plus jeunes. Malgré cela, presque tous nous ont, un jour ou l'autre, laissé entendre qu'ils se trouvaient trop nombreux. Chaque fois, nous avons répondu : « OK, on aurait pu s'arrêter à telle naissance. Ce qui veut dire que tu n'aurais pas eu tel, tel et tel frère et sœur. » Et là, tout de suite, la même réaction : « Ah, non ! Pas question ! » Cela prouve qu'ils restent conscients du bien qu'ils s'apportent les uns les autres. La présence d'enfants dans une maison reste finalement un élément de joie incontestable pour tous, même si c'est en même temps « décapant » pour chacun.

Composer avec une seule personne n'est déjà pas une chose facile. Alors avec autant d'enfants... C'est une mort à soi-même sur de nombreux plans. Vous êtes tout le temps obligée de renoncer, c'est une remise en question permanente. Surtout lorsque les plus grands commencent à pouvoir exprimer leurs déceptions ou leurs insatisfactions. On se retrouve sans cesse remis en cause. Il faut de la force pour ne pas se laisser déstabiliser. C'est sans doute ce qui explique mon tempérament un peu trop rigide parfois : il m'a fallu me forger une carapace.

La distinction des rôles père-mère est très marquée dans notre famille. Mon mari travaille beaucoup et s'absente parfois pendant plusieurs mois. Donc, par la force des choses, c'est d'abord moi qui prends en charge l'organisation de la vie à la maison. Je suis aidée pour le ménage et le repassage, mais n'ai jamais eu quelqu'un à demeure. Je ne sais pas bien déléguer. Il y a deux ans, mon mari est parti six mois au Kosovo. Là, malgré mon sens aigu de l'organisation, ça n'a pas été tous les jours facile. Cyprien et Benoît, qui étaient tous les deux en terminale à l'époque, auraient eu besoin de la présence d'un père...

J'ai toujours été très soucieuse de suivre le travail scolaire de mes enfants, jusqu'à leurs premières années de collège. Je leur fais réciter leurs leçons tous les soirs, sauf les cours d'anglais qu'ils vont revoir avec un aîné. Certains sont plus autonomes que d'autres. Les filles, surtout. Bertrand, aussi, qui travaille entièrement seul depuis sa sixième. Vincent, lui, a besoin d'être accompagné.

Mon mari pratique surtout des activités sportives avec ses fils. Plusieurs sont devenus de très bons sportifs grâce à lui ! Et puis il est là pour tout ce qui relève de l'autorité. Quoique... Moi aussi je suis autoritaire. Peut-être plus que lui, finalement ! Quand il y a une règle établie, j'exige qu'on la respecte.

Si je parle autant de tous mes enfants ? Pas forcément. Mais en aucun cas cela signifie que j'en « préfère » certains à d'autres. Non, c'est davantage en fonction des âges et des personnalités de chacun. Bertrand et Vincent, par exemple, n'ont pas été jusqu'ici des enfants difficiles, ils travaillent bien. Benoît, Thibault et Cyprien nous ont donné du fil à retordre au même âge, pour des raisons diverses : selon le cas, sens de l'opposition particulièrement développé, enfant rétif à l'école, difficulté à trouver sa place parmi les autres... Un enfant qui accapare l'attention par un refus ou ses bêtises s'inscrit du même coup au centre des préoccupations de ses parents, et surtout de sa mère qui se « frotte » à lui à longueur de journée.

Ce n'est pas facile de savoir comment aider un enfant à « faire son trou » dans une grande famille. C'est une question qui se pose constamment. L'éloignement périodique de la famille me semble être un bon moyen, paradoxalement. Par exemple, le fait que

Cyprien est interne à Troyes va peut-être l'aider à se forger sa propre personnalité. Il n'a pas à jouer des coudes parmi les autres pour s'imposer. Il ne prend pas non plus le risque de se laisser influencer par ses frères ou de se placer immanquablement en opposition à sa sœur Violaine, qui est aussi forte dans ses prises de position que lui est fragile. Cyprien est vraiment très différent quand on l'a seul avec soi ; il se montre fin, délicat, sensible. Ce sont sans doute ces mêmes traits de caractère qui lui portent préjudice quand il s'agit de s'affirmer dans un groupe.

C'est pour cela que j'apprécie les moments où je vois les enfants seul à seul : quand ils ne se gênent pas les uns les autres, qu'ils peuvent vraiment être eux-mêmes, sans chercher à réagir en fonction de l'un ou de l'autre. Cela dit, certains restent les mêmes, seuls ou en groupe. Nicolas, par exemple. Il a un esprit qui fuse, et, surtout, un tempérament heureux. Il voit les choses toujours du bon côté. Il a une forte personnalité. Ce n'est donc peut-être pas plus mal qu'il se soit éloigné tôt de la famille ; il aurait pu faire ombrage aux autres... On a déjà entendu certains dire : « Ce n'est pas parce que Nicolas a réussi Polytechnique... », comme si l'on pensait à les comparer à leur aîné... Jamais je n'ai voulu faire ce genre de comparaison.

C'est très difficile de leur faire comprendre qu'il n'y a pas de préféré. Et lorsqu'on se retourne sur son passé, on se rend compte que tous, enfants, nous avons eu ce genre de réaction. Moi, par exemple, j'ai longtemps été persuadée que mes parents préféraient ma petite sœur. En fait, il était vrai qu'ayant un caractère plus facile que le mien, elle se faisait moins souvent gronder. Un enfant en conclut que ses parents l'aiment moins, alors que cela n'a rien à voir avec l'amour.

Je ne pense pas avoir fait de favoritisme. En revanche, j'ai pu être plus dure avec certains qu'avec d'autres, du fait de leurs propres personnalité et attitude. Avec Benoît, par exemple, j'ai souvent eu des heurts violents au cours de son adolescence, parce que c'était réellement un enfant difficile. Il y a des enfants fondamentalement plus « durs » que d'autres. Tout bébé déjà, quand on le contrariait, Benoît se jetait en arrière la tête contre le sol ! Il était entier, tout d'un bloc, en particulier dans le refus. C'est un enfant qui a toujours eu besoin d'être maîtrisé pour ainsi dire « physiquement » même si, au fond, c'est un tendre.

Avec Nicolas, cela n'a rien à voir ; je ne sais pas si la relation que j'entretiens avec lui est fonction de son rang d'aîné ou du fait que c'est lui, Nicolas, avec sa personnalité, son propre parcours de vie. Il est l'un de ceux qui ont le moins longtemps vécu à la maison. Quand il entrait en seconde, nous avons quitté la région parisienne pour Lunéville ; il nous a demandé de rester en pension au lycée militaire de Saint-Cyr-l'École. Je ne le voyais que pendant ses vacances. Et comme elles tombaient souvent en décalage avec celles des autres enfants, nous nous retrouvions souvent en tête à tête. Ensuite, quand nous habitions en Bretagne, il a été interne en prépa à Rennes ; il rentrait à la maison tous les week-ends. Puis il a travaillé. Cette distance imposée très tôt entre nous, et ces retrouvailles qui avaient souvent lieu en l'absence des autres ont sans doute permis à notre relation d'évoluer plus vite. Ce qui rend les conflits plus fréquents et plus difficiles à régler avec un enfant, c'est d'être en contact permanent avec lui, surtout au moment de l'adolescence. Je n'ai pas connu cela avec Nicolas.

J'ai un excellent souvenir, en particulier, de cette période où il était en prépa et revenait chaque week-end nous voir. Il sortait du lycée militaire où il avait vécu parmi des garçons avec lesquels il partageait peu ou prou les mêmes valeurs et la même éducation. Et tout à coup, il se retrouvait dans un univers tout à fait différent. Il n'arrivait pas à se faire comprendre de ses nouveaux camarades de classe. Alors, le week-end, il balançait des sujets de discussion très sérieux à table, dans le but de nous faire réagir. Il proposait des thèses dont il savait pertinemment qu'elles s'opposaient aux nôtres, mais comme il nous l'expliquait : « J'ai besoin de savoir comment vous vous y prendriez pour défendre telle ou telle position, de façon que moi-même je sache réagir quand on m'interroge. » C'étaient de très bons moments, très instructifs. Nous étions touchés de cette confiance qu'il nous accordait.

Même enfant, Nicolas a toujours été très exigeant avec lui autant qu'avec les autres, notamment avec ses parents ! Il voulait toujours « plus ». Sa curiosité intellectuelle l'incitait à rechercher le contact avec les adultes. Petit, il fallait toujours qu'il se mêle à nos discussions ! Avec moi, il était très en demande. Pas forcément de câlins mais d'attention et de reconnaissance. Peut-être parce que Gwenaëlle arrivait juste derrière lui et qu'il craignait qu'elle lui « pique la vedette » ! Et puis, à 4 ans, avoir déjà trois frères et sœurs derrière soi, ce n'est pas simple à vivre. Rétrospectivement, je me dis qu'il n'a pas eu sa « dose » de câlins. C'est possible. Il ne me l'a jamais reproché, mais il le pense peut-être... Il vous le dira... Adolescent, il se disputait souvent avec Gwenaëlle. Il fallait toujours qu'il soit dans sa chambre alors qu'elle voulait rester seule ! Elle passait son temps à essayer de le faire sortir, et lui ne la lâchait pas ! C'était sa façon à lui d'être « difficile » ; non pas tant une opposition qu'une espèce de harcèlement. Par ailleurs, toujours très gai, très bon à l'école, très sportif. Son départ en pension lui a permis de trouver le recul nécessaire pour ensuite savoir se situer dans la famille. De retour le week-end, il ne songeait plus à « enquiquiner » sa sœur ! Il était simplement content de la retrouver, elle et les autres. Il s'est aussi bien retrouvé avec son père à cette période. Ils allaient courir ensemble.

Avec lui, on n'avait pas la même approche relative : je me souviens de son entrée en CP. Pour nous, tout jeunes parents, c'était quelque chose de fantastique : il devenait un grand ! Alors qu'avec les suivants, les mettre au CP revenait à dire qu'ils étaient encore des tout-petits ! *Idem* lors de sa sortie de l'université, j'ai de suite pensé : « Le voilà adulte ! », ce qui ne m'a pas paru si flagrant avec ses cadets. Nicolas a grandi plus vite que les autres, c'est certain. En tant qu'aîné, il n'avait pas vraiment le choix. Chaque nouvelle naissance le poussait un peu plus vers le haut et bien sûr, à chaque étape, il inaugurait.

Sa femme est enceinte de triplés. Nous sommes très contents, naturellement, même si l'on mesure un peu plus qu'eux les difficultés que cela représente. Sa femme, également polytechnicienne, a déjà un poste important qui l'attend en région parisienne... Mais sera-t-elle en mesure de retourner travailler quand les bébés auront huit mois ?

Nicolas a été le premier de mes enfants à se marier. Mais comme il était parti tôt de la maison, cela ne m'a pas « bouleversée » plus que ça. J'étais heureuse pour lui. En fait, je n'ai pas du tout le sentiment que se séparer de son enfant soit difficile. Je n'ai jamais vécu le départ d'un enfant comme un déchirement. C'est certainement dû à ma personnalité. Quoique... Si je n'avais eu qu'un ou deux enfants, cela m'aurait sans doute fait mal de les voir partir. Le nombre amenuise sans doute la douleur des séparations. Je sais qu'il en reste toujours d'autres à la maison. Je peux ne pas sentir le vide et l'absence. Quand je vois les femmes qui n'ont qu'un fils, je me dis que cela doit être triste. Parce qu'une fois qu'il est parti et qu'il n'y a plus personne... Je connais des mères qui sont totalement abandonnées par leur fils unique ! Je suis convaincue que dans ces familles, autant le lien mère-fils est plus fort au départ, autant il se perd davantage quand l'enfant fait sa vie : il n'a pas ses frères et sœurs pour le rappeler auprès de ses parents, il a moins ce « goût » de la famille.

Cela dit, je n'ai pas eu onze enfants pour assurer mes vieux jours ! Mais c'est vrai que même pour les enfants, c'est bon de pouvoir partager, plus tard, la charge de parents âgés. Par exemple, quand maman a été très malade en 1992, la solidarité entre mes sœurs a été vraiment utile autour de papa. J'ose à peine imaginer ce que cela doit être d'avoir, tout seul, à accompagner un parent en fin de vie et à soutenir l'autre parent dans son chagrin !... Être nombreux, cela renforce les liens qu'il y a entre nous. Et en même temps, c'est parce que ces liens existent que l'on devient soi-même plus fort quand on se tourne vers l'extérieur.

Je suis convaincue que s'ils ont le choix, tous mes enfants auront plusieurs enfants. Je ne leur en souhaite pas forcément onze ! Mais ce que je leur dis, c'est qu'ayant eu ces onze enfants, je suis pleinement heureuse. Ils m'ont appris beaucoup sur moi. On imagine que l'on est limité dans ses capacités de don de soi, de patience, de résistance. Puis, finalement, on se rend compte que si la vie vous propose de vivre autre chose, on sait être là. Oui, grâce à eux, j'ai appris à repousser sans cesse mes limites.

Nicolas :
« Jamais je n'ai eu le sentiment de manquer d'amour. »

Nicolas est le sosie de sa mère. Même regard perçant, même visage émacié, même silhouette affûtée. S'il semble de contact plus facile et davantage prêt à parler sentiments, très vite, c'est la rigueur qui mène son discours ; toujours cette retenue qui hésite entre courtoisie et pudeur et qui interdit les trop grands élans d'affect. Polytechnicien, aujourd'hui attaché à la direction générale d'un très grand groupe de construction, mari et bientôt père de famille, grand sportif... à 27 ans, Nicolas est l'aîné dont toute famille pourrait rêver ; l'exemple irréprochable. Et c'est avec une gratitude presque solennelle que ce « bon fils » dresse le portrait de sa mère.

*

Ma mère m'impressionne. Au sens positif du terme. Je suis impressionné par tout ce qu'elle a fait et la façon dont elle a réussi à l'endurer. Du point de vue purement physique, d'abord : je me dis qu'endurer onze grossesses, ce doit être sacrément éprouvant ! Ensuite, avoir onze enfants et arriver à s'en occuper, cela nécessite une organisation incroyable. Et manifestement, celle qu'elle a mise en place avec mon père a été performante, sinon ils se seraient arrêtés avant !

Enfin, je suis impressionné par la disponibilité qu'elle a su garder pour chaque enfant. Chaque fois que l'un de nous a demandé une attention particulière, elle a été là pour y répondre. Que ce soit pour un déménagement, une inscription à l'école, un rendez-vous chez le médecin, chez l'orthophoniste ou je ne sais quoi, il y a toujours eu ma mère pour nous accompagner. Mais même au quotidien : j'ai vraiment le sentiment d'avoir trouvé la présence et l'écoute d'une mère. Cela est sans doute plus vrai dans mon cas : quand on a commencé à être nombreux, il y avait un moment entre le dîner et le coucher où tous les petits étaient au lit. Il ne restait plus que mes parents et les plus grands, dont moi. C'était l'occasion de les avoir pour nous. Puis, à 14 ans, je suis parti en pension, entre la naissance des numéros huit et neuf. Je ne revenais que pendant mes vacances. J'étais donc tranquille toute la journée avec maman. Et le soir, il y avait encore ces moments privilégiés. Mais il est probable que si vous interrogez mes frères et sœurs, tous ne vous diront pas la même chose. Les numéros quatre, cinq et six par exemple, ont dû trouver que leurs parents manquaient de disponibilité. Parce que à leur époque, ma mère était prise entre les soucis des grands qui demandent du temps – c'était le moment où se posaient pour eux les problèmes d'orientation scolaire, de crises d'ado... – et les petits qu'il fallait aider à s'habiller, se laver... Eux se retrouvaient donc au milieu, ne posant pas encore de gros soucis et étant suffisamment autonomes. Il y avait moins de temps à leur consacrer. Je parle de tout cela sans en avoir été témoin, puisque à l'époque j'étais en pension. Mais j'en ai discuté depuis avec mes parents ; eux-mêmes ont ressenti les choses comme cela. Mes frères et sœurs aussi, quoiqu'ils ne l'expriment pas de la même façon.

Que j'aie eu une place particulière dans cette famille, c'est certain. En tant qu'aîné, mon rôle était d'ouvrir des portes. Et je l'ai fait, sur des sujets qui maintenant nous font rire, mais qui à l'époque avaient toute leur importance pour nous : l'achat des vêtements, par exemple. Pendant longtemps, nous sommes allés à l'école en sandalettes et culottes courtes sur décision de nos parents. Sauf que nous, nous finissions par trouver que c'était en fort décalage par rapport à ce que portaient nos copains ! Il y a eu quelques phases de petits conflits. Mais une fois que les explications avaient lieu avec moi, cela devenait simple pour ceux qui suivaient. Ainsi, une fois que j'avais clairement dit : « Je ne veux plus aller à l'école en sandalettes », les autres pouvaient imposer leurs baskets !

On ne m'a pas « officiellement » attribué un rôle de médiateur. Cependant, encore aujourd'hui, quand mes parents discutent devant moi de la situation de l'un de mes frères et sœurs, je n'hésite pas à faire valoir mon avis. Et dans ce cas, c'est toujours dans un esprit de tempérance. Quand mes parents peuvent, par exemple, exprimer des regrets par rapport au parcours scolaire de l'un de mes frères, je suis celui qui rappelle qu'un garçon de 16 ans peut très bien penser à autre chose qu'à ses devoirs le soir ; que cela fait partie du processus naturel, sans signifier qu'il est condamné à rater sa vie !

Vis-à-vis de mes frères et sœurs, j'ai un autre rôle ; ayant eu une adolescence et un parcours scolaire sans histoires, il m'arrive d'être un peu moralisateur. En fait, je suis à l'interface : quand je me retourne vers mes parents, j'explique et j'excuse mes frères et sœurs. Inversement, quand je me retourne vers mes frères et sœurs, je suis du genre à dire : « Fini de rigoler ; il faudrait se secouer un peu ! »

Mais je n'ai pas toujours joué ce rôle ; j'ai attendu d'avoir fait mes preuves. Aujourd'hui, j'estime que mon expérience m'y autorise.

Sinon, le véritable intermédiaire entre mes frères et sœurs et maman a toujours été papa. Pour très organisé qu'il est, il est tout de même plus souple que maman. Il est celui qui met de l'huile dans les rouages. Pour les grandes demandes ou en cas de litiges, c'était toujours à papa qu'on s'adressait. Il était l'allié. Maman avait tendance à « bloquer » sur des petites choses sans importance, au point que cela tournait parfois au vrai conflit. Le seul moyen d'en sortir était soit de jeter l'éponge, ce que l'on refusait parfois, soit de passer par papa. Lui seul était capable de dire : « Ce n'est pas si grave. »

Maman est une personne que l'on perçoit volontiers comme froide. On peut croire que ma mère n'est pas capable de s'émouvoir. Mais à mon sens, ce n'est pas du tout le cas. Moi, j'ai eu des relations très proches avec elle. Cela ne date pas de toujours. À l'époque où je vivais à la maison, j'étais un enfant parmi les autres, un rouage de la mécanique au même titre que mes frères et sœurs. Comme eux, à 18 h 30, il fallait que je range ma chambre, puis que je mette le couvert.

Je n'avais pas le temps de m'interroger sur de quelconques rapports privilégiés avec ma mère. J'ai même le souvenir de m'être fréquemment fait « attraper » par elle. Jusqu'en première, environ. Ensuite, je me suis mis à travailler très sérieusement à l'école. Mon image a dû changer. Il y avait toujours des choses que je pouvais faire et qui lui déplaisaient, mais au moins elle ne se faisait pas de souci pour moi. Cela a largement facilité notre entente. Et c'est allé en s'améliorant ; comme j'ai eu la chance de réussir tous mes concours et que je suis vite devenu autonome, on a pu avoir des rapports d'adultes.

C'est surtout à partir de mon entrée en prépa, il y a dix ans, que nos relations sont devenues particulièrement fortes. Je me souviens qu'on avait beaucoup de plaisir à se retrouver, pendant les vacances. À quoi ça tient ? À la distance, d'une part. Mais aussi au fait que je me suis ouvert à elle, plus que certains de mes frères et sœurs. À partir du moment où l'un s'ouvre, l'autre aussi. Les relations ne fonctionnent pas à sens unique... Je pense aussi que cela tient à la franchise de nos rapports. Je n'ai jamais hésité à faire valoir mon point de vue ; elle a toujours fait valoir le sien. Et lorsqu'on arrivait à des situations de crise, on avait la simplicité de s'expliquer.

L'un de mes plus forts souvenirs avec ma mère, c'est cette fois où elle a fait le premier pas. J'étais en pension à Lunéville, j'avais environ 15 ans. Ma mère s'est emportée pour je ne sais plus quelle raison. Deux heures plus tard, elle est revenue me voir et m'a dit : « J'ai été trop loin, je te présente mes excuses. » Puis elle m'a embrassé. J'étais bouleversé. Avoir la capacité de faire cela traduit un cœur profond. Ce n'est pas à la portée de quelqu'un de froid.

Elle est très pudique sur ses sentiments. Je suis persuadé qu'elle essaie d'avoir cette même tendresse auprès de mes frères et sœurs, mais elle a davantage d'appréhension. Moi, elle sait que je saurai m'ouvrir.

Tous les gens ont ces *a priori* envers maman. Ma femme, par exemple, s'est spontanément sentie bien plus à l'aise avec mon père. Pourtant, contrairement à papa, maman l'a tutoyée, ce qui aurait pu faciliter la proximité. L'autre chose qui étonne, c'est que maman n'aime pas parler de banalités. La discussion de comptoir ne l'intéresse pas. Or, il y a des moments où l'on n'a pas forcément envie de parler de sujets importants ! C'est un autre de ses traits de caractère qui peuvent la rendre d'un abord un peu froid. Mais à mon sens, ce n'est pas le fond de sa personne.

C'est un fort caractère. Quand elle a une idée en tête, elle la garde. Impossible de transiger. Si on s'arrête à cela, les relations avec elle peuvent en effet devenir conflictuelles. J'ai un exemple révélateur en tête : le jour où ma sœur et son fiancé ont annoncé qu'ils allaient se marier. On les attendait pour déjeuner. Se doutant qu'ils allaient nous annoncer quelque chose de ce genre, papa a suggéré qu'on prenne du champagne pour l'apéritif. Mais maman a décrété que non. Arrive le dessert : ils nous annoncent effectivement qu'ils vont se marier. Ravi, un de mes frères va chercher le champagne qu'il avait mis au frais malgré l'interdiction de maman. Du coup, au lieu de trinquer joyeusement avec tout le monde, ma mère est restée figée, contrariée par le fait que son interdiction n'avait pas été respectée. Et je suis sûr que ma sœur garde de l'annonce de son mariage, non pas le souvenir d'un grand sourire de sa mère, mais celui de son « non, pas de champagne ». Pourtant, au fond d'elle, ma mère était folle de joie, c'est certain... Mais voilà : il y a en elle cette rigueur et cet attachement à des petits détails matériels qui, parfois, l'incitent à jouer de quelque maladresse dans ses rapports avec les autres. Du fait des nombreuses naissances très rapprochées, maman a été contrainte de fixer des règles strictes concernant l'organisation à la maison. L'imprévu n'a pas sa place. Quand il arrive, il vient perturber la mécanique que maman s'est évertuée à mettre en route pour notre bien à tous.

Tous mes frères et sœurs n'ont pas réussi à passer outre ces blocages dont maman peut parfois faire preuve. Moi, comme je suis parti le premier et très tôt, j'ai pu prendre plus vite du recul... C'est ce qui rend nos rapports plus simples.

Par exemple, si mes frères et sœurs débarquent à l'improviste à la maison, elle s'énerve : « Tu aurais pu prévenir ! », même si, au fond, elle est ravie. Mais moi, lorsque je vivais à Montélimar, il m'est arrivé de ne pas donner de nouvelles pendant un mois et de l'appeler sur l'autoroute : « Je suis bientôt à Paris, est-ce que je peux venir à la maison ce soir ? » Spontanément, elle répondait : « Oui, ça nous fera très plaisir ! » C'est le genre de détails qui me font croire que j'ai des rapports un peu privilégiés avec elle. Je ne connais pas tout de ses relations avec mes frères et sœurs ; cela dit, je me sens effectivement un peu « chouchou ». Mais parce que c'est du donnant-donnant ! Je suis aussi le premier, sinon le seul, à lui faire part de mes sentiments et de mes doutes.

Quand on était petits, on pensait que le préféré de maman était le numéro trois, Thibault. J'en suis resté persuadé jusqu'à ce que j'entre en pension. Je ne sais plus trop pourquoi... Si ! C'est parce qu'on est longtemps resté un clan tous les trois ; et quand on se disputait, maman prenait la défense du plus fragile, c'est-à-dire du dernier. Cependant, je n'ai jamais eu le sentiment d'être mal aimé ! Non, je n'ai jamais eu l'impression que ma mère pouvait moins m'aimer du fait du nombre. Jamais. Qu'elle ait eu moins de temps à nous consacrer individuellement, c'est certain. C'est mathématique. Mais cela ne veut pas dire que la profondeur des rapports ait pu en pâtir. Au contraire, pour en avoir parlé avec des amis élevés dans des familles moins nombreuses, j'ai eu des rapports beaucoup plus proches et honnêtes avec ma mère que beaucoup d'entre eux. L'une des raisons, c'est que moi, quand je rentrais de l'école, maman était là. La plupart des mères qui ont peu d'enfants travaillent et rentrent tard. Au final, elles passent moins de temps avec leurs petits.

Avec mon père aussi, j'estime avoir eu la chance de vivre des moments très privilégiés. À une époque, on allait courir ensemble. C'était l'occasion de bons échanges. D'autant que lorsqu'on court, on ne se regarde pas dans les yeux. On peut donc tout évoquer sans gêne ou, au contraire, prétexter l'essoufflement si l'on ne veut pas répondre tout de suite à une question !...

À titre personnel, j'ai toujours eu besoin de reconnaissance. Quand j'avais réussi un concours ou gagné une médaille en compétition, j'avais besoin qu'on me dise : « C'est bien, mon fils ! » Et ma mère, autant que mon père, a toujours été là pour me le dire. Non, jamais je n'ai eu le sentiment de manquer d'amour ou d'avoir eu besoin de le quémander. Je suis persuadé que l'amour se multiplie à l'infini : autant d'enfants, autant d'amour. Et je ne crois pas que ceux de mes frères et sœurs qui ont le sentiment d'avoir manqué d'amour puissent le mettre sur le compte du nombre d'enfants. Ils parleront plutôt d'un problème de communication avec ma mère.

J'avais 5 ans quand le numéro quatre est né, 9 ans quand le septième est arrivé. Les souvenirs que je garde de chaque naissance annoncée, ce sont de la joie et de la fierté : on était différents des copains ! Ils ne disaient pas : « Tu n'as pas de bol, tu auras moins de cadeaux à Noël. » Non, ils étaient au contraire très envieux : ils imaginaient qu'on avait plein de camarades de jeu. Et c'est vrai que lorsqu'ils venaient à la maison, il y avait toujours de l'animation. Encore maintenant, quand des amis se retrouvent chez moi pour déjeuner, ils trouvent qu'il y a une sacrée ambiance !

En fonction de sa place dans la famille, on peut vivre l'arrivée d'un petit frère ou d'une petite sœur avec plus ou moins d'inquiétude ; on pense aux changements que cela risque d'apporter dans l'organisation de la vie à la maison, au stress que cela va générer... Moi, très vite, cela ne changeait rien à ma vie. J'étais simplement fier de notre particularisme.

Je n'aurais vraiment pas aimé avoir une petite famille, ou pire : être le seul enfant ! Un fils unique est un enfant qui, hormis durant les heures d'école, vit dans un monde d'adultes. Quand il rentre le soir, il se retrouve entre deux adultes ; le week-end chez les grands-parents, il est encore parmi des adultes ; *idem* pendant ses vacances... Nous, nous avions toujours des enfants avec lesquels jouer. Sans mes frères et sœurs, j'aurais perdu au moins la moitié de mon enfance !

L'autre grand avantage à vivre dans une famille nombreuse, c'est que cela donne une valeur inestimable aux moments de tête-à-tête avec ses parents. Vous n'imaginez pas mon bonheur quand mes parents annonçaient : « Ce soir, on emmène Nicolas tout seul au restaurant » ! Si j'avais été fils unique, je serais allé des milliers de fois au resto avec ma mère. Moi, cela a dû m'arriver trois fois dans mon enfance, et je m'en souviens encore.

Je ne sais pas si je préfère ces moments de tête-à-tête ou les moments où l'on est tous réunis... Ce sont deux choses trop différentes. Ce qui est bon dans les rencontres individuelles, c'est que l'on peut parler de soi en profondeur. Lorsque vous êtes à table avec une dizaine de personnes dont les âges varient entre 7 et 50 ans, ce n'est pas vraiment possible ! En revanche, dans ces instants en groupe, j'aime le sentiment de famille. Il est presque palpable. Là, on sait ce que le mot « famille » veut dire.

Il y a quelque chose de particulier dans le lien fraternel. Je ne peux pas l'expliquer... On sent qu'on a ce « truc en plus » en commun. Les gens pourraient, par exemple, se demander ce que je partage avec ma petite sœur qui a vingt ans de moins que moi et avec laquelle je n'ai jamais vécu. Et pourtant, il y a une entente « spéciale ». Un lien.

Bien sûr, il y a ceux avec lesquels on se sent plus intime du fait de la proximité des âges et de la complicité développée dans l'enfance. À l'inverse, il y a ceux avec lesquels on s'est disputé plus souvent parce que nos caractères nous opposaient. Mais au final, je vous assure qu'il m'est impossible de dire que j'en aime un plus qu'un autre.

Maman n'a jamais fait peser sur moi une quelconque responsabilité du fait de mon statut. On ne m'a pas dit : « Tu es l'aîné, tu dois montrer l'exemple. » Non. En revanche, cela m'a construit sur le plan personnel : j'ai appris l'entraide, j'ai développé la capacité d'écouter les autres. Cela m'a aussi donné le goût de l'effort. J'ai pris l'habitude de ne pas me plaindre. Comme ma mère. Jamais je ne l'ai entendue dire qu'elle était fatiguée ou débordée quand bien même elle l'était.

Oui, je lui ressemble beaucoup ; pas seulement physiquement ! Mon côté tenace, volontaire me vient d'elle. Cela dit, mon père n'est pas un mou non plus ! Mais lui, je pense qu'il m'a surtout légué son côté sociable, cette capacité de s'adapter à toute personne, en tout milieu.

À eux deux, ils forment un binôme exemplaire. Si papa avait été plus sec à la maison, ça aurait été très difficile. Heureusement, il y a cet équilibre entre un papa très proche, qui sait mettre à l'aise, et une maman qui gère parfaitement le quotidien. Une maman, aussi, qui a eu une capacité d'amour suffisamment gigantesque pour s'occuper de onze enfants.

Benoît : « Ma mère n'a pas pu donner à tous ce qu'elle aurait donné à un seul. »

Je n'avais pas prévu de le rencontrer. Puis il y a eu le témoignage d'Élizabeth évoquant à plusieurs reprises les différences fortes entre ses onze enfants. En opposition à Nicolas, souvent le prénom de Benoît est revenu. J'ai ensuite entendu le fils aîné insister : « Nous sommes très différents les uns des autres », ajoutant parfois un : « Benoît, par exemple... » J'ai donc, sur leurs conseils implicites, proposé à Benoît que nous nous rencontrions. De passage à Paris, il n'a pas hésité.

« Vous me reconnaîtrez : je ressemble beaucoup à mon frère. » Effectivement, c'est le même, avec sept ans de moins et les yeux clairs. Mais très vite, la voix, le comportement marquent la différence. Il ne pèse pas ses mots, se laisse facilement aller à évoquer des rancœurs qui de toute évidence l'agitent encore. Il parle avec ses 20 ans. Avec ce qu'il ressent. Prêt à me raconter tous les détails de ses rapports avec sa mère. C'est moi qui devrai l'aider, plusieurs fois, à relativiser. Nicolas et lui auraient pu grandir dans deux familles distinctes. Tout les oppose. Tout, à commencer par l'essentiel : leur conception de la famille, et surtout leur relation à leur mère.

*

Les contacts avec ma mère ont toujours été très durs. Et même si depuis que j'ai quitté la maison ça se passe mieux entre nous, on ne se retrouve pas sur grand-chose, elle et moi. On est trop différents. Sa conception de l'éducation, de la religion, du travail... Je ne partage rien de tout cela avec elle.

Je la trouve très exigeante, elle est bourrée de principes auxquels je n'adhère pas du tout. Donc, forcément, toute discussion un peu poussée entre nous mène au conflit. C'est dur parce que c'est ma mère ; ce n'est pas une personne dont je devrais me sentir aussi différent... Et pourtant, j'ai le sentiment qu'on n'appartient pas au même monde.

Je ne dis pas qu'elle est la seule responsable. J'ai aussi choisi un chemin différent en fonction des rencontres que j'ai pu faire et de mes expériences. Sans être le rebelle de la famille, je suis sans doute le plus « différent ». Cela dit, chaque enfant s'est tourné vers des horizons très distincts concernant les études, le mode de vie, les régions aussi. Mais le problème, avec ma mère, c'est qu'elle ne semble pas accepter ces différences. Elle a été élevée selon des principes bien rigoureux et elle les garde pour modèles ; j'ai l'impression qu'elle aimerait que ce soit comme avant, quand la mère était au milieu de tout, et que tout le monde respectait ses ordres et ses choix. Mais moi je n'ai pas envie de vivre comme il y a quarante ans ! Je voudrais qu'elle s'ouvre à la société actuelle, qu'elle admette que les choses ont changé et qu'elle s'y adapte.

Le vouvoiement, par exemple : ça a toujours été un

sujet de conflit. Parce que ma mère a vouvoyé ses parents, elle a voulu qu'on en fasse autant. Pour, dit-elle, « marquer la différence » entre parents et enfants. Mais justement ! La différence est tellement marquée qu'on vit à des années-lumière les uns des autres ! Je suis certain que c'est à cause de ce vouvoiement, entre autres, que je n'ai jamais eu de discussions avec ma mère. Je veux dire des discussions profondes, sur des choses intimes. Moi, j'ai l'impression qu'elle ne connaît rien de ce que je suis, de ce que je vis.

Je n'ai pas vraiment de souvenirs de tendresse avec ma mère. Peut-être quand j'étais petit... Je ne les ai pas en tête. Mais il paraît que bébé, j'étais déjà un casse-cou ; la tendresse n'était sans doute pas le meilleur moyen de me maîtriser !

Je ne sais pas si cela aurait été différent dans une famille moins nombreuse... En tous les cas, quand je vois ce que sont les relations mère-fils dans les autres familles, j'ai l'impression qu'elles sont plus fortes, plus proches. C'est certain que ma mère n'a pas pu donner à tous ce qu'elle aurait donné à un seul. J'ai souvent eu l'impression d'un amour partagé.

Cela dit, je n'ai jamais fait d'efforts pour être dans la confidence avec elle. Parce que je savais que ça ne pourrait pas marcher. Qu'elle ne comprendrait pas, n'accepterait pas. Je me souviens, par exemple, qu'il y a trois-quatre ans, quand on s'est installés dans la région parisienne, on a fait des « conseils de famille ». Chacun devait dire ce qu'il pensait de la vie à la maison, de ce que nos parents voulaient qu'on soit et de ce qu'on aurait voulu qu'ils changent. Le but était de mieux se comprendre les uns les autres pour arriver à composer ensemble. Après cela, j'ai vu une petite évolution du côté de mon père ; mais du côté de ma mère... Chaque fois, ça se passait mal. Je me souviens qu'elle est sortie de la pièce en larmes. Cela prouvait bien qu'elle n'acceptait pas la réalité de ce que nous étions. Elle restait figée sur ses principes et ses exigences.

La religion a toujours été l'un des grands sujets de conflit avec elle. Elle aurait aimé qu'on soit tous catholiques comme elle. Mais ce n'est pas le cas. Et c'est normal : on est onze, on ne peut pas tous être les mêmes et avoir les mêmes opinions ! Chaque soir, il fallait faire la prière. Mais moi, tous les soirs, non, je ne voulais pas ! Donc ça finissait mal... Aujourd'hui encore, elle continue de demander que l'on fasse cette prière du soir. Elle sait pourtant très bien ce que j'en pense...

Tout doit être réglé comme du papier à musique, avec ma mère. À 18 h 30, la maison se met en branle : les petits rangent leurs chambres, tel groupe nettoie les salles de bains, tel autre prépare le repas... Et à 19 heures, tout le monde doit être à table. Sauf que, quand on est au lycée ou qu'on prépare des exams, on ne peut pas forcément suivre ce rythme ! Mais elle, elle ne pouvait pas accepter qu'on ne respecte pas son organisation. D'où des conflits sans arrêt. J'aurais bien aimé avoir mon propre programme, être libre de dire : « Aujourd'hui, je travaille jusqu'à telle heure, je mange à tel moment, je sors... » Ça n'était pas possible. Je le comprends, bien sûr : ma mère était obligée de gérer son temps au mieux si elle ne voulait pas se laisser déborder. Le problème, c'est que cela ne laissait plus d'espace de liberté.

Le plus dur, ça a été cette période où nous étions sept enfants à la maison. On était tous à des âges plus ou moins difficiles, un peu rebelles. À ce moment, j'étais l'aîné dans la maison. Après quatre ans passés en internat, j'avais dû retourner chez mes parents pour mon année de terminale. Mon père était à l'étranger. Cette année de totale « colocation » avec ma mère a été terrible ! Quand vous devez vivre à temps plein avec quelqu'un, les conflits arrivent vite. Surtout quand cette personne veut vous imposer un rythme de vie qui ne vous convient pas. À la fin de l'année, j'ai raté mon bac ; or il m'était indispensable pour entrer dans l'école de sous-officiers que je visais. Il m'aurait donc fallu refaire une terminale et vivre encore un an à la maison. Mais maman m'a dit : « Tu ne restes pas ici ! » De toute façon, je ne l'aurais pas supporté, c'était trop tendu entre nous. Je me suis engagé.

Je suis sûr et certain que si j'avais été bon en classe, les rapports avec ma mère auraient été largement meilleurs. Cela aurait permis d'éviter chaque soir les disputes autour des devoirs. Comme je n'aimais pas apprendre mes leçons, ça tournait systématiquement à la crise !

Elle s'inquiétait de mon avenir professionnel. C'est bien normal. À un moment, elle voulait m'orienter vers un BEP. Mais pour moi, c'était inconcevable. Avec un grand frère qui avait fait Polytechnique, une sœur qui était dans la communication... J'aurais eu l'impression de me rabaisser aux yeux de mes parents. Avec du recul, je me dis que peut-être j'aurais dû l'écouter. Elle n'a pas tout le temps tort, c'est sûr !

Mais à l'époque, je voulais prouver que je pouvais faire tout seul un autre choix que celui qu'elle me proposait. Je voulais faire mes preuves.

Mes deux redoublements n'ont pas arrangé les choses entre ma mère et moi, c'est clair ! Pour bien faire les choses, dans une famille aussi grande, il faudrait que le « roulement » soit respecté par chaque enfant ; que chacun soit à son tour à telle place dans la famille, pour laisser ensuite la place au suivant. Mais moi, en redoublant, j'ai perturbé le mouvement...

Ma vie aurait été plus facile s'il y avait eu moins d'enfants parce que ma mère aurait été moins stressée. Pour preuve : plus la maison se vide, plus elle est décontractée. Je le vois : elle est très différente avec les dernières, beaucoup moins tendue. On voit bien que s'il y a des conflits, c'est parce qu'on est trop nombreux. Mais ce n'est pas pour cela que je voudrais rejeter un petit frère ou une petite sœur... Non, je les aime beaucoup, tous. C'est comme ça, c'est tout.

J'ai toujours reçu l'annonce de chaque naissance avec beaucoup de joie. Mais aussi avec une certaine appréhension : comment est-ce que ça va se passer avec un de plus ? Quand on était sept enfants, je voyais que c'était déjà difficile, alors quand on vous annonce l'arrivée d'un huitième, puis d'un neuvième, on se demande forcément si cela ne va pas compliquer encore la vie dans la maison. Puis, finalement, ça ne change pas grand-chose, au bout d'un moment. Sinon que ça pousse les aînés plus haut dans les générations.

Comme tous les mômes, j'ai pu penser à certains moments que ma mère préférait Untel, puis plutôt tel autre... Mais dire que, objectivement, il y a des « chouchous »... Non. Même Nicolas : malgré son statut d'aîné et son parcours brillant, je ne pense pas qu'on lui ait attribué la place de « modèle ». Puis d'une certaine façon, il n'a été l'aîné que jusqu'au lycée. Ensuite, il a quitté la maison ; ma mère ne pouvait avoir qu'un rapide regard sur lui. Et lui, s'il voulait cacher ce qu'il était, il le pouvait.

Chacun a sa place dans la famille ; chacun est là pour y apporter quelque chose de différent. Nous n'avons pas le même sens du meilleur ni du plus important. Moi, par exemple, je suis l'un des seuls à n'avoir jamais aimé l'école. En revanche, je suis sans doute celui qui se débrouille le mieux avec ses mains. J'ai toujours aidé ma mère sur ce plan-là. S'il fallait m'attribuer un « rôle » dans la famille, ce serait celui de « papa bricoleur » ! Un truc cassé ? C'est toujours à moi que ma mère demande ! Mais s'il y a un calcul à faire, elle ne se tournera pas vers moi ! Je m'en fous... Je comprends... Chacun son truc, et moi, c'est pas mon truc.

On a été élevés différemment. Par exemple, à mon époque, on nous faisait des corrections à la cravache. C'était mon père qui les donnait, et parfois sans comprendre, juste sur décision de ma mère. Cela me faisait enrager au fond de moi ! Je lui en voulais beaucoup de ne pas décider lui-même si je méritais ces corrections. Maintenant il n'y a plus de cravache. Cela dit, c'est peut-être parce que mes petits frères et sœurs n'en ont pas besoin ! Moi, j'ai toujours été un « dur à cuire ». Qui sait ce que je serais devenu si je n'avais pas pris toutes ces corrections ?

Entre frères et sœurs, il y a bien eu quelques petites tensions, parfois, comme dans toute famille. Des clans ont pu se former. Certains se retrouvent plus, en termes d'âge et de personnalité. Mon petit frère Cyprien, par exemple, pourrait être mon jumeau. On est très soudés. Avant, j'étais davantage avec Ludo ; maintenant il traîne plutôt avec Thibault... Mais, au fond, on est tous ensemble. Oui, ma mère a su nous rendre très unis. Tous différents, mais très unis. J'ai toujours eu plaisir à m'occuper de mes petits frères et sœurs. Et au final, on est contents quand on se retrouve au grand complet. D'autant qu'on n'a pas tous vécu ensemble. J'ai très peu vu mes aînés qui sont partis tôt de la maison. Et moi-même, j'en suis sorti un temps, pendant le lycée ; quand j'ai redoublé ma seconde, comme je n'avais pas les meilleurs contacts avec mes parents, on s'est dit que peut-être, si j'allais en internat, ça s'arrangerait.

Je ne sais pas en quoi je peux ressembler à ma mère... Peut-être que côté caractère, il y a deux ou trois trucs sur lesquels on se retrouve un petit peu. Elle est très exigeante, moi aussi. Elle n'aime pas qu'on lui marche sur les pieds, moi non plus. Mais on a tous un fort caractère dans la famille et ce n'est pas forcément ma mère qui nous l'a donné. Pour vivre dans une si grande famille, il faut apprendre à ne pas se faire piétiner. Chacun aurait tendance à écraser un peu celui qui suit. C'est humain !

Je crois que d'une certaine façon, c'est aussi ce qui se passe avec ma mère : chacun essaie de s'imposer face à elle. Et comme elle a elle-même un très fort caractère, il y a des accrocs...

Je n'ai jamais rejeté ma mère, loin de là. Au fond, j'aimerais être plus proche d'elle. Mais tout dépend sous quelles conditions. Moi, je ne conçois pas la vie comme elle. Souvent, les gamins disent : « Mes parents sont les plus forts », « Mes parents ont toujours raison ». Moi, non : ce sont mes parents, je les respecte en tant que tels, mais ce n'est pas pour cela que je les crois exemplaires.

Je veux que nos rapports évoluent. Oui, en fait, chaque fois que je reviens à la maison pendant mes permes, j'ai l'espoir que ça se passe bien. Je fais tout pour, je crois. Mais même si je suis devenu autonome et si je n'ai plus rien à prouver à personne, les confidences et les discussions intimes avec ma mère restent impossibles. Je me suis fait à l'idée que, d'un côté, il y a ma mère et ma vie dans la maison familiale, et de l'autre il y a moi et la vie que j'ai choisi de mener. Tout ce que je garde pour moi. Peut-être que cela évoluera avec l'âge, ou quand j'aurai une famille à mon tour. C'est ce qui s'est passé avec Nicolas ; il est sans doute devenu plus proche d'elle depuis qu'il est marié et qu'il s'apprête à devenir papa.

Je n'aurai pas onze enfants, c'est certain. En revanche, je ne me vois pas sans. Le goût des enfants est l'une des bonnes choses héritées de ma vie dans cette famille nombreuse. J'y ai aussi appris la vie en communauté. C'est essentiel : savoir respecter les autres pour ensuite apprendre à se respecter soi. J'ai également appris la débrouillardise. Maman ne pouvait pas s'occuper de nous sans cesse comme elle l'aurait fait avec un enfant unique. Donc très tôt, il a fallu apprendre à se débrouiller.

Maintenant que je ne suis plus à la maison, je suis curieux de voir comment les rapports vont évoluer avec elle. J'attends, entre autres, que mon père prenne sa retraite et qu'il se plonge entièrement dans le bain familial. Il est plus souple que ma mère ; il va sans doute l'aider à relativiser.

Toutes ces remarques sur ma famille, mes parents, ce ne sont pas des critiques. C'est mon point de vue, c'est tout. C'est comme ça que je l'ai vécu. Mais vous savez, je respecte beaucoup ma mère pour tout ce qu'elle a fait pour moi, pour nous. Elle a eu beaucoup d'enfants, elle a su en tirer le maximum. Même si, je pense, on n'est pas tous comme elle aurait aimé qu'on soit.

Mère-fils dans l'histoire

Agrippine :
« Non, non, le temps n'est plus que
[Néron, jeune encore,
Me renvoyait les vœux d'une cour
[qui l'adore ;
Lorsqu'il se reposait sur moi, de
[tout l'État,
Que mon ordre au palais assemblait
[le sénat,
Et que derrière un voile, invisible et
[présente,
J'étais de ce grand corps l'âme
[toute-puissante. »

Jean Racine, *Britannicus*

Yvonne Knibiehler : « Concernant Œdipe, Freud a donné une interprétation que les historiens doivent nuancer. »

« L'amour maternel n'est qu'un sentiment et, comme tel, essentiellement contingent. Ce sentiment peut exister ou ne pas exister ; être ou disparaître[1]*. » Par ces mots, écrits en 1980, l'historienne et philosophe Élisabeth Badinter venait bouleverser la conception d'un amour maternel instinctif, jusqu'alors jamais ou très peu remis en cause. Depuis, les thèses continuent de diverger... Tandis que la vague psy poursuit sa déferlante sur nos sociétés, nous inondant de ses théories sur l'inné, des historiens s'évertuent à lui opposer la charge de l'acquis. La mère et le fils tendrement et inconditionnellement serrés ne seraient rien d'autre que les personnages d'une image d'Épinal récemment dessinée par... des hommes.*

C'est cette thèse que j'ai voulu explorer en m'adressant à l'une des plus grandes figures actuelles de l'histoire et du féminisme, Yvonne Knibiehler. Professeur dans l'enseignement secondaire puis dans l'enseignement supérieur (à l'université de Provence), elle s'est spécialisée en histoire

1. Élisabeth Badinter, *L'Amour en plus*, Flammarion, 1980.

des femmes, de la famille et de la santé. Depuis, elle a été couronnée chevalier des Palmes académiques et de l'ordre du Mérite. Elle est l'auteur de nombreux ouvrages, dont La Sexualité et l'Histoire, *le plus récent. Elle a également collaboré à de nombreux ouvrages collectifs dont l'*Histoire des femmes *dirigée par Georges Duby et Michèle Perrot*[1].

*

La psychanalyse apporte ses propres explications à cet amour si particulier attribué à la relation mère-fils. L'histoire a-t-elle les moyens de les confirmer ?

Pour les historiens, les sentiments familiaux ne sont pas seulement des faits de nature, éternels et universels ; ce sont surtout les manifestations d'une culture affective, propre à chaque société. Ils sont induits par un certain fonctionnement de la famille ; fonctionnement qui varie selon les lieux, les milieux, les moments, en relation avec les changements de l'environnement culturel. « La nature humaine, c'est la culture », *dixit* Jacques Lacan.

L'amour de la mère pour son fils ne se révèle « particulier » qu'au cours du XIXe siècle, et c'est pourquoi Freud s'y intéresse. Auparavant, ses manifestations sont confuses. Même les mythes grecs, qui traduisent l'intime de façon si lumineuse, n'offrent guère d'exemple de ce lien supposé privilégié. On peut citer Thétis, mère abusive d'Achille, mais cette déesse épouse d'un

1. Georges Duby et Michèle Perrot (dir.), *Histoire des femmes*, Plon, 1990-1992.

mortel, le roi Pelée, sait que son enfant est mortel lui aussi, et elle s'efforce de le protéger. Les autres divinités (Déméter, Héra, Aphrodite) ne chérissent pas particulièrement leur fils, non plus que les reines mythiques (Clytemnestre, Pénélope, Jocaste).

Quels sont donc, d'après vous, les facteurs historiques sur lesquels s'appuie cette valorisation du lien mère-fils ?

Dans les couches supérieures de la société, un facteur a pu jouer : les sociétés patriarcales excluent les femmes du pouvoir politique ; or certaines mères ambitieuses ont essayé de se servir de leur fils pour jouer un rôle à ce niveau. À Rome, par exemple, ce fut le cas de Cornelia, « la mère des Gracques », et d'Agrippine, mère de Néron...

Et côté fils, a-t-on des exemples anciens de « déclarations d'amour » à la mère ?

On ne saurait trouver aucune « déclaration d'amour » du fils à sa mère avant le XIXe siècle. Cela pour deux raisons. D'abord, les sentiments privés ne se montrent pas publiquement ; le respect est plus apprécié que la tendresse. Ensuite, les femmes ont été longtemps définies comme des êtres inférieurs : tout homme digne de ce nom doit s'émanciper au plus tôt de leur influence ; donc même si un jeune homme vénère sa maman, il n'ira pas le crier sur tous les toits.

En revanche, il peut le montrer d'une autre façon ; je pense par exemple à Œdipe qui a épousé sa mère...

Œdipe n'était pas amoureux de sa mère, même s'il l'a épousée. Freud a donné une interprétation qu'aucun historien ne peut accepter, et que la tragédie de Sophocle, *Œdipe roi*, n'autorise pas.

Pour revenir à ce que vous affirmiez précédemment : le rapport mère-fils serait donc en relation avec les structures de la société patriarcale ?

Oui. Dans les sociétés dites patriarcales, toute transmission passe par les hommes, de père en fils (transmission du nom, des biens matériels, des biens symboliques). Les pères souhaitent donc engendrer des garçons et les voir grandir dans les meilleures conditions. De leur côté, les mères intériorisent cette préférence puisque celle qui met au monde et élève un fils (des fils) est honorée et vénérée.

C'est donc d'abord pour la société et non pour elles-mêmes que les mères ont ce désir du fils...

Oui, parce qu'il faut rappeler que les sociétés anciennes sont « holistes » : les individus n'ont de valeur qu'au service de l'intérêt collectif, celui de la famille (la *gens*, la lignée), celui de la cité... Les mères romaines devaient se glorifier quand leur fils mourait au combat pour la patrie.

L'histoire montre également, à l'instar de la psychanalyse [1], que ce lien mère-fils se renforce quand le fils

1. Voir chapitre « Mère-fils au singulier », p. 197.

est unique : enfant unique, ou garçon unique parmi des sœurs. On peut par exemple penser à Alix de Lamartine, mère de cinq filles mais, surtout, du poète romantique et homme d'État.

Et quand la fratrie comprend plusieurs garçons ?

La mère privilégie volontiers l'aîné, c'est-à-dire l'héritier.

Est-ce systématique ?

Non, bien sûr. Elle peut avoir une inclination pour un autre, pour son dernier-né par exemple. Mais le culte qu'elle voue au fils préféré contient un espoir de réciprocité. La mère sait qu'elle finira sa vie dans la maison de son époux, maison qui, à la mort de celui-ci, passera ensuite au fils aîné. Elle a donc tout intérêt à créer des liens privilégiés avec ce fils. Ce n'est pas la femme qui choisit : le droit romain a contribué à la construction de ces liens familiaux. Ce droit a dominé l'Occident jusqu'à la Révolution française, et même, pour certaines dispositions, jusqu'aux années 1960.

Qu'advient-il des autres fils ?

Encore une fois, ce n'est jamais la mère qui décide de leur sort. Si le plus gros de l'héritage (titres nobiliaires, capital...) va au fils aîné, cela ne prive pas totalement les autres. Mais comme ces parts restantes ne leur suffisent généralement pas pour vivre, les fils sont dirigés soit vers l'armée soit vers l'Église.

L'affect semble avoir une place bien secondaire dans cette relation mère-fils... Ne faisait-on pas, au moins, de « petits cadeaux » aux enfants ?

Nous ne pouvons pas mesurer cette place des affects. Les historiens sont prisonniers de leurs sources. Or avant le XIXe siècle, très rares sont les documents dévoilant les sentiments intimes. Même les Mémoires autobiographiques, même les correspondances privées sont très pauvres dans ce domaine. Les enfants recevaient des jouets, sabres de bois pour les garçons, poupées de chiffon pour les filles. Mais la notion de « petits cadeaux » est tout à fait contemporaine... Les parents « aimaient » leurs enfants à leur manière, très différente de la nôtre. Ils ne les gâtaient guère, mais veillaient sur leur éducation.

Une autre preuve accablante de cette distance dans la relation mère-fils est la mise en nourrice...

La mise en nourrice était habituelle dans la Rome antique : elle relevait de la puissance paternelle. Le but du père était sans doute d'éviter un attachement initial trop fort entre mère et fils. On retrouve cette pratique au Moyen Âge et à l'âge classique, et c'est toujours le père qui décide. Les contrats de nourrissage sont signés par le géniteur et le nourricier : les femmes n'ont pas voix au chapitre. L'Église accepte. En effet, les relations conjugales étant suspendues pendant l'allaitement, le mari dont l'épouse allaitait risquait d'être tenté par le péché d'adultère, péché mortel ; celui qui en avait les moyens préférait donc payer une nourrice.

Ensuite les enfants de parents aisés étaient souvent envoyés en pension, et ne revenaient qu'à la fin de l'adolescence. La mère avait alors plus de chance de garder auprès d'elle sa fille en attendant de la marier. Mme de Sévigné a ainsi pu nouer des liens affectifs très forts avec sa fille, la future Mme de Grignan, alors que son fils restait à distance.

Dans les milieux modestes (paysans, artisans, commerçants), la mère passait plus de temps à travailler qu'à dorloter sa progéniture. L'éducation y était répartie selon le sexe : le fils suivait son père dès qu'il pouvait l'aider, la fille apprenait auprès de sa mère à devenir une femme. Éducation peu prolixe et souvent rude.

Quand fait-on clairement état de relations privilégiées entre mère et fils ?

De manière générale, sous l'Ancien Régime, la tendresse à l'égard des enfants ne peut se manifester que lorsqu'ils sont tout petits. Plus tard, elle passe pour de la faiblesse. Le respect réciproque est mieux apprécié. Cela dit, des textes révèlent que, sous l'Ancien Régime, des reines régentes, comme Blanche de Castille ou Catherine de Médicis, chérissaient leur(s) fils, mais les aimaient-elles en tant que fils ou en tant que futurs rois ?...

En fait, c'est au cours du XVIIIe siècle que les sentiments commencent à s'exprimer, surtout dans les couches moyennes et supérieures des villes. L'ère romantique approche... On passe alors, peu à peu, de la mère distante à la maman surprotectrice.

Quels en sont les principaux facteurs ?

D'abord la valorisation de l'enfant. Au temps des Lumières, médecins et philosophes découvrent que l'enfant est à la fois l'avenir de la nation, et « le père de l'homme » : des soins qu'il reçoit dépendent les qualités physiques et morales de l'adulte qu'il deviendra. Rousseau, enfant sans mère, a idéalisé fortement l'amour maternel, si nécessaire au petit d'homme. Après lui s'est imposé l'idéal de la « bonne mère », fée du logis, ange du foyer, tout entière consacrée à ses petits.

Le deuxième facteur est la réduction des naissances. Au cours du XIXe siècle, les enfants moins nombreux sont plus précieux, plus choyés. Le fils unique est souvent un « enfant gâté » par sa mère qui place en lui toute sa raison de vivre.

Enfin, la mobilité sociale. Toute mère rêve de voir son fils accéder à une belle situation, sans s'éloigner d'elle. Elle retarde ou refuse son entrée en internat, elle accompagne autant qu'elle peut ses études et ses relations. Elle l'investit de plus en plus. C'est ce que Freud constatera.

Cet amour de la mère est-il toujours payé de retour ?

Non. Il arrive que le jeune homme se sente importuné, voire opprimé par la sollicitude maternelle. Écoutons, par exemple, les plaintes de Jules Vallès dans *L'Enfant*, ou celles d'Arthur Rimbaud...

Dans les milieux populaires, le garçon souhaite échapper bientôt à sa mère pour rejoindre le monde des hommes, tellement plus stimulant. Quand il parle de sa mère, c'est, souvent, avec condescendance : il la juge ignorante, insignifiante, au service des hommes, sacrifiée à juste titre. Le roman de Cavanna, *Les Ritals*, entre autres, le montre bien.

À vous entendre, il y aurait donc une forte ambivalence dans les sentiments entre mère et fils...

C'est un phénomène qui était déjà mis en évidence par les mythes grecs, qui tiennent tant de place dans notre culture. Un exemple célèbre est celui d'Oreste, qui tue sa mère Clytemnestre. Certains philosophes prétendent d'ailleurs que ce geste signifierait le passage d'une société matriarcale à une société patriarcale. En vengeant son père, le roi Agamemnon assassiné sur ordre de Clytemnestre, Oreste prouverait ainsi qu'il se sent non pas fils de sa mère mais fils de son père : il établirait une filiation patriarcale. Mais cette théorie est contestée.

En vérité, tout change selon le contexte culturel. De bons exemples sont proposés par l'islam. Au Maghreb, les familles musulmanes pratiquantes valorisent le lien affectif mère-fils. L'épouse est recluse, et sa mission, sa plus grande gloire est d'enfanter un ou des garçons. En retour de ses soins, son fils lui doit le maximum d'égard et de tendresse. En Afrique subsaharienne, dans le cadre de l'islam noir, les femmes ont toujours été plus libres, et le lien mère-fils moins contraignant.

Pour revenir vers notre culture occidentale contemporaine, le lien mère-fils est loin d'être toujours idyllique ! La littérature ne manque pas d'évoquer ces mères qui, faute d'une autre occupation, tourmentent leur fils, comme par sadisme, ou pour exercer un pouvoir. C'est ce que l'on voit, par exemple, dans *Poil de Carotte* de Jules Renard ou encore dans *Vipère au poing* d'Hervé Bazin.

Quelle explication l'histoire peut-elle apporter à cette ambivalence des sentiments entre mère et fils ?

La première explication qui me vient à l'esprit c'est que, dans une société patriarcale, le fils reste, aux yeux de la mère, une personnification de l'autre sexe tout-puissant et tyrannique. Il arrive qu'une mère se venge sur son fils de ce que son père à elle et/ou son mari lui ont fait subir !

Tandis que, de son côté, le fils est tenté de haïr sa mère à cause du pouvoir dont elle dispose sur lui tant qu'il est petit. L'ancienne éducation évitait ainsi les conflits grâce à la mise en nourrice et aux internats scolaires.

> « Je t'écris pour réparer une injustice. Parce que l'éducation des petits garçons est négligée aujourd'hui.
> Après des siècles d'indifférence et trois décennies de féminisme, les petites filles tiennent le haut du pavé. Nous les mères, nous nous occupons trop d'elles et les garçons sont à la traîne. Une fois adultes, vous restez petits. À travers toi, c'est à tous tes contemporains que je m'adresse, ceux qui, comme toi, seront des hommes au siècle prochain.
> Je t'écris pour essayer de t'apprendre à grandir.
> Je t'écris pour t'aider à surnager dans une époque difficile pour toi. J'ai cru, comme beaucoup, à l'émer-

gence d'un monde où triompherait l'égalité des sexes. La réalité est tout autre. Après deux millénaires de patriarcat, tu risques d'être un homme, un père, un amant, dans un siècle de féminité triomphante. Comment vas-tu t'en arranger ? »

Michèle Fitoussi, *Lettre à mon fils*.

L'inégalité des sexes a été, bien plus tard, remise en question par les féministes. Quelle a été leur influence sur l'évolution de cette relation mère-fils ?

Les féministes des années 1970 ont agi dans deux directions. Elles ont d'abord développé l'idée que la maternité aliène la femme quel que soit le sexe de son enfant. C'est ce que montre Simone de Beauvoir dans *Le Deuxième Sexe*. Ensuite, elles ont essayé de mettre en œuvre une « contre-éducation » pour déjouer le sexisme : elles ont élevé fille et garçon de la même manière, mêmes jouets, mêmes vêtements, mêmes activités. Aucune, pourtant, n'a mis des jupes au fils, toutes ont mis des pantalons à la fille, manifestant ainsi leur désir d'atténuer la différence des sexes en rapprochant le féminin du masculin et non le contraire...

Cela a-t-il suffi pour que ces mères développent des relations nouvelles, autrement dit moins « privilégiées » avec leur fils ?

En réalité, certaines ont craint pour leur fils les conséquences de la révolution féministe. Michèle Fitoussi, dans *Lettre à mon fils*, écrit : « Avec toi, mon attitude est des plus ambiguës... J'oscille entre la crainte de te voir devenir macho, et la terreur que tu ne t'identifies pas, ou mal, à ton sexe. » Cette inquiétude n'était pas vaine. Dès lors que les stéréotypes ancestraux de la virilité sont contestés, dénoncés comme signes de machisme, le garçon manque de modèles identificatoires. Qu'est-ce qu'un homme désormais ? Comment le devenir ? Élisabeth Badinter pose ces questions dans *XY, De l'identité masculine*. La mère la plus féministe ne peut pas ignorer la souffrance de son fils ; elle aussi est tourmentée, elle manque de modèle pour l'élever : tout est à inventer, il ne suffit plus de chérir et de choyer. La tendre maman ne disparaît pas, certes, mais elle apprend à devenir aussi une éducatrice responsable. Elle n'a pas mis son enfant au monde par hasard, puisqu'elle aurait pu éviter sa naissance. À « l'enfant désiré », le meilleur est dû, puisqu'on lui a imposé la vie. C'est bien pourquoi le féminisme marque un progrès de notre culture : loin d'instituer la guerre des sexes, il essaie d'affronter les problèmes que posent les nouvelles relations entre hommes et femmes.

De manière générale, si l'attachement privilégié entre mère et fils perdure, c'est peut-être encore en raison des frustrations de la mère. Peu présente dans la vie publique, ou réduite à des activités peu motivantes, elle compense en investissant abusivement ses enfants, plus spécialement son fils, puisque les hommes ont tous les pouvoirs. Mais c'est peut-être au contraire parce que la mère perçoit la vulnérabilité nouvelle du garçon. La réaction du fils dépend également beaucoup de l'attitude du père, du rôle que joue celui-ci dans la vie familiale ; elle dépend aussi du bon accord entre ses deux parents.

Aujourd'hui que les mères travaillent, sont actives et n'ont plus besoin de leur fils pour vivre le pouvoir par procuration, comment expliquer que cette relation à leur fils reste privilégiée ? Est-ce le poids de l'histoire qui pèse encore sur elles ?

Je vous trouve très optimiste ! Les femmes restent sur leur faim dans bien des domaines. Elles sont loin d'occuper des positions aussi dominantes que les hommes, qui gardent l'essentiel de la direction de nos sociétés. Par conséquent, avoir de l'influence sur un futur homme, cela reste important. Peut-être aussi que, chacun des deux sexes ayant envie de ce qui lui manque, une femme déçue par son conjoint aime trouver dans son fils un autre vis-à-vis masculin tout proche. Mais c'est l'affaire des psy... Le progrès de l'égalité entre les sexes semble aujourd'hui faire naître une complicité mère-fille.

Cela dit, les mentalités ont évolué ; et, du fait notamment de l'influence des féministes, de plus en plus de mères tentent d'éduquer leurs enfants hors de tout sexisme...

Oui, mais elles restent minoritaires et leurs efforts ne suffisent pas. Cela me fait penser à une mère de fils unique que j'ai rencontrée récemment. Elle expliquait qu'elle et son mari s'étaient toujours efforcés d'éduquer leur enfant en déjouant le sexisme. Or, que constate-t-elle chez ce fils de neuf ans ? Qu'il commence à dire que « les filles, c'est nul », « les filles, ça fait des manières »... La mère ne comprenait pas cette attitude.

Un psy lui aurait sans doute répondu que cette attitude apparemment sexiste est tout à fait normale chez un garçon de cet âge qui traverse la période de latence... Mais vous ?

Pour moi, cet exemple illustre une réalité fondamentale : en matière d'éducation, la famille ne fait que la moitié du travail, voire moins. À l'école, devant la télé, dans la rue, tous les enfants s'imprègnent d'une ambiance sexiste. On pourrait peut-être renverser cette tendance si l'on réussissait enfin à mettre au point, à l'école et ailleurs, une éducation sexuelle plus consistante. À mon avis, il faudrait expliquer la différence des sexes, non seulement comme un fait de nature (il faut faire avec), mais comme une construction sociale et culturelle, jamais achevée, à laquelle nous travaillons tous et qui se construit selon l'histoire personnelle et le caractère de chacun, par la négociation permanente. Dans ce domaine, rien n'est figé, rien ne justifie une prise de pouvoir des garçons sur les filles.

Est-ce que cela suffirait pour faire disparaître le privilège accordé à la relation mère-fils ?

Je ne suis pas prophète ! Le seul moyen de le savoir est d'essayer. Cela dit, je ne nie pas que cet amour puisse également avoir des fondements psychologiques et tenir par exemple à une inclination de type érotisant, pour parler « psy ». Dès lors que cet amour-là ne succombe pas aux dangereuses tentations de l'inceste, pourquoi ne pas l'accepter ?

Pensez-vous qu'en suivant ces évolutions nous pourrions, dans quelques années, écrire un livre intitulé : « Mère-fille : l'impossible séparation » ?

Quelques années ? Il faut au moins trois générations pour que les grands changements de civilisation produisent leurs effets. Insistons sur ce point : ce que nous vivons n'a pas toujours existé ; il y a eu changement, et s'il y a eu changement dans le passé, il pourra y avoir changement dans l'avenir. Nous ne sommes pas condamnés à des comportements immuables. Ce que je reproche aux psys, c'est de présenter trop souvent les choses de façon structurelle et inamovible. Les mères, par nature, seraient comme ceci, les fils comme cela... Moi, je crois que tout est construit par l'environnement social (l'*habitus*, la *doxa*, aurait dit le sociologue Pierre Bourdieu). À mesure que la société se transforme – et elle ne cesse de se transformer –, les comportements individuels évoluent, les affects aussi.

La prétendue « relation privilégiée » entre mère et fils ne s'installe vraiment qu'au XIXe siècle pour des raisons historiquement bien repérables : les mères bourgeoises, assignées à la vie privée, consacrées au service de la famille, investissent leur fils qui constitue pour elles une chance de comprendre le monde extérieur, le monde des hommes. Freud est lui-même issu d'une telle mère ; médecin, il décrit le lien mère-fils comme éternel et universel, ou du moins ses disciples simplifient ainsi son enseignement ; ce n'est vrai qu'en partie.

Mère-fils au singulier

Le fils unique et sa mère
La mère seule et son fils

« Jamais il n'a différencié le dedans du dehors, l'ici du là-bas, lui de sa mère. Jamais il n'a mis de frontière entre lui et la Radegonde. Bien sûr, la Radegonde et lui vivaient chacun dans son camp, chacun derrière sa scie de silence ou de mots méchants, séparés de l'autre, mais par là même rivés l'un à l'autre, accrochés l'un à l'autre, avides l'un de l'autre, des sangsues. »

Adeline Yzac,
Le Dernier de la lune

Patrick Delaroche : « Le destin d'une mère n'est pas de vivre avec son fils, ni celui du fils de vivre avec sa mère. »

Trop aimé, trop gâté, souvent capricieux, rarement très sociable, plutôt présomptueux : l'enfant unique a toujours cette même mauvaise réputation qui lui colle à la peau. Quant à sa relation à sa mère, lui pourra bien en dire ce qu'il voudra, les autres voient déjà le tableau : ils sont inséparables, elle ne peut rien lui refuser, elle le vénère... Elle n'est la mère de personne d'autre. Il est son fils préféré. Impossible, pour lui, de se cacher derrière un frère ou une sœur pour échapper à son regard, plein d'inquiétude et d'attention face à ce seul « bout » d'elle. Et parfois, aussi, son seul homme. Mère célibataire, mère veuve, mère divorcée, mère séparée... quand la solitude d'une femme trouve écho dans celle de son fils, le rapprochement entre eux devient inévitable et le risque d'un amour excessif plus menaçant...

Vrai ? Faux ? Qu'en est-il vraiment de cette relation « mère-fils unique », alors même qu'elle existe désormais en plusieurs millions d'exemplaires et, de plus en plus, dans le cadre des familles recomposées ? Avec ou sans père, quelle différence ?

Toutes ces questions ont été posées au pédopsychiatre et psychanalyste Patrick Delaroche. Responsable d'un hôpital de jour pour adolescents à Ville-d'Avray, il reçoit également de nombreux enfants et/ou leur mère, aux prises avec des problèmes d'ordre individuel et relationnel. Surtout intéressé par les troubles spécifiques à l'adolescence, ce spécialiste est l'un des premiers à avoir mis l'accent sur la nécessité du retour à l'autorité parentale. En témoignent ses nombreux ouvrages parmi lesquels Parents, osez dire non ! *et* Doit-on céder aux adolescents ? *À cette dernière question, il s'empresse de répondre par un mot clé, selon lui, pour une bonne relation parent-enfant : « Non ! » Ce mot que les parents de fils uniques ont, souvent et logiquement, plus de difficulté que les autres à prononcer.*

Surtout les mères...

*

Être le seul fils de sa mère : n'est-ce pas, au fond, le désir de tout enfant ?

Bien sûr, mais pas seulement. Parce qu'il y a des avantages et des inconvénients dans toutes les positions. Puis il y a différentes façons d'être enfant unique et de vivre cette situation. L'aîné, par exemple, est un fils unique, du moins jusqu'à l'arrivée des autres enfants. Certains vivront avec beaucoup de jalousie cette arrivée ; d'autres, au contraire, seront heureux de gagner un compagnon de jeu qui, parfois aussi, viendra les soulager d'un trop fort investissement maternel.

De même, dans le cas d'enfants séparés par de grandes différences d'âge : en voyant ses aînés quitter la maison, le dernier se retrouve en position d'« enfant unique ». Et il vivra cette position avec plus ou moins d'appréhension... En fait, tout dépend de la force de l'investissement parental dont l'enfant fait l'objet.

C'est-à-dire ?

Quand il arrive, tout enfant remplit ce rôle de combler « quelque chose » chez ses parents. Mais le but est de dépasser au plus vite ce stade dans la relation à l'enfant, d'accepter qu'il grandisse et devienne un individu à part entière. Avec un fils unique, le risque est de prolonger un peu trop cette période d'investissement, surtout de la part de la mère ; puisque, comme vous le savez, ce fils vient lui apporter le « plus » qu'elle n'a pas...

Mais on voit aussi des mères totalement exclues de la relation père-fils unique. Le père vient faire peser tous ses espoirs et ambitions sur les épaules de ce seul fils ! Ce garçon apparaît comme le prolongement de soi, la part narcissique de soi-même ; ce que l'on appelle, en psychanalyse, le moi idéal.

Quelles sont les conséquences pour le fils ?

Chaque enfant est mû par le désir de répondre aux attentes de ses parents. Il veut être l'enfant parfait. Donc certains deviendront en effet très brillants en réponse aux attentes dont ils font l'objet, mais parfois aussi, mégalomaniaques, suragités... De nombreuses pathologies infantiles découlent de ces situations de surinvestissement parental, et sont l'envers de la dépression : au fond, elles sont la manifestation du mal-être d'un enfant qui souffre de ne pas être reconnu en tant qu'individu.

Le fils unique a également ceci de particulier qu'il vit dans un monde d'adultes. En quoi cela influe-t-il sur sa personnalité ?

Ce sont des garçons qui « grandissent » plus vite que les autres. Ils sont plus tôt responsabilisés.

Parallèlement, ils ont souvent plus de difficultés à s'intégrer, et ce, dès la maternelle. Certains ont un tel désir de se créer une fratrie qu'ils en deviennent trop généreux, trop gentils, et se font piétiner par les autres enfants ! D'autres à l'inverse, considérés comme des « petits dieux » à la maison, ne peuvent accepter de se retrouver à un niveau d'égalité avec leurs camarades de classe. Exclusifs – et vite exclus ! – ils restent incapables de s'intégrer au groupe, préférant se replier sur la sphère familiale.

Ce qui, bien entendu, complique encore la séparation parent-enfant et, notamment, mère-fils...

Il est évident que pour une mère, la mise en place du processus de séparation d'avec son fils est plus difficile lorsque celui-ci est le seul. C'est normal : on a toujours peur que ce garçon s'ennuie, se sente malheureux, abandonné. Alors plutôt que de sortir dîner en tête à tête avec son mari, ou de renvoyer son fils jouer dans sa chambre, elle préférera jouer aux cartes avec « ses deux hommes », rester à bavarder de longues heures chaque soir avec eux... Parents et enfant se retrouvent ainsi d'égal à égal. Conséquences ? Le jour où l'on voudra le gronder pour telle bêtise ou telle mauvaise note, le garçon ne comprendra pas et se révoltera.

Est-il concrètement possible de permettre à un fils unique de garder, à la maison, un vrai statut d'enfant ?

Bien sûr ! Cela va surtout dépendre de la place qu'on va lui accorder au sein du trio mère-père-enfant. On peut être très attentionné à l'égard de son fils, tout en lui faisant comprendre qu'il y a d'un côté la relation de couple, de l'autre la relation parent-enfant. Chacun, père, mère et enfant, doit rester à sa place.

En quoi la présence de la fratrie facilite-t-elle cette prise de conscience de la distinction des rôles ?

La fratrie permet aux enfants de s'identifier les uns aux autres ; chacun sert de miroir à l'autre. Et cette image qu'il y voit se distingue de façon évidente de celle renvoyée par ses parents. La distinction entre les générations s'impose ainsi d'elle-même.

Vous disiez, précédemment, que ce fils unique était responsabilisé plus tôt que les autres enfants. Pourtant on pourrait croire qu'étant le seul, le « merveilleux », il est plus couvé, donc infantilisé...

C'est en effet l'une des ambiguïtés propres à ce statut d'enfant unique. Mais, encore une fois, tout dépend de la force de l'investissement parental. Vous parlez d'enfant « merveilleux » : aux yeux de qui est-il l'enfant merveilleux ? De la mère ? Dans ce cas, le père doit s'imposer pour rompre la fusion mère-fils. Du père ? À la mère de s'intercaler entre eux. Le problème, c'est lorsqu'il y a une entente inconsciente des deux parents pour ériger ce fils en « petit dieu ». On retrouve alors les risques que nous mentionnions tout à l'heure : violence, hyperactivité, mégalomanie... Et cette douleur pour l'enfant qui est pris entre le désir de rupture avec ses parents et la volonté de prolonger ce sentiment de sécurité que ceux-ci lui apportent.

Au sujet de la famille monoparentale, maintenant : on évoque – et l'on critique ! – beaucoup ces mères qui, après le départ de leur mari, forment un couple avec leur fils unique. Mais est-il réellement possible d'éviter la mise en place d'une telle relation entre eux ?

Je crois que non. Quand la mère est abandonnée par le mari et père, il est presque inévitable que le fils unique devienne, sinon son « petit mari », du moins son confident. Surtout lorsqu'elle est déprimée ; elle n'a pas le goût d'aller chercher un autre homme.

Chacun, mère et fils, peut sembler se satisfaire de cette situation. La mère trouve auprès de son fils soutien et amour ; son fils est dans un rapport privilégié à sa mère et se sent utile auprès d'elle... Sauf que le destin d'une mère n'est pas de vivre avec son fils, ni celui du fils de vivre avec sa mère !

D'autre part, le jour où la mère aura à se comporter en tant que parent auprès de son fils (le punir ou lui donner un ordre), lui ne comprendra pas : de quel droit le ferait-on basculer du statut d'adulte à celui d'enfant ? D'où certaines réactions violentes de la part d'enfants parfois très jeunes...

C'est pour cela que, selon moi, il est absolument nécessaire que ces mères, lorsqu'elles se sentent déprimées, fassent un travail sur elles-mêmes. Une thérapie, même très courte, les aidera à reprendre confiance en elles, et à retrouver la force et le désir de se tourner vers un autre homme. Cela est indispensable à leur bonheur autant qu'à celui de leur fils et de la relation qui les unit. Chacun doit retrouver sa place.

Qu'advient-il de cette relation mère-fils unique au sein de la famille recomposée ?

Contrairement à ce que l'on entend parfois dire, ces familles offrent beaucoup d'avantages dont, justement, celui de recréer de la fratrie et de mettre du père là où il n'y en avait plus. Mais tout dépend de l'attitude de la mère ; encore faut-il qu'elle admette ces autres enfants et les traite de la même façon que le sien. Et surtout, il lui faut laisser le beau-père remplir son rôle auprès de tous ces enfants.

Pas facile, pour un fils unique, de perdre ce statut...

De même que pour l'aîné quand d'autres enfants arrivent dans la famille. On peut tout à fait avoir été fils unique et ne plus l'être, même si cela paraît difficile à vivre dans les premiers temps. C'est le principe même de la frustration : pénible dans l'instant mais utile ensuite, lorsqu'il faut gérer les diverses frustrations imposées par la vie.

Pour conclure, quels conseils donneriez-vous aux mères de fils uniques ?

D'abord de laisser de la place au père ! Ensuite, de socialiser au maximum leur enfant. Le prendre en vacances avec des camarades ou des cousins, l'inscrire dans des activités sportives de groupe, pour lui permettre de vivre pleinement son enfance, c'est-à-dire de la partager avec d'autres enfants. Mais cela, je pense que la plupart des parents le font, plus ou moins sciemment. Ils comprennent bien le risque qu'il y a, pour un enfant unique, de souffrir de solitude. Surtout ceux qui ont eux-mêmes été enfants uniques !

Alexandre et sa mère, Marie-Lys

Alexandre :
« Avec elle, je n'ai manqué de rien. »

Il me donne rendez-vous, un mercredi après-midi, dans un très bel appartement du XVIe arrondissement de Paris : chez ses parents. L'idée ne m'étonne qu'à peine : j'imagine un « Tanguy » de 45 ans, désespérément collé à papa et maman... Il doit s'en douter, puisque à peine installé sur le canapé, il m'explique : « Mon bureau se trouve provisoirement au rez-de-chaussée, mais j'ai pensé que nous serions mieux ici, pour parler. » Alexandre est marié, père de deux enfants, et travaille comme agent commercial indépendant depuis plus de vingt ans. Pendant près d'une heure, il me racontera ses souvenirs de jeunesse avec un plaisir évident. Parce que ce fut une enfance joyeuse. Parce qu'il est dans sa nature d'être ainsi volubile et gai. Mais aussi, je crois, parce que Alexandre est heureux de trouver ici l'occasion de rendre hommage à celle qui l'a aimé et qu'il aime sans nuance. Cette « sainte femme », comme il l'appelle. La seule, l'unique.

*

Mes parents m'ont eu à 34 ans. D'après ce qu'elle m'a dit, ma mère ne pouvait pas avoir d'autre enfant après moi, pour des raisons de santé. J'ai dû lui demander quand j'étais jeune. J'aurais été content d'avoir des frères et sœurs, comme tous les enfants uniques, je crois. Mais j'ai compensé autrement et assez facilement, finalement. Chaque soir, après l'école, j'arrivais à la maison avec des amis ; garçons, filles, un, deux, ou cinq... il y avait toujours de la place pour eux à table. Souvent, aussi, maman organisait des goûters. Puis il y avait les cousins et cousines. Mon père est fils unique, mais tous les frères et sœurs de maman ont plusieurs enfants. Je les retrouvais souvent, le week-end et pendant les vacances. Je faisais également des sports collectifs. En y repensant, je me rends compte que mes parents ont tout fait pour que je ne grandisse pas comme un enfant unique, tout seul, renfermé sur moi-même, isolé. Puis de toute façon, ce n'était pas dans mon caractère ; je suis plutôt ouvert, j'ai besoin de voir du monde. Aujourd'hui encore, j'ai beaucoup d'amis. La plupart, je les connais depuis l'école primaire. Ce sont presque des frères, finalement !

Puis j'ai ma femme. Nous sommes mariés depuis dix ans mais nous nous connaissons depuis l'enfance. Elle sait tout de moi. Elle comprend, par exemple, ce besoin que j'ai de voir mes amis très souvent. Elle sait, aussi, que je suis très indépendant. C'est un autre de mes traits de caractère qui me vient sans doute de mon statut d'enfant unique. Mais cela ne m'empêche pas de m'occuper des autres. Quand on parle du fils unique, on pense immédiatement « égoïste », « qui ne vit que pour lui »... Non, ce n'est pas une vie qui m'irait. Moi, en tant qu'enfant unique, j'ai plutôt toujours été sociable. C'est comme ça depuis tout gamin, comme si, du fait de ma solitude, je m'étais senti, plus qu'un autre, le devoir et l'envie de me tourner vers ceux qui en ont besoin. J'ai par exemple un excellent ami qui est maniaco-dépressif depuis plusieurs années. La plupart de ses proches l'ont laissé tomber. Moi, je l'appelle presque tous les jours, j'essaie de le soutenir... Je ne me sens pas bien avec moi-même si je sais que mes amis sont mal alors que je peux les aider.

Les avantages à être fils unique, quand on est jeune on ne les voit pas vraiment. Au contraire, on regrette de ne pas avoir de frères et sœurs. Puis ça passe, on apprend à vivre sans et à se créer des liens fraternels autrement. Maintenant, quand je vois comment, dans certaines familles nombreuses, les enfants arrivent à se chamailler, lors d'une succession par exemple, je me dis que ce n'est pas plus mal d'être enfant unique. À cet égard, moi, je suis tranquille ! Oui, je crois que mon statut m'évite des relations qui peuvent être douloureuses.

C'est certain que cela représente plus de responsabilités à l'égard de ses parents. Par exemple, mon père s'est fracturé la rotule hier soir. Il a fallu l'emmener à l'hôpital, lui trouver une chaise roulante, des cannes... Tout cela, forcément, c'est à moi de m'en occuper. Quand il y a des frères et sœurs, on peut se partager les tâches. On peut s'épauler, aussi.

En tant que fils unique, j'ai été aimé plus que tout par ma mère. Elle m'a toujours protégé mais non surprotégé. À tel point qu'il y a certains aspects sombres de la réalité que je ne découvre qu'aujourd'hui, concernant la famille par exemple. À l'écouter, tout le monde est beau, tout est magnifique. Puis quand on grandit, on se rend compte que la réalité n'est pas si rose, et qu'il y a aussi des défauts chez celui-ci, chez celui-là... Je ne dis pas qu'elle m'a caché des choses ou menti. Non, ma mère ne voulait voir que le bien en chacun et tenait à me préserver des vicissitudes de la vie, autant qu'elle le pouvait, afin d'avoir un garçon joyeux. C'est tout ce qui lui importe : que son fils souffre le moins possible. L'été dernier encore : mon père a fait un infarctus et a passé quelques jours à l'hôpital. Ma mère ne m'a prévenu que le deuxième jour, pour que je ne m'inquiète pas. Mais je lui ai dit : « Je suis grand, tu sais, je peux encaisser ! » Elle est comme ça. Elle résiste, en silence. Elle prend tout sur elle et refuse de se décharger sur moi. Elle me protège. Elle a deux cancers contre lesquels elle se bat depuis des années de façon admirable. Elle n'en parle jamais. C'est une femme très discrète, qui ne se plaint pas. Au contraire, elle continue de courir à gauche à droite pour aider ceux qui souffrent. C'est une sainte femme. Vraiment.

Elle s'est toujours occupée de moi adorablement. Avec elle, je n'ai manqué de rien, c'est certain. J'ai un souvenir très fort, à ce sujet. J'avais 9 ans. En enlevant le capuchon de mon stylo, en classe, je me suis crevé l'œil gauche : chambre antérieure, cornée et cristallin, l'œil se vidant petit à petit. Tous les médecins disaient mon œil condamné et décidèrent d'énucléer l'œil blessé afin de ne pas perdre l'autre. En attendant l'opération, je suis resté quasi aveugle. Je passais le plus clair de mon temps dans le noir sur ce même canapé, en pensant que je finirais borgne, peut-être même aveugle. Et maman était là, tout le temps présente, à me rassurer, à m'emmener chez les meilleurs médecins... Elle s'est occupée de moi d'une façon tellement admirable... Comme l'aurait fait toute mère, sans doute. Sinon que, ayant une grande foi, ma mère a décidé, un jour, de m'emmener à la Médaille miraculeuse, rue du Bac. Elle m'a dit dans le taxi : « Tu viens faire une prière ici, avec moi, et si jamais ton œil guérit, tu promets que jusqu'à ta majorité tu iras chaque année à Lourdes pour remercier. » J'ai prié avec elle. Quelques jours plus tard, nous sommes retournés voir un grand spécialiste. Celui-là même qui avait soigné le général de Gaulle et qui, quelques semaines plus tôt, avait dit mon œil perdu. Il m'ausculte et, tout à coup, appelle ma mère : « Venez voir, madame ! La cornée et le cristallin se reforment ! C'est inimaginable ! Je n'ai jamais vu ça de ma carrière ! » Jusqu'à mes 18 ans, je suis allé à Lourdes, une fois par an, pour « remercier »... Tout cela, pour vous prouver à quel point ma mère a su se dévouer pour son fils et se battre pour lui envers et contre tout.

Occupée par ses diverses activités bénévoles, elle s'est pourtant toujours montrée très disponible pour son fils. Elle me surveillait, me faisait travailler mes leçons... Mais je n'étais pas couvé ou « gâté pourri » pour autant. Tenez, je me souviens parfaitement d'un jour – je devais avoir 7 ou 8 ans – où elle m'a giflé devant du monde. Je devais avoir fait une grosse bêtise. En tout cas, j'étais rouge de honte ! Oui, elle savait être sévère aussi, quand il le fallait. Elle voulait que je sois un garçon bien, c'est tout. Côté études, je ne sais pas si elle était très ambitieuse pour moi. Je crois qu'elle voulait surtout que je sois heureux. Comme toute mère, elle voulait que son enfant travaille en classe pour avoir une situation plus tard. Normalement, sans me pousser... À l'époque, j'étais, comme je vous l'ai dit, dans un esprit très « bande de copains ». J'étais donc plutôt du genre à en faire le strict minimum ; juste assez pour passer en classe supérieure, ni plus ni moins. D'ailleurs, aujourd'hui, je me dis que si on m'avait un peu plus botté les fesses, j'aurais sans doute eu davantage de diplômes...

Je n'ai pas le souvenir de conflits entre nous. Si... vers 10-11 ans, je crois. Mon père, qui était commercial, voyageait beaucoup et je me souviens que vers cet âge-là, j'agaçais souvent ma mère, exprès. J'étais un peu odieux avec elle. Pourquoi ? Je n'en sais rien. Peut-être que cela m'ennuyait que mon père ne soit pas là. Elle, elle acceptait, parce que j'étais tout jeune et que mes bêtises n'étaient au fond que des bêtises d'enfant sans importance. Cela m'a très vite passé. La relation entre elle et moi a toujours été marquée par un profond respect. Sans accroc. Ah, si ! Il y a eu cette fois où elle a trouvé une boulette de shit dans une de mes poches ! Terrible ! Je ne sais pas quel âge j'avais... C'était à l'époque où je surfais avec mes copains dans le Sud-Ouest. On passait nos vacances sur la plage et il arrivait qu'un pétard circule... Ambiance ado, quoi ! Rien de bien grave. Mais pour ma mère, c'était une catastrophe ! Son seul fils allait devenir le plus grand drogué de la terre ! Je l'ai vite rassurée, lui expliquant que cela ne signifiait rien et que je ne me droguais pas. Avec du recul, et surtout en tant que père, je comprends son inquiétude. On a beau être très tolérant, ce n'est pas si simple de relativiser quand ce sont ses propres enfants qui sont en cause.

Non, je n'ai pas été plus gâté qu'un autre. Mes parents ont toujours su me soutenir, mais avec juste ce qu'il fallait de pression pour que je ne me repose pas sur eux et ne pense pas que tout était acquis. Je n'ai pas été élevé en « petit bourgeois ». Et c'est pourtant ce qui arrive à beaucoup de fils uniques ! C'est d'ailleurs la raison pour laquelle je n'ai pas voulu avoir un seul enfant. Deux, c'est le minimum !

Si mes parents ont toujours eu à cœur de m'apprendre à me battre pour réussir, c'est parce que eux-mêmes sont partis de rien. Mon père a lutté toute sa vie ; né en Alsace, il a déserté le service militaire allemand à 19 ans pour s'engager avec des amis dans le réseau de résistance Mosellane. Ils ont été dénoncés avant d'être envoyés un an à Dachau, en camp de concentration. Mon père fut l'un des rares survivants. Quand, à la Libération, sa mère est venue le chercher sur le quai de la gare, elle ne l'a pas reconnu... Il pesait trente-huit kilos ! Oui, c'est un homme exceptionnel. Une sacrée personnalité...

C'est peut-être pour cela que je n'ai jamais vraiment su lui dire : « Je t'aime. » Il m'a toujours impressionné. Avec maman, en revanche, j'ai facilement des mots tendres. Autant à l'époque où elle était enfant on ne savait pas se dire « Je t'aime », autant entre nous il a toujours été très facile d'exprimer et de montrer ses sentiments. Je me souviens, quand j'étais tout petit et que mon père était en voyage d'affaires, maman me laissait monter sur son lit le soir avant de me coucher et le matin au réveil. Elle me parlait, je me serrais contre elle... Mais rien à voir avec ces mères qu'on entend parfois dire qu'elles passent des nuits avec leur fils ! Nous, non, jamais. C'était juste un gros câlin le soir ou au saut du lit. De la tendresse. Oui, elle m'apportait beaucoup d'affection.

En fait, elle m'a tout apporté. Tout, je lui dois tout. J'ai la chance d'avoir une maman douée d'une grande intuition sur les gens. Son « pifomètre » m'a beaucoup aidé. Par exemple, à 28 ans, quand je lui ai annoncé que je me fiançais, elle m'a dit : « Si c'est ce que tu veux, vas-y, je t'accompagnerai, mais à mon avis, ce n'est pas une femme pour toi. » Elle m'a tout de même soutenu, ainsi que mon père. Et six mois plus tard, cette femme et moi avons rompu d'un commun accord. C'était une personne qui avait de très grandes qualités mais aussi une profonde fragilité. Et aujourd'hui, la vie me fait dire que ma mère n'avait pas tort ; cette femme a épousé l'un de mes amis avec lequel elle a eu une fille... avant de partir avec un autre. Maman sentait déjà que cette femme, aussi adorable fût-elle, était aussi très sensible et prête à tomber vite amoureuse.

J'étais trop « fou-fou » à l'époque pour suivre spontanément l'avis de ma mère. Quand on est jeune, on a ce goût de la rébellion qui empêche d'écouter ses parents. Mais en prenant de la maturité, on réfléchit, on repense à ce que nous disait notre mère. Et l'on se dit : elle avait tellement raison !

Quelques années plus tard, j'ai rencontré celle qui est devenue ma femme et la mère de mes deux enfants. Ou plutôt retrouvé, puisque, enfant, j'étais ami avec son grand frère. Je me dis que j'ai eu beaucoup de chance. En rompant ces fiançailles, j'ai trouvé la femme avec laquelle je suis pleinement heureux depuis dix ans. Elle et ma mère s'entendent très bien. Ma mère est une femme dynamique et très présente pour moi, mais effacée vis-à-vis de son fils marié. Je vois tellement de copains dont la mère ou la belle-mère veulent s'immiscer dans leur couple ! Ma mère, me sachant heureux avec ma femme, reste toujours très discrète. Si j'ai besoin d'elle, elle sait être là, mais en aucun cas elle ne cherche à s'imposer. Bien sûr, comme dans toute relation, il a fallu que les deux femmes apprennent à se connaître un peu. Il y a eu quelques accrocs, concernant la robe de mariée par exemple ; ma mère la trouvait trop échancrée... Le genre d'histoires qui ne sont que des détails, pour nous les hommes... Mais comme ce sont deux femmes intelligentes, elles se sont vite entendues. Aujourd'hui, elles peuvent compter l'une sur l'autre.

Tout de même, je pense que quand ma mère a vu son fils unique partir, cela a dû lui coûter beaucoup. Sans être possessive, elle s'était habituée à m'avoir sous son toit. C'est normal ; je n'en suis parti qu'à 28 ans. Pourquoi si tard ? Parce que je n'avais pas de raison de partir avant ! Je m'entendais bien avec mes parents, ils me laissaient une entière liberté tout en s'occupant de moi ; mes amis étaient toujours les bienvenus à toute heure... J'étais plutôt bien loti ! D'ailleurs, je dois avouer un défaut qui fait de moi un vrai fils unique au sens caricatural du terme : je suis loin d'être un champion des corvées ménagères ! Je n'ai jamais levé le petit doigt pour desservir, faire le ménage ou la lessive... Mais quand je suis disponible, je sais m'occuper de mes enfants ainsi que de ma femme. Heureusement, j'ai la chance d'avoir une épouse remarquable, et une nounou qui l'aide. Je sais, je pourrais faire quelques efforts encore, mais comme j'ai eu une maman qui a toujours fait ces choses-là pour moi...

Je n'ai jamais été séparé bien longtemps de mes parents sauf deux fois : quand j'étais petit, ma mère a eu des problèmes de santé et c'est une tante qui m'a gardé pendant plusieurs semaines. J'ai peu de souvenirs de cette période sinon que je souffrais de ne pas la voir. Ensuite, et pour les mêmes raisons, j'ai été en pensionnat pendant mes trois années de lycée. Là, c'étaient des années plutôt sympas, même si, bien sûr, je m'inquiétais beaucoup pour ma mère.

Parfois, il m'arrive de penser au jour où ils ne seront plus là. J'ai beaucoup de mal à accepter de voir mes parents vieillir. Je me dis que, quand ils partiront, eh bien... je ressentirai un vide immense. Être enfant unique a cet autre inconvénient, c'est vrai. Même s'il y a ma femme et mes amis, je n'aurai personne avec qui évoquer les souvenirs d'enfance et tous les bons moments passés en famille. Mon père, je l'ai toujours vu puissant et fort. Le voir s'affaiblir me coûte beaucoup.

Quant à ma mère... j'ai un amour et un respect gigantesques pour elle. Parce qu'elle m'a tout donné : de l'affection pour apprendre à aimer, des leçons de courage et de générosité, de la force pour m'armer et progresser... Parce que c'est une femme qui a essayé de tout faire pour que son seul fils mène une vie heureuse. Et puis parce que c'est une maman, tout simplement. Et qu'une maman, c'est inestimable.

Marie-Lys :
« Une mère doit se préparer longtemps à l'avance au mariage de son fils. Car c'est un arrachement, malgré tout. »

Au fur et à mesure de ces entretiens, les mères se sont toujours montrées les premières enthousiasmées et loquaces tandis que les fils étaient d'abord plus rétifs à l'idée de se replonger ainsi dans le passé et dans l'intimité de ce lien. Le cas de cette famille est l'exception qui confirme la règle ; c'est Alexandre qui devra convaincre sa mère de me rencontrer. Elle craint de ne rien avoir à dire « d'exceptionnel ». Elle s'excuse presque d'avoir fait ce qu'elle a pu ; d'autres ont sans doute fait mieux qu'elle... Je la rassure : c'est ce que pensent toutes les mères.

Quelques jours après son fils, elle me reçoit finalement. Son mari est là, lui aussi. Habituellement, je tiens à ce que ces entretiens se déroulent en tête-à-tête pour éviter que la présence d'un tiers et proche empêche les confidences. Mais, nouvelle exception à la règle, Armand restera là, avec nous. La première raison, c'est son genou blessé ; je ne m'imagine pas lui demander de se lever de ce canapé trop bas, ni même l'y laisser seul une heure pour entraîner sa femme dans une autre pièce... Mais je ne le regretterai pas : d'abord parce que, par ses interventions, Armand donne une illustration de l'analyse faite par le pédopsychiatre Patrick Delaroche sur la fonction du père auprès du fils unique et de sa mère. Ensuite parce que sa présence et ses remarques seront un soutien évident pour la mère d'Alexandre. Trop pudique et modeste, sans lui elle n'en aurait sans doute pas tant dit. Dernière raison : ce père fut lui-même fils unique. En nous écoutant parler de mère et de fils unique, ce sont ses propres souvenirs d'enfant qui ont refait surface. Et c'est un homme charismatique de 79 ans qui se montre soudain heureux et ému de pouvoir évoquer une mère disparue depuis longtemps déjà. Une « maman », comme il l'appelle encore, et que son fils Alexandre aurait sans doute nommée « une sainte femme ».

*

Marie-Lys : – Nous nous sommes mariés en 1953. Pendant cinq ans, je n'ai pas pu avoir d'enfant à cause de différentes maladies. Mon frère disait en plaisantant : « Ma sœur est stérile ! » Puis Alexandre est arrivé. Ça a été une joie immense. Le grand bonheur. Un garçon ! La naissance d'un fils est une chose exceptionnelle pour une mère... Pour moi, en tous les cas, c'était merveilleux. Car sans vouloir être antiféministe, il me semble que l'homme est le chef et que la femme doit s'efforcer d'en être le complément... Enfin, un garçon est un garçon. Un homme. Et j'étais heureuse.

Mes problèmes de santé m'empêchaient d'avoir d'autres enfants. Alexandre réclamait souvent un petit frère ou une petite sœur. Nous avons pallié ce manque en l'entourant d'enfants. Il y avait son cousin, notamment, qui avait son âge. Ils s'entendaient comme deux frères. Ils se voyaient souvent à la maison, le week-end, et pendant les vacances. Puis il y avait mes trois nièces orphelines. Elles passaient tous les étés avec nous ainsi que certains week-ends. Sans parler de tous les amis d'Alexandre ; c'était un enfant très sociable.

Armand : – Aujourd'hui encore, c'est fou le nombre d'amis qu'il peut avoir !

– Il a un grand besoin de communiquer.

– Mais à ce point, c'est ahurissant ! Il suffit de voir sa consommation téléphonique. Chez son opérateur, on lui a dit qu'il était sans doute la personne en France qui passe et reçoit le plus d'appels. Il y a les appels professionnels, bien sûr, mais aussi combien d'amis !

– C'est vrai. En y réfléchissant, je me dis que, peut-être, c'était une façon de se créer une sorte de fratrie qu'il n'a pas eue. Puis c'est son caractère ; il est très extraverti.

– Et il cherche toujours à rendre service à ses proches.

– Donc, vous voyez : c'est l'enfant unique, mais les événements et sa personnalité ont fait qu'il n'a pas souvent été seul. Bien sûr, nous avions aussi des moments à trois, en famille. Peu en vacances, car il y avait toujours d'autres enfants ; mais à la maison, au quotidien... même si la porte était toujours ouverte aux amis.

– Il faut aussi reconnaître que moi, j'étais souvent absent à cause de mon travail. Il était donc davantage seul avec sa mère. Avec son père, c'était le téléphone... Oui, déjà ce fameux téléphone ! Peut-être est-ce moi qui lui ai « donné le virus » !

– C'est vrai que mon mari était souvent en déplacement. Mais cela ne l'a pas empêché de développer une vraie complicité avec son fils. Tout en le respectant, Alexandre était très proche de son père. J'aimais beaucoup les voir ensemble. Je me souviens de nos vacances. Tous les étés, nous allions au bord de la mer sur la côte basque. Je nous revois avec Alexandre, faire des châteaux de sable sur la plage, rire et nager dans les vagues...

– Et moi qui le faisais voler au ciel. Je le jetais en l'air et il riait ! C'était fabuleux !

– On fait une réputation terrible au fils unique. On le dit capricieux, gâté... Mais lui n'est pas comme cela. Jamais il ne l'a été. Je crois que c'est aussi parce que son enfance n'a pas été simple. J'ai été plusieurs fois hospitalisée, pour cause d'hépatites et de cancer. Alexandre était enfant, mais il était conscient de ce qui m'arrivait. Et cela l'a marqué. Oui, je pense qu'il a beaucoup souffert de mes maladies... Il a également été pensionnaire. Encore un éloignement qu'il a mal vécu, je sais. Il me confiait : « De ma chambre, je regarde la lune. Je pense : maman voit la même lune que moi, mais maman n'est pas là. » Il m'écrivait souvent, des lettres charmantes et dans lesquelles il m'expliquait que je lui manquais beaucoup. Mais il se rassurait : « Le week-end prochain, je serai avec toi. » Il avait hâte. Nous avions une relation très affectueuse. Des conflits ? Je ne crois pas qu'il y en ait vraiment eu entre lui et moi. Tu te souviens de conflits ?

– Non... Bien sûr, il a toujours eu une personnalité assez marquée. Du coup, il est arrivé, et il arrive encore, que nous ayons des « frottements » lui et moi.

Nous ne pouvons pas être d'accord sur tout, c'est normal. Mais au fond, je sens bien que ce garçon m'aime énormément... comme moi. Mon amour pour lui est sans bornes. Les rares désaccords que nous pouvons avoir parfois sont très vite oubliés. Mais entre sa mère et lui... non, je n'ai pas le souvenir de conflits... Si ! Souvent, il te reprochait de trop t'occuper des autres et pas assez de lui.

– Et il avait raison ; voilà une erreur que j'ai commise en tant que mère. J'avais tendance à m'occuper un peu trop des autres parfois. Peut-être Alexandre aurait-il voulu m'avoir davantage « pour lui »... C'est si difficile d'être parent ! La bonne éducation se résume en deux mots, selon moi : tendresse et fermeté. Il s'agit de trouver un juste équilibre entre les deux, ce qui n'est pas simple... La tendresse, je crois lui en avoir toujours apporté. Mais suffisamment ? Je ne sais pas. Je doute... On n'est jamais parfaite. Il y a toujours des manques dans l'éducation apportée. Je trouve que l'on devrait dispenser des cours sur l'éducation des enfants, à l'école. Pas longtemps, juste quelques mois de stage, au cours desquels on apprendrait aux femmes et aux hommes les règles de base pour être un bon parent. Cela éviterait qu'en devenant mère ou père, on se sente un peu désarçonné et que l'on fasse certaines erreurs. Parfois, on est trop tendre, d'autres fois trop dur. Quelquefois aussi, on est injuste. Et cela, c'est terrible, surtout que l'on ne s'en rend compte que plus tard. J'ai un souvenir qui me revient, à ce propos. Nous étions en vacances. Alexandre devait avoir 8 ou 9 ans. Lui et son cousin s'étaient amusés à peindre les saignées des pins. Quelques minutes plus tard, le résinier est arrivé chez nous, fou de rage ! Et là, j'ai fait une grosse bêtise : j'en ai parlé à mon mari.

– C'est la seule fois de ma vie où j'ai levé la main sur mon fils...

– Je m'en suis beaucoup voulu ; j'aurais dû régler le problème seule. Alexandre a été très choqué par la réaction de son père... Mon mari était un peu sévère parfois, à mon avis. Moi ? Je ne sais pas...

– Tu l'as beaucoup aidé et soutenu dans son parcours scolaire. Tu lui faisais réciter ses leçons tous les jours.

– C'est vrai. Nous l'exhortions à réussir ses études, comme tout parent. Mais sans, je pense, exercer de pression particulière sur lui, n'est-ce pas Armand ?

– Tout à fait. Le but était qu'il trouve une bonne situation.

– Je ne crois pas avoir été une mère trop protectrice ou étouffante. Ainsi, même lorsque Alexandre a voulu épouser sa première fiancée, je l'ai soutenu malgré l'opinion que j'avais sur cette relation.

– Tu as beaucoup souffert de cette histoire. Moi aussi, d'ailleurs...

– Oui, je suis allée à ses fiançailles comme à un deuil ! Mais cela, Alexandre ne l'a su que bien plus tard. Il ne s'en était pas aperçu. Je n'avais surtout pas voulu le montrer pendant la cérémonie.

– C'était affreux !

– Mais c'était son choix ! Ce n'est pas à la mère de choisir la femme de son fils ! Elle peut donner son avis, bien sûr. Et c'est ce que j'ai fait, une seule fois. Le jour où il m'a annoncé ses fiançailles, je lui ai clairement dit ce que j'en pensais, mais en ajoutant bien :

« C'est ta vie ; à toi de décider seul. » Puis nous n'en avons plus reparlé. D'abord parce que cela lui aurait déplu. Ensuite, parce que j'aurais été une mère abusive. C'était à lui de se rendre compte, seul, de la situation. C'est d'ailleurs ce qui est arrivé. Depuis, il a trouvé une femme charmante. Il a choisi la femme qu'il aimait et je suis heureuse. Ils sont aussi gentils l'un que l'autre, ils se complètent bien.

– Et leur ménage marche, c'est le plus important !

– Aujourd'hui, je m'efface. Il ne faut pas être trop présente. Surtout pas. Souvent, je dis à mon mari : « Non, ne leur téléphone pas, laisse-les tranquilles ! »

– Le week-end, nous n'avons pas toujours de leurs nouvelles...

– C'est bien normal ! Il a sa famille. J'ai d'ailleurs été très surprise lorsque j'ai découvert comment Alexandre s'occupait de ses enfants. Moi qui ne lui avais jamais donné la moindre notion sur l'éducation des bébés, je l'ai vu s'occuper de son fils, puis de sa fille d'une façon admirable. Il langeait, faisait leur toilette, donnait le biberon...

– Il fait les courses aussi ! Enfin, quand il peut, car il a beaucoup de travail.

– Alexandre est avant tout un garçon très travailleur. Il a des défauts, bien sûr, comme tout le monde, mais je le vois surtout comme un garçon volontaire, doué d'une vraie personnalité...

– Très généreux également, et d'une grande sensibilité, fin psychologue. Il le tient de toi, cela.

« Quand je ne vous aurai plus, ce sera épouvantable pour moi », voilà ce qu'Alexandre nous a récemment dit, tu te souviens, Marie-Lys ?

– Je ne veux pas qu'il dise cela ! Il ne faut pas. Il a sa vie, sa famille, ses enfants...

– Bien sûr, il le sait. Mais voilà : il est très attaché à nous...

– Le jour de son mariage a été merveilleux. C'est là, je pense, qu'il m'est apparu pour la première fois comme un homme : il savait ce qu'il voulait. Il faisait un bon choix. C'était un homme, un adulte. J'étais très heureuse. N'est-ce pas Armand ?

– Oh, oui ! Nous étions très contents.

– Je crois qu'une mère doit se préparer longtemps à l'avance à ce jour. Car c'est un arrachement malgré tout. Il est écrit : « Tu quitteras ton père et ta mère pour suivre ta femme. » Je m'y étais préparée. Donc, j'étais heureuse. Au contraire, je me souviens de ma belle-mère qui, le jour de notre mariage, s'était effondrée en larmes. À l'époque, je ne comprenais pas, d'autant que nous nous entendions très bien, elle et moi. Seulement c'était un déchirement pour elle que de se séparer de son fils... unique ! Elle était une mère exceptionnelle.

– J'ai été élevé dans la tendresse de cette mère et sous la protection de mon père. Un homme dur, beaucoup plus autoritaire que moi, c'est certain. J'étais enfant unique, mais tout aussi sociable et tourné vers les autres que mon fils. Je n'étais pas renfermé sur moi-même. Pour revenir à ma mère, je voulais simplement vous raconter... en camp de concentration, j'ai réussi à faire passer un mot à ma mère : « Ne t'inquiète pas, ton fils unique reviendra. » Peu avant la Libération, je pesais moins de quarante kilos, j'avais le typhus... Je souffrais trop pour ne pas vouloir me laisser mourir.

Mais j'ai lutté à mort, en pensant à la promesse que j'avais faite. Je devais survivre pour maman. Voyez, sans cette promesse, je ne serais pas là aujourd'hui... Sans ma mère, nous ne parlerions pas d'Alexandre !

Fiona Gélin et son fils, Milan

Fiona Gélin : « Il fait partie de moi, il est mon “petit bout”, mon “toujours”. »

« Parler de mon fils ? Oui, alors ! Il est la chose la plus importante au monde ! » Le ton est donné. Spontanée, gaie, « franc du collier » comme elle se décrit elle-même, Fiona Gélin a cet air éternel de petite fille. Une fille définitivement pleine d'amour pour son père, Daniel Gélin, mais aussi – ce que l'on sait moins – pour son fils unique Milan, né il y a quatorze ans, de parents qui n'ont jamais vécu ensemble. À l'époque où je la joins, Fiona prépare son déménagement à Paris, finit une pièce de théâtre à Bruxelles, s'apprête à reprendre un rôle dans une autre comédie à Paris... Et, finalement, trouve une heure à m'accorder, un dimanche après-midi, pour me livrer la déclaration d'amour d'une mère à son fils.

*

La relation que j'ai avec Milan est de la même veine que celle que j'avais avec mon père : totalement fusionnelle, passionnelle, il est mon moteur, ma pile. Il est tout, c'est *mon* tout.

Cela tient sans doute aux conditions de sa naissance. Au fait qu'il était un « accident » et que je l'ai gardé. Milan n'est pas un enfant de l'amour, loin de là. J'ai rencontré un homme, notre relation a duré dix jours. Deux mois plus tard, j'apprenais que j'étais enceinte de lui. Je l'ai appelé : « Voilà, je suis enceinte, est-ce que tu as envie d'être père ou pas ? » À l'époque, il me paraissait vraiment important qu'un enfant ait son père. Il a accepté, il était ravi. Mais j'ai tout de même vécu la grossesse toute seule, dans mon appartement. Puis, au huitième mois, le père m'a demandé de revenir vivre chez lui. On a fait un court bout de chemin ensemble, on a tenté... Très vite, ça n'a pas marché.

Je ne crois pas m'être sentie aussi comblée dans ma vie que pendant la grossesse. J'étais heureuse. Dès la première échographie, j'ai su que c'était un garçon. Mais cela m'était égal. Tout ce qui m'importait était d'avoir un enfant. Aussi loin que je me souvienne, j'avais toujours eu envie et hâte d'être maman. Je suis extrêmement maternelle. Avoir un seul enfant n'était pas mon souhait. Ce sont les circonstances qui ont voulu cela. J'adore les enfants. Quand les choses ne vont pas très bien, il me suffit de regarder le visage, le regard d'un môme pour oublier mes soucis. En ce moment je suis très occupée, mais dès que j'ai un moment, je fais un bébé. Amoureusement, cette fois. J'ai envie de savoir ce que c'est que de faire un enfant à deux.

La naissance de Milan ? Comme une lettre à la poste ! Ça s'est passé tout simplement, en famille. On a célébré ça au champagne, tous réunis autour de lui... La fête !

Milan vit chez son père depuis 1996, date à laquelle

je suis tombée malade. Mais ce qui m'a sauvée... ce qui *nous* a sauvés, c'est que je l'ai élevé pendant les six premières années de sa vie. Dieu merci ! Milan m'a suivie partout, du moment où il est né jusqu'à ses 6 ans. Bébé, je le portais en kangourou, sur tous les tournages, dans tous mes déplacements. Quand on me voyait arriver, c'était : « Fiona et Milan »... Il ne sait pas ce que c'est qu'une baby-sitter ou une nourrice. Je suis de celles qui pensent que ce n'est pas parce qu'on a un enfant que le monde s'arrête, bien au contraire. J'estime que c'est un moteur supplémentaire. Cela donne évidemment de la responsabilité, mais quand j'en entends certains dire : « Un enfant rend la vie plus compliquée », ça m'énerve. Je pense tout au contraire que ça aide à vivre. Moi, en tout cas, ça m'a sauvée.

J'ai choisi de l'appeler Milan, d'une part parce qu'à l'époque j'avais été touchée par la lecture de *L'Insoutenable Légèreté de l'être*, le roman de Milan Kundera. Et d'autre part parce que j'aime les prénoms étrangers, ceux qui ont un sens caché. J'aime l'idée que, quand on rencontre quelqu'un, il faut en baver pour arriver jusqu'à lui, le comprendre, le connaître vraiment... Puis, quand j'étais enceinte, j'ai reçu une carte postale de maman, et sur la liste de prénoms qu'elle m'envoyait, il y avait celui-là. Enfin, « Milan », ça sonne bien : c'est doux et tendre. Et c'est slave : j'aime beaucoup les gens de l'Est.

Je n'avais aucune idée de la mère que je voulais être. Je marche à l'instinct, je grandis et je mûris sur le terrain. Aujourd'hui, je ne peux pas davantage parler de la mère que je suis. C'est à lui de le dire. Mais vu la façon dont il m'aime, je crois que je suis une mère plutôt « top » ! Je pense que je suis une « maman-tout », comme mon père était, avec moi, un « papa-tout ». Quand papa m'appelait, c'était : « Ma princesse, mon soleil, je t'aime. » Moi, je l'appelais constamment, tous les jours. Tellement que, quand il est parti, je continuais à lui téléphoner... Milan, c'est la même chose : il m'appelle plusieurs fois par jour, il m'envoie des textos, me laisse des messages pleins d'amour sur mon répondeur, chaque fois c'est : « Maman, je t'aime. » Il est très tendre. En ce moment, je suis à Genève et quand on s'appelle, souvent il pleure. C'est fort, fort, tellement fort ! Ça a toujours été comme ça entre nous et ça ne s'arrange pas avec le temps ! Bien qu'il ait des petites copines, je reste « la femme qu'il aime le plus au monde » !

Mais je ne veux plus l'appeler quand ça ne va pas. Longtemps j'ai été plus fragile que lui. Donc quand on se voyait, il m'arrivait de craquer. Jusqu'à ce que Milan me dise : « Maman, je ne veux plus de ça ! Je ne veux plus te voir pleurer ! » Je me souviens d'une crise qu'il a piquée, dans un ascenseur, parce que je disais : « Je suis nulle, je n'arrive à rien... » Ce jour-là, j'ai compris qu'il ne fallait surtout pas que je me dénigre aux yeux de mon fils. Du coup, c'est sans doute grâce à lui que j'ai appris à me reconsidérer. Il m'arrive de le lui rappeler : « Tu te souviens ? Tu m'as dit que tu ne voulais plus m'entendre pleurer. Eh bien, je ne pleure plus. »

J'ai fait des erreurs, en tant que mère. Comme papa en a fait avec moi. Il a été mon confident, et moi sa confidente. Souvent, avec Milan, on reproduit le même schéma. Il est sans doute la personne qui me connaît le mieux. D'abord parce qu'il était très proche de mon père, il l'adorait. Et comme je suis le sosie de papa... Puis parce que je lui ai toujours parlé comme à un adulte. Je lui dis tout. Je sais que ce n'est pas toujours bien, mais c'est difficile de l'éviter. Je reste une hypersensible...

Je pense que ma plus grande faute, en tant que mère, a été de replonger dans la drogue, malgré son existence. C'était il y a presque dix ans, mais je m'en veux encore aujourd'hui. La drogue et le mal de vivre. Quand je suis tombée en dépression et que je suis entrée en hôpital psychiatrique, c'est le père qui a récupéré la garde. Quand on est dans ce genre d'établissement, en camisole, nécessairement... Je n'ai pas pu voir Milan pendant deux ou trois mois ; il avait 7 ans environ. Ensuite, il avait droit à une visite d'une heure par semaine, accompagné. Cela a duré trois ou six mois, je ne sais plus... J'essaie de ne plus y penser.

Mais bizarrement, je crois que cette période de notre vie a rendu notre relation plus forte encore, parce qu'on a eu une très belle correspondance. Son talent pour la poésie lui vient certainement de là. Il s'est mis à m'écrire des quantités de poèmes. Son amour s'est intensifié du fait qu'il me savait fragile, malade... et enfermée. Milan a tout su de ma situation, de mon passé, son père le lui répétait assez... Peu importe. De toute façon, plus il dit d'horreurs sur moi, plus mon petit m'aime et veut me protéger... Je ne culpabilise pas vraiment, parce que j'estime que j'avais une fragilité et que j'étais malade : donc je n'y pouvais rien. Si je me suis détruite, c'est parce que j'étais malheureuse, et non pour faire du mal aux autres. Surtout pas à mon fils.

Milan m'a aidée à ne pas me tuer. Je pense que, d'une certaine façon, il a toujours été « mon petit bonhomme qui me protège », mon étoile. Quand je n'allais pas bien, je me disais : « Il y a Milan. » Pendant toute cette période, je me suis détruite parce que j'étais trop fragile. Mais si je suis toujours là et si ces sales années ne se voient plus sur moi, c'est que, quelque part, quelque chose me retenait en vie. Ce quelque chose, c'était en grande partie Milan.

De son côté, je crois qu'avoir une mère comme moi lui a permis de développer une sensibilité énorme. Il est le psychologue de sa bande ! Des copines l'appellent à toutes les heures quand elles ont besoin de parler à quelqu'un. Il joue les médiateurs, il arrange des coups, il donne des conseils... Il est toujours là pour écouter ceux qui vont mal. Ça, c'est très « moi ».

J'aurai au moins réussi ça ! Oui, sur ce point, il me ressemble : il a la sensibilité et la gentillesse des Gélin. J'ai voulu lui inculquer les choses qui me semblent primordiales dans la vie : ne jamais juger, être toujours aimable avec les gens. Puis apprendre à être heureux dans la dèche comme dans la richesse. Avec moi, il a connu les deux. Je lui ai aussi transmis le sens de la famille. C'est essentiel pour moi : rester accroché à ses racines, fidèle à ses origines.

Mes relations avec son père sont très difficiles. C'est ce qui m'empêche de voir Milan autant que je le voudrais. Mais j'ai fait en sorte de ne jamais habiter trop loin de chez lui. Je l'ai toujours vu au moins un weekend sur deux et pendant les vacances scolaires. Nos retrouvailles sont sans doute nos meilleurs souvenirs. Et particulièrement mes premières vacances seule avec lui aux Maldives. C'était il y a six ans environ, on ne s'était pas vus depuis quelque temps. Ça, je le referai : il y a deux ou trois pays que je voudrais visiter et dans lesquels j'emmènerai mon fils. On partira tous les deux, on se fera un safari, un *road movie* à travers les États-Unis... Il y a des voyages qui enrichissent l'âme et je les ferai avec mon fils... Pourquoi ? Parce que quand on aime quelqu'un, c'est magnifique de voyager ensemble. De se créer des souvenirs à deux.

D'ici là, j'espère continuer à beaucoup travailler, pour pouvoir me payer une grande maison où Milan puisse venir régulièrement. Je me souviens que quand il était petit, il fabriquait de grandes maisons dans lesquelles il mettait des petites maisons « maman »... À moi, maintenant, de construire ces maisons... Et de vivre le plus longtemps possible pour y voir grandir ses enfants. J'aimerais être grand-mère.

Quand je repense à mes années de galère, je me dis : « Heureusement que j'avais un fils et pas une fille ! » Une fille n'aurait pas pu s'en sortir face à moi, mais lui, en tant que garçon, il a su me protéger. Il s'est adapté à mon côté « petite fille ». Il en est devenu limite macho ! Quand il arrive à la maison, attention ! C'est l'homme ! Ça, d'ailleurs, il va falloir que ça change. Je lui dis souvent : « Faut se calmer ! T'es pas le chef, ici ! » Ce n'est pas parce qu'il a 14 ans qu'il ne peut pas se prendre une paire de gifles ! Je suis aussi très « maman ». Surtout depuis la mort de papa. J'ai mûri d'un coup. Avant, j'étais surtout timide, fragile. Aujourd'hui, je m'affirme. Milan en est le premier étonné. Mais il est ravi de mon changement. Il m'a vu grandir... On a grandi ensemble.

C'est cet été que, pour la première fois, je me suis rendu compte que Milan était devenu un jeune homme : il regarde les filles, il prend des douches plusieurs fois par jour, il se met du gel dans les cheveux... C'est un homme ! Je pense que ce sera un type formidable avec les femmes. Attentif, doux... Il ne drague pas tellement devant moi, mais je vois bien qu'il est très « gentleman » avec les filles. Je suis fière ! Aimer follement son enfant n'empêche pas de vouloir son bonheur avec les filles. Bien au contraire.

Milan vient d'avoir 14 ans, il entre dans la période de l'adolescence : c'est maintenant que le travail de mère va être important. Mais je n'ai pas d'inquiétude. Je suis convaincue que cela va bien se passer. Parce que contrairement à tous ces ados que l'on voit en conflit avec leurs parents, Milan est toujours heureux de me voir. Il me l'a encore dit le jour de son anniversaire : « Bientôt, je serai en âge de décider. On se verra davantage. » J'attends ça avec ferveur... Il est content quand je vais le chercher après ses cours. Il est fier de moi. De mon côté, je suis dans une période faste de ma vie ; je suis heureuse, je travaille, je vis avec un homme très sain et très pur, qui s'entend à merveille avec Milan... Non, je ne vois pas pourquoi son adolescence se passerait mal. Puis il ne faut jamais penser aux soucis, sinon ils frappent.

En revanche, il va falloir qu'il apprenne la rigueur dans le travail. Milan est un boute-en-train, il travaille léger. Mais sur ce point, je peux compter sur son père. Il est très exigeant avec lui. Quant à moi, je ferai tout pour qu'il continue à bien se comporter, à être gentil avec les gens, avec les filles. La seule chose qui m'effraie, éventuellement, c'est qu'il tombe sur une conne ! Ce serait dramatique ! Je suis bien placée pour savoir que dans une telle situation la parole des parents ne sert à rien. On fonce, sans écouter personne, convaincu d'avoir raison. Mais après...

Être une bonne mère, selon moi, c'est aller dans le sens de son enfant et, s'il a des rêves, l'aider à les réaliser. À un moment, Milan voulait être footballeur, puis comédien. Je pense qu'il pourrait faire un grand comédien parce que c'est un sensible et un grand timide. Et quand je lui demande de me donner la réplique, il le fait de manière incroyablement juste. Il a vraiment le truc. Mais lui a décidé qu'il serait avocat. Dans tous les cas, il sera dans un rôle d'orateur.

S'il arrivait quelque chose à Milan, je ne vois pas comment je m'en remettrais. L'homme de ma vie, c'est mon mari. Mais lui, Milan, c'est mon fils, ma veine, mon sang. Il fait partie de moi, il est mon « petit bout », mon « toujours ». Celui qui, en me faisant mère, m'a offert le plus beau cadeau au monde. On le dit souvent, mais c'est tellement vrai... La preuve : c'est parce qu'il y a des mères et des fils que la terre se remplit. Tout simplement.

Milan : « Si elle est heureuse, alors je suis heureux. »

Je pensais commencer par un premier contact par téléphone avant un entretien de visu. *Mais le garçon qui me répond avait déjà été prévenu par sa mère : il est prêt à parler. C'est donc par téléphone, pendant près d'une heure, que je l'écoute me « raconter » sa vie de fils de Fiona Gélin. À 14 ans, Milan m'étonne par sa maturité : il pèse ses mots, se reprend, précise, corrige... Il écoute attentivement toutes mes questions, avec le souci de ne pas trop ou mal répondre, mais sans rien perdre de son naturel d'adolescent.*

Je le rencontre quelques semaines plus tard, chez sa mère. Un beau garçon brun aux yeux immenses. Dans son air à la fois timide et gai, je retrouve ce même mélange de sagesse et d'enfance que j'avais perçu dans sa voix. Je lui tends la retranscription de son témoignage, lui propose une lecture. Il disparaît de nouveau dans sa chambre. Quelques minutes plus tard, il déposera devant moi, sans rien dire, le texte proprement corrigé. Je m'étonne qu'il ne me fasse aucune remarque : « Cela te convient ? – Oui, c'est très bien. » L'ado n'a pas envie d'épiloguer. Puis, comme il doit sans doute le penser, tout a déjà été dit.

*

J'ai vraiment une mère très cool. Une mère à laquelle je peux tout dire. On s'entend bien, elle et moi. C'est comme une amie. Non... En fait, je ne la considère pas comme une amie, mais avant tout comme une mère. Ça veut dire qu'elle m'aime et qu'elle s'occupe de moi comme une mère. Puis, quand je fais des bêtises, elle est là pour me dire que ce n'est pas bien. Elle sait m'engueuler. Pas souvent, mais juste quand il faut.

Je dis qu'elle est cool parce que, par exemple, quand j'invite des copains à la maison, elle n'est pas du genre à refuser ou à faire la tête. Non, elle est toujours sympa avec mes copains. Elle vient les voir, leur parle, les écoute, leur donne même des conseils quand ils en ont besoin. Tous mes amis la trouvent vraiment gentille... Et très belle aussi. Ma mère, elle est souvent en train de dire : « Je suis moche », « Je suis nulle » ou des trucs comme ça. Alors que mes amis, eux, disent tout l'inverse. Ils disent qu'elle ne fait pas son âge. Je suis d'accord ! Je ne dis pas ça parce que c'est ma mère, mais parce que c'est vrai. Elle est lumineuse, elle est gaie, elle a très bon goût, elle a un super style...

Ça me fait même bizarre quelquefois de voir que des amis de mon âge parlent autant avec ma mère. Peut-être que s'ils sont comme ça avec elle, c'est aussi parce qu'elle est connue... Quand je dis que ça me fait bizarre, c'est parce qu'avec les autres parents, ça ne se passe pas comme ça : eux, c'est juste « bonjour », « au revoir ». Je n'en connais pas d'autres qui seraient là pour s'intéresser autant aux fréquentations de leur enfant. Ça me fait très plaisir qu'elle soit comme ça, ma mère. Ça me rassure, en fait. Oui, c'est rassurant de savoir que je peux recevoir mes amis sans avoir à m'inquiéter de sa réaction. Ça prouve aussi qu'elle me fait confiance.

Ma mère est moins autoritaire que les autres parents. Elle est plus « copine ». Je lui dis tout, sans exception. Je n'ai pas le moindre secret pour elle. Qu'il s'agisse de mes bêtises, de mes erreurs ou des bonnes choses, elle sait tout. Elle est ma confidente. Même pour mes histoires de cœur. Je crois que ça lui fait plaisir, parce qu'elle sait que c'est un privilège qu'elle a par rapport aux autres mères. Et par rapport à mon père. Lui aussi, parfois, il me parle de sa vie, de sa copine, de son boulot. Mais ce n'est pas réciproque. Je ne sais pas lui parler de choses intimes. J'ai toujours beaucoup plus parlé à ma mère, mais particulièrement depuis que mon grand-père est parti. Avant, c'était d'abord avec lui que je parlais. Maintenant, c'est à sa fille...

Avec ma mère, on rigole, on discute de tout, de la vie, de sa vie, de mes cours, de son travail ; elle m'aide aussi pour mes devoirs. On est toujours bien ensemble. Mon père, lui, est très autoritaire surtout par rapport à l'école. Ce qui n'est pas mal non plus... Mais ce n'est pas la même relation : lui, c'est la rigueur, la loi, les ordres... Un peu trop parfois, à mon goût !

C'est pas la joie, entre lui et ma mère, alors j'évite de parler de lui quand je suis avec elle, et inversement... C'est assez difficile parce que je suis toujours au milieu, c'est moi qui dois faire passer les messages. J'aimerais qu'ils s'entendent bien. Pas qu'ils se remettent ensemble parce que je sais que ça ne marcherait pas. Non, juste qu'ils s'entendent bien. Ce serait beaucoup plus facile pour moi. Mon père pense que ma mère n'est pas assez autoritaire avec moi, et que si je vais vivre chez elle, je ne travaillerai plus à l'école. Ça me fait mal quand j'entends ça... Moi, je prends tout de suite la défense de ma mère. Je les ai toujours vus se chamailler. Sauf une fois, c'est vrai. J'ai une lointaine image en tête d'eux se parlant gentiment et plaisantant ensemble... Je ne sais pas quand c'était... Il y a longtemps, en tout cas. Ce que j'aimerais, c'est qu'il n'y ait plus de problèmes entre eux pour que je puisse aller voir ma mère quand je veux. Pour l'instant, je vis chez mon père, mais depuis quelque temps, je retrouve ma mère tous les mercredis, les week-ends et la moitié des vacances, alors qu'avant c'était seulement un week-end sur deux.

Il y a aussi eu un moment où l'on ne s'est pas beaucoup vus parce qu'elle n'allait pas bien. Ça a été une passe difficile. J'avais 8-9 ans, je crois. Ça a duré quelques mois. Depuis cette période, j'ai compris que j'avais vraiment besoin de ma mère, qu'elle était très importante pour moi. J'ai fini par en parler à mon père. Peu à peu, il a accepté. Ça s'est arrangé.

Les meilleurs moments avec ma mère, c'était quand j'étais tout petit. Je crois que j'étais en CP. C'est mon premier souvenir. Je devais être souvent chez ma mère à l'époque, parce que je me souviens très bien de la déco de ma chambre. Mais je me rappelle surtout qu'elle m'emmenait à l'école et venait m'y chercher. J'aimais. C'était une bonne année.

L'autre excellent souvenir, c'est quand on est partis

aux Maldives. On était tous les deux, pendant quinze jours, dans un endroit paradisiaque. C'était la super entente, on se parlait, on rigolait, il n'y avait aucun souci, aucune prise de tête.

Le moment le plus difficile, ça a été quand ma mère est tombée malade et que je ne la voyais qu'une heure le week-end. Là, c'était vraiment dur. Je savais à peu près ce qui se passait dans sa vie. Ça me faisait mal. Ça fait un choc de voir sa mère dans cet endroit-là. Enfermée dans un hôpital. Mais à l'époque, j'étais trop petit pour faire vraiment attention à ce qui arrivait, et tout ce qui comptait pour moi était de voir ma mère. Je lui en ai quand même voulu sur le moment, parce qu'elle se faisait du mal et parce que ça m'empêchait de la voir autant que je voulais... Mais je lui ai toujours tout pardonné. Quand elle est sortie, elle m'a juré que ça ne se reproduirait plus. Je lui ai clairement dit que si elle ne tenait pas sa promesse, je ne pourrais pas lui pardonner une deuxième fois. Je sais qu'elle tiendra parole.

Elle a beaucoup changé, ma mère. Je l'ai vue évoluer. Elle est plus posée, elle sait où elle va. Elle voit dans le futur, plus dans le passé. Elle me dit que j'y suis pour quelque chose. Je ne sais pas. C'est peut-être vrai, mais je ne vois pas trop de quelle façon j'ai pu l'aider à changer. Peut-être grâce à l'amour que j'ai toujours eu pour elle...

Le fait qu'elle est célèbre, pour moi, ça ne change rien. Il y a juste au collège où ça modifie un peu les choses. Depuis qu'elle passe régulièrement à la télé, des gens qui ne me connaissaient pas avant viennent me voir pour m'en parler. Les autres, mes amis, sont contents pour moi. Moi, ça me fait plaisir, parce que ça veut dire que ma mère réussit dans son métier, donc qu'elle est heureuse. Et si elle est heureuse, alors je suis heureux.

Être fils unique, ça me plaît parce que, déjà, j'ai ma chambre. Mais en même temps, j'aimerais bien avoir une petite sœur... ou un petit frère. Parce que j'aime bien ce qui est petit... les bébés. Puis ça me ferait une personne de plus qui m'aiderait et que j'aiderais... Et la famille s'agrandirait. Je suis très « famille ». Ça me vient de chez les Gélin, je pense. C'est une famille très unie. Quand « Pépé » était là, on se retrouvait souvent le dimanche autour de lui : il y avait ma cousine, ma tante, la fille de Lydie, la femme de Pépé. On parlait tous ensemble. Je suis assez timide, sauf quand je connais bien les gens. Là, je sais être très à l'aise, raconter des blagues...

Il y a des jours où j'aime bien être seul, rester tranquille. Et d'autres jours où je suis content de voir du monde. En fait, j'aime bien avoir le choix. Ça, c'est sans doute parce que je suis fils unique : je n'ai jamais été « obligé » de vivre avec plein d'autres enfants.

L'autre avantage à être fils unique, c'est que maman s'occupe beaucoup de moi et qu'on peut faire énormément de choses ensemble. Bientôt peut-être, quand elle aura un bébé, on pourra moins sortir. Parce qu'un bébé, ça demande du temps, de la patience... Du coup, en ce moment, j'essaie de profiter de ma mère au maximum !

Je ne sais pas si je suis gâté. Du côté de ma mère, c'est vrai que même quand elle a des problèmes d'argent, si j'ai besoin d'un truc, elle n'arrive pas à me dire non. Donc « gâté », c'est peut-être trop fort comme mot, mais en tout cas je ne suis pas malheureux ! Quand je vois un truc qui me plaît, je lui demande ; en revanche, si c'est cher, je participe. Comme ça, tout le monde est content : ma mère, parce qu'elle m'a fait plaisir, et moi parce que j'ai ce que je veux sans avoir eu le sentiment de dépenser tout l'argent de ma mère.

Avec mon père, c'est différent. Je reçois l'argent de poche qu'il me donne, mais je n'ose pas lui demander plus. Quand on va faire les courses ensemble, même si c'est lui qui veut m'offrir quelque chose, je suis toujours là à dire : « Non, c'est bon ! Je n'en ai pas besoin ! » Je sais pas pourquoi, ça me gêne qu'il m'offre des trucs...

Chez mon père, ce que j'aime, c'est quand il invite des gens. Souvent, le soir, il y a des amis qui viennent pour regarder un match à la télé. Ils adorent le sport, comme moi. C'est la super ambiance ! Avant, j'avais une console de jeux et souvent, le soir, mon père venait me voir : « Dis donc, tu veux pas qu'on se fasse un jeu ? » Ça, j'adorais ! Mais depuis un certain temps, ça n'arrive plus. Il travaille tout le temps. Il est acteur, écrivain, il vient de faire une expo au Brésil... En ce moment, ça marche vraiment bien pour lui. Mais du coup, il ne fait que travailler. On est moins proches... En revanche, pour ce qui est de mes cours, il est toujours là ! Un peu trop, même, selon moi. Je sais que presque tous les parents sont comme ça, mais mon père, ça m'énerve qu'il soit sans cesse à vérifier ce que je fais, à entrer dans ma chambre pour être sûr que je travaille... J'aimerais qu'il ait davantage confiance. Même quand je lui dis mes notes, il veut que je lui montre mes copies, il ne me croit pas. C'est comme ça depuis la sixième, surtout : j'avais eu plusieurs mots de profs dans mon carnet de correspondance. Je le lui avais caché et quand il l'a remarqué, ça s'est très mal passé ! Ma mère, elle, le savait. Je lui avais avoué. Elle me disait : « Montre-lui ; s'il l'apprend par quelqu'un d'autre, ça va être pire ! » Mais moi, très têtu... J'ai assez peur de mon père. De ma mère, jamais. Quand je fais une connerie, je sais qu'elle va m'engueuler, mais, au moins, je retiens la leçon. Alors qu'à mon père je n'ose pas avouer mes bêtises.

Avec ma mère, j'ai davantage l'impression d'être un adulte. Tandis qu'avec mon père... Il est trop protecteur, il s'inquiète tout le temps. Dès que je dois sortir seul, il me répète cent fois : « Fais bien attention ! » Parfois même, il a peur que j'aille chez ma mère tout seul, alors que c'est direct en métro ou en bus ! Du coup, ça pose souvent des problèmes. Si pour une raison ou une autre, ma mère n'a pas le temps de venir me chercher après les cours, on ne peut pas se voir, ou seulement bien plus tard...

Je crois que, côté caractère, je ressemble surtout à ma mère. Elle est toujours là pour rigoler, elle a beaucoup d'humour... Oui, ça me plairait de lui ressembler. Mon père me dit souvent que j'ai le même caractère qu'elle. Ma mère, de son côté, me dit que parfois je ressemble à mon père. Surtout quand je ne suis pas content ou que je fais le macho ! C'est vrai que, dans la rue, quand on la remarque ou qu'un type la drague, c'est moi qui interviens : « Lâchez-la, elle est prise ! »

Il arrive, aussi, que je pique des colères. Comme on est tous les deux très têtus, on s'enferme chacun de son côté. Mais au bout d'un quart d'heure, on se précipite dans les bras l'un de l'autre. C'est « Excuse-moi », « Je t'aime fort ». On s'embrasse, on se serre... Ça a toujours été comme ça entre nous. J'adore lui faire des câlins, être dans ses bras, la prendre dans les miens. Le matin, parfois, je vais la réveiller.

J'ai 14 ans. Il paraît que c'est plus difficile avec ses parents à cet âge-là... Peut-être... Ma mère dit à ses amis qu'elle a beaucoup de chance parce que je reste très proche et très gentil avec elle. C'est vrai que la plupart des garçons de mon âge ne sont pas tendres avec leurs parents. Je ne veux pas dire qu'ils n'aiment pas leur mère, seulement chaque fois qu'ils me parlent d'elle, c'est pour dire : « Elle m'ennuie » ; « Elle ne veut pas ceci... » ; « Elle m'empêche de faire cela... » Alors que moi, si j'avais un seul truc à dire de ma mère, c'est que je l'aime vraiment, vraiment, vraiment beaucoup. Et chaque fois que je parle d'elle à mes copains, c'est : « On s'est vus, on a parlé, c'était génial ! » Certains m'envient. D'autres, ceux qui me connaissent depuis longtemps, sont contents pour moi. Mais il y en a un, un jour, qui m'a appelé « fils à maman ». Ça m'a énervé. J'ai pas envie qu'on dise ça. J'ai juste envie qu'on me voie comme un fils qui aime énormément sa mère, mais sans que ce soit ridicule... D'autant que si je suis comme ça, c'est en partie parce que je n'ai pas assez vu ma mère quand j'étais petit. Aujourd'hui encore, comme je la vois assez rarement, je veux profiter le plus possible des moments où je peux être avec elle. C'est pour ça que dès qu'il me faut choisir entre aller voir des amis et passer du temps avec elle, je n'hésite pas : je reste avec ma mère ! D'autant qu'on fait plein de trucs chouettes ensemble ; je l'accompagne à ses rendez-vous, au théâtre, au resto avec des amis à elle... Je me suis toujours bien entendu avec les amis de ma mère. À part avec son ex, au début. J'étais super jaloux, je m'énervais chaque fois qu'il me faisait une remarque... Puis j'ai commencé à l'apprécier. Après, ça allait mieux. En revanche Ubaldo, avec lequel elle vit depuis trois ans, je l'ai tout de suite adoré. Le premier jour où je l'ai vu à la maison, il a dit à ma mère qu'il venait juste boire un verre. Il n'est jamais reparti ! J'ai trouvé ça carrément génial. Puis Ubaldo, il a 37 ans mais dans sa tête il est encore très enfant. C'est ma mère qui le dit : « J'ai deux enfants à la maison ! » De plus, lui et moi, on est un peu comme des frères. Par contre, je trouve qu'il est un très bon père avec sa fille. Elle a 10 ans. On s'entend plutôt bien, même si elle est parfois un peu capricieuse !

Quelquefois, avec ma mère, on parle des filles ; elle me dit ce qu'elle en pense. Je lui ai déjà présenté deux copines. Elle les a trouvées très gentilles. Si son avis compte ? Oui et non. Oui, dans le sens où je préfère que ma mère apprécie mes copines. Mais non dans le sens où si un jour il y en a une qu'elle n'aime pas, elle aura beau me mettre en garde, ça ne changera rien. Parce que, au final, c'est à moi de choisir. Et tant pis pour moi si je me trompe. Je ne pourrai m'en prendre qu'à moi-même. Souvent ma mère me dit : « J'espère que tu seras avec une belle femme plus tard ! » Ça m'amuse. Bien sûr que je serai avec une jolie fille !

J'aime les filles drôles et généreuses. Celles qui gardent ce qu'elles possèdent rien que pour elles ou qui se vantent et se prennent au sérieux, elles ne me plaisent pas. Je préfère celles avec lesquelles je peux déconner. Avant, je trouvais ça mignon, les filles réservées, discrètes. Finalement, je me suis rendu compte que je me sentais mieux avec les filles qui ont une forte personnalité, les filles pas banales... Comme ma mère ? Non. Ma mère a sa propre personnalité. Je n'ai pas envie d'avoir une seconde femme comme elle dans ma vie. Je préfère que ma mère reste la seule à être comme elle est.

Il préfère les garçons

« Toutes les mères, par principe, ne souhaitent rien tant pour leurs fils que le mariage, mais désapprouvent la femme qu'ils choisissent. »

Raymond RADIGUET,
Le Diable au corps

Samuel Lepastier :
« Ce dont les mères se sentent coupables, ce n'est pas tant de l'idée qu'elles aient pu "orienter" leur enfant dans cette voie, que de la complicité qui les lie à leur fils homosexuel. »

À l'occasion d'une interview, une mère de deux enfants homosexuels me racontait que, comme elle confiait sa situation à une amie psychothérapeute, celle-ci lui a répondu : « Tu n'es pas coupable, mais tu es responsable. » Nuance intéressante... Sauf que ce jour-là, cette mère n'avait pas vraiment l'esprit à plancher sur cette citation comme une lycéenne passant son bac philo. Coupable ou responsable, elle en tirait la même conclusion : elle avait commis des erreurs. Elle a passé les cinq jours suivants en larmes, à tenter de dénombrer ses fautes de mère. Avant de s'habituer, tant bien que mal, à ce verdict pseudo-psychanalytique lui garantissant à peine la présomption d'innocence.

« Elle l'a trop aimé » ; « Elle ne l'a pas autorisé à la "tromper" avec une autre femme »... Un peu de « psy vite appliquée », et la mère d'être aussitôt étiquetée : castratrice.

Dans un tel contexte, il me semblait utile de faire le tri parmi les nombreux a priori *dont les mères sont victimes quand il s'agit de définir leur rôle à l'égard de la détermination sexuelle de leur fils. Pour cela, j'ai choisi de m'adresser à Samuel Lepastier, psychiatre et psychanalyste à Paris. Régulièrement plébiscité par la presse, il est, selon moi, l'un des rares spécialistes capables d'apporter un éclairage psychanalytique sur les sujets quotidiens et d'actualité, tout en évitant les pièges de la démagogie ou, au contraire, de la culpabilisation.*

*

Première question un peu brutale, mais que se posent au fond beaucoup de mères : quelle est la part de responsabilité de l'éducation maternelle dans l'homosexualité du fils, du point de vue de la psychanalyse ?

Cette question appelle une première précision, trop souvent oubliée : ce sont les psychanalystes, et Freud le premier, qui ont montré, contrairement aux préjugés existants, que l'homosexualité n'était ni une perversion ni une maladie. À son époque, beaucoup affirmaient que les homosexuels étaient des « dégénérés ». Freud raconte que dans les années 1920, des parents sont venus le voir pour qu'il traite leur fille homosexuelle ! On a également connaissance d'une lettre qu'il a écrite à une mère lui adressant la même demande pour son fils. Il tente de lui expliquer que non, son fils n'est pas malade, donc pas traitable.

Cependant, la psychanalyse affirme qu'il y aurait une « psychologie » de l'homosexualité...

En effet, et c'est ce qui peut paraître paradoxal. En affirmant cela, la psychanalyse s'oppose à cette nouvelle tendance issue du milieu gay, qui consiste à considérer que l'homosexualité est soit un fait génétique (on serait homo comme d'autres sont gauchers), soit une identité. Pour nous, l'homosexualité n'est pas le fait d'un déterminisme ou d'une prédisposition, mais d'une orientation. Un certain nombre de sujets sont amenés à s'identifier au parent du sexe opposé, d'autres à celui du même sexe. Ensuite, certains vont vivre leur homosexualité de façon exclusive, d'autres seront bisexuels, des homos rechercheront la virilité chez leur partenaire, d'autres, au contraire, les traits les plus féminins ; certains mèneront une vie de couple stable tandis que d'autres multiplieront les partenaires... C'est cette variété des profils qui nous permet d'exclure l'idée que l'homosexualité est une prédisposition d'ordre génétique ou identitaire.

Pourtant, beaucoup d'homosexuels affirment qu'ils ont toujours su qu'ils l'étaient...

Oui, mais en réalité ce n'est pas comme cela que les choses se présentent. Tous les hommes et toutes les femmes passent par des phases d'homosexualité dans leur développement psychique. Et ce sont les souvenirs de ces stades de leur développement qu'ils évoquent quand ils affirment : « J'ai toujours été homo. »

À quelles phases faites-vous allusion ?

Au complexe d'Œdipe. Dans un premier temps, le garçon est amené à vouloir être le partenaire de sa mère. Se rendant compte qu'il ne peut y parvenir, il passe par une période d'Œdipe inversé : il se prend d'amour et d'admiration pour ce père tout-puissant qui possède ce que lui n'a pas. Avant de comprendre, une nouvelle fois, qu'il doit renoncer à faire de ce père son partenaire.

Ces deux phases sont ensuite « réactivées » à la période de l'adolescence. D'où les phases d'homosexualité psychique chez les ados. Certains restent attachés à ces stades du développement.

Quelle responsabilité attribuer à la mère dans cet attachement ?

D'abord, dire qu'une mère est « responsable » de l'homosexualité de son enfant, c'est considérer que l'homosexualité est une faute, ce qui n'est bien entendu pas le cas... Ensuite, si responsabilité il y avait, pourquoi en chargerait-on la mère plutôt que le père ? En réalité, il y aurait responsabilité si une mère décidait ouvertement que son fils devienne homosexuel. Cela existe : on voit des mères qui, regrettant de ne pas avoir eu une fille, habillent leur fils comme une fille et le font jouer à des jeux de fille... Sauf que non seulement ces situations sont extrêmement rares, mais elles conduisent davantage l'enfant vers le transsexualisme.

Autrement dit, et contrairement à ce que beaucoup pensent encore, il n'y a pas de « mères d'homo »...

Non, pas plus qu'il n'y a de « pères d'homo » !

Cependant, on entend souvent dire qu'à l'origine de l'homosexualité, il y a un père trop faible pour permettre le détachement mère-enfant, ou une mère trop puissante pour lui céder sa place...

Oui, et d'autres disent que l'homosexuel est celui qui, enfant, a manqué de contacts avec son père ; n'ayant pas ressenti la force physique de son père, il garderait la nostalgie d'un physique masculin... D'autres encore parlent de ces enfants qui, ayant eu la vision d'un père tyrannique, assimilent la violence à la sexualité virile et refusent donc de s'y identifier. Les cas de figures sont bien trop nombreux pour que l'on puisse relier l'homosexualité à un type particulier d'éducation.

Pourquoi, alors, les mères se sentent-elles si souvent « coupables » de l'homosexualité de leur enfant ?

En réalité, ce dont elles se sentent coupables, ce n'est pas tant l'idée qu'elles aient pu « orienter » leur enfant dans cette voie, que la complicité et l'intimité qui les lient à leur enfant homosexuel ; cette complicité qui existe avec un enfant mais qui n'est plus supposée durer quand celui-ci devient adulte.

C'est-à-dire ?

Dans la relation amoureuse, il y a, pour l'homme, un travail psychologique à faire qui consiste à se détacher de sa mère pour ensuite reporter cet amour sur une autre femme. Mais ce détachement et déplacement de l'amour porté à la mère n'est pas si simple, surtout lorsque le lien à la mère a été très fort. L'homosexualité peut être considérée comme un aménagement de cette rupture, c'est-à-dire une façon d'en amoindrir le « choc », en restant avec la mère.

Il n'est pourtant pas rare que des fils perdent le soutien de leur mère le jour où ils lui annoncent leur homosexualité...

Oui, mais cela revient au même. C'est une façon pour la mère de fuir cette complicité qui pourrait être partagée, et qui la fait culpabiliser. Parce qu'elle sent qu'il « faudrait » la rupture entre elle et son fils ; il « devrait » en aimer une autre et ne pas vivre dans le seul amour de sa mère.

Suivant ce raisonnement, l'homosexualité serait donc un moyen, pour le garçon, d'éviter la séparation avec la mère...

Certaines (mais pas toutes !) formes d'homosexualité sont en effet liées au désir inconscient de maintenir un attachement, sinon excessif, du moins très fort entre la mère et le fils. La mère a ainsi le privilège de rester la seule femme de son fils.

Mais encore une fois, cela ne signifie pas que la mère ait « voulu », consciemment ou non, l'homosexualité de son enfant. Cette complicité qui reste entre eux est à considérer comme une conséquence et non comme une cause de l'homosexualité.

Brigitte et son fils, Benoît C.

Brigitte :
« J'ai dû réapprendre
à connaître mon fils. »

C'est une femme élégante, souriante, mais aussi terriblement timide qui m'accueille ; elle parle très bas, cache de grands yeux bleus derrière ses lunettes et se réfugie pudiquement dans un sourire quand les mots « sentiments », « amour » sont impliqués.

Mais peu à peu, la gêne s'efface au bénéfice d'une assurance et d'une vraie force de caractère. Elle veut clamer son appartenance à cette association aidant les parents d'enfants homosexuels[1]*. Il faut qu'on sache qu'elle et son mari participent activement aux mouvements gay et lesbien. Son discours ne sonne pas faux ni démagogique. Tout au long de notre tête-à-tête, elle saura revenir sans tabou sur toutes les difficultés qu'elle a pu ressentir en découvrant l'homosexualité de son fils. Elle n'hésitera pas à parler de culpabilité, de honte... Elle montrera, enfin, le chemin qu'une mère peut parcourir pour dépasser ses propres préjugés et ne plus vouloir rien d'autre que le bonheur de son fils.*

*

1. Association Contact : 84, rue Saint-Martin, 75004 Paris.

J'avais 25 ans quand Benoît est né. Je n'avais jamais eu de contact avec des bébés. Donc, forcément, l'arrivée de mon fils a été quelque chose de magnifique pour moi ! Donner naissance à un enfant était un projet que j'avais, physiquement, besoin de réaliser. C'était « viscéral ». Mais je n'avais aucune idée de ce que cela pouvait représenter dans la vie d'une femme. Je voyais le côté « l'enfant souriant qu'on promène ». Mais le changement que cela allait opérer en moi, ça, j'étais bien loin de me l'imaginer.

J'ai eu une très belle grossesse. J'ai été en pleine forme pendant neuf mois. L'accouchement s'est très bien passé. Quant à l'apparition de ce bébé : un enchantement ! Ça a été le grand bouleversement de ma vie. Oui, je crois que ça a été le plus beau jour de mon existence. Je me souviens avoir dit en le voyant : « Ce n'est pas possible, je n'ai pas pu faire une telle merveille ! » On est fière de soi à ce moment-là... Très, très fière.

Quand j'ai su que c'était un garçon, j'étais enchantée ! Avant sa naissance, je disais ne pas avoir de préférence. L'essentiel était d'avoir cet enfant. Mais en y repensant, je me suis aperçue que ce n'était pas tout à fait vrai, car si j'avais déjà choisi un prénom de garçon, en revanche je n'avais réfléchi à aucun prénom de fille...

Je l'ai allaité pendant deux mois et demi. Cela reste l'un de mes meilleurs souvenirs de jeune mère. Pendant toute cette période, vous l'avez à vous. Il est doux, il est potelé, il commence à sourire, et ces sourires sont pour vous ! Ce contact qu'une mère a avec son bébé est tellement fort ! Il est fondé sur la tendresse, la confiance absolue... Je crois qu'on n'a pas ce rapport-là avec un homme.

Je n'étais pas très dégourdie avec lui, au début. Nous vivions à Pontoise et mes parents à Boulogne. J'étais donc un peu isolée et obligée d'apprendre par moi-même à m'occuper de ce bébé. À le comprendre, surtout : pourquoi est-ce qu'il pleure ? Comment sait-on quand il a faim ou froid ? C'est assez paniquant pour une fille de 25 ans ! Mais j'ai appris. Benoît m'a appris.

On dit souvent qu'un enfant fait grandir ; dans mon cas, c'est très vrai. Non seulement parce qu'il m'a fallu prendre des responsabilités d'adulte, mais parce que j'ai dû m'ouvrir sur le plan de l'affect. J'ai reçu une éducation bourgeoise et très « coincée ». Chez moi, on ne parlait pas de ses sentiments, et surtout pas de ses émotions. Je ne savais pas dire ou montrer ces choses-là. Face à Benoît, il a fallu que je me libère du poids de cette éducation et que je me laisse aller à mes émotions. Il m'a appris à devenir une mère affectueuse. Attentive, en revanche, je crois que je l'ai toujours été : j'étais tellement en admiration devant cet enfant, tellement fière de lui que je ne pouvais qu'être attentive !

Ses attitudes, sa façon de réagir au monde, ses découvertes... Je garde des images formidables de ses premières avancées dans la vie. C'est un enfant qui a parlé très tôt. Il avait une très bonne mémoire et aussi une excellente nourrice qui l'a éveillé au chant, à la musique, et qui lui parlait beaucoup. À un an, il savait déjà cent mots. C'est écrit sur son carnet de santé ! Il ne faisait évidemment pas de phrases, mais il assemblait les mots entre eux. C'était irrésistible ! Un hélicoptère, par exemple, il appelait cela une « mouche-avion »... Il nous surprenait sans cesse. On adorait l'entendre parler, et lui, il adorait voir que tout le monde l'écoutait et le trouvait amusant. C'était un enfant imaginatif et fantaisiste.

Comme il était bavard, il me racontait déjà tout ce qu'il vivait et faisait. Quand il a grandi, le dialogue est resté à la base de l'éducation que je voulais lui donner. Avec le recul, je me dis que c'était essentiel : sans ce dialogue, il y aurait certainement eu des « blancs » dans notre relation après que j'ai appris son homosexualité. On n'aurait pas su exprimer ce que l'on ressentait.

Nos rapports ont toujours été très bons. C'était un enfant gai, pas capricieux, facile à vivre. Le seul problème que j'ai eu avec lui, c'était qu'il se levait à 5 h 30 tous les matins !

On a eu des engueulades très fortes parfois. Mais parce que nous fonctionnons de la même façon, lui et moi : on est tous les deux très impulsifs. On dit ce que l'on pense sans retenue, parfois violemment. J'ai l'air très calme et je le suis en général. Mais quand je pique une colère – disons trois fois dans l'année –, alors là, c'est très fort ! Mais ça passe vite. Ensuite, on peut parler. Entre Benoît et moi, les crises ne nous ont jamais éloignés, au contraire ; chaque fois elles nous ont permis d'avancer, de repartir sur une entente plus saine et plus forte encore.

Ses rapports avec son père sont totalement différents. Ils ont longtemps été difficiles. C'est un homme instruit et cultivé, et sur ce plan-là, il s'occupait très bien de son fils. Sur le plan affectif, en revanche, c'était bien plus complexe. Lui-même n'avait pas reçu beaucoup d'affection étant enfant. C'est pour cela qu'il avait du mal à en donner. C'est pour cela, aussi, qu'il était devenu très dépendant de mon amour : alors, dès la naissance de Benoît, il l'a perçu comme un rival. Je pense que tous les jeunes pères ont cette impression au début. C'est logique : une mère qui se retrouve pour la première fois en charge d'un nouveau-né et qui a peur de mal faire parce qu'elle n'y connaît rien lui accorde toute son attention pendant les premiers mois, et le père se sent un peu lésé. Mais je ne crois pas en avoir fait plus que les autres mères. Pas assez, en tout cas, pour être la seule cause du malaise qui s'est installé entre eux deux. Il a fallu des années au père de Benoît pour comprendre que l'amour donné par la mère à son fils n'est pas le même que celui accordé à son mari. Il ne voulait pas « partager ».

Je ne remets pas du tout en cause l'amour que mon ex-mari avait pour Benoît ! Je suis certaine qu'il en était même très fier. Mais il ne pouvait pas le manifester. Il fallait tout le temps que je lui dise : « Regarde, il attend que tu le prennes dans les bras » ; ou : « Il pleure, tu pourrais le bercer... » C'était le genre de choses qu'il n'aurait jamais faites de lui-même.

Avec le temps, la rivalité entre eux n'a pas disparu. Benoît ne s'en est pas toujours aperçu, mais moi je la ressentais de plus en plus. Par exemple, quand je lui faisais faire ses devoirs le soir, son père s'énervait au bout de quelques minutes, disant que cela mettait trop de temps... Il ne supportait pas de nous savoir seuls dans sa chambre. Il n'a pas su développer avec lui une relation de confiance et de dialogue. Et je pense que si j'ai décidé de le quitter, c'était entre autres à cause de cela. Autant il savait s'en occuper pour l'emmener à l'école ou à ses cours de musique, autant il y avait dans son attitude vis-à-vis de cet enfant une dureté, une pression psychologique, un quelque chose qui me faisait penser que ce n'était pas bon pour Benoît.

Leurs relations étaient devenues telles que quelques jours après le divorce, Benoît m'a dit : « Tu aurais pu le faire plus tôt ! » Ce n'est que vers 18 ans qu'il a renoué avec son père. Je suis contente qu'ils aient enfin des rapports stables.

Quand j'ai quitté la maison, ça été très difficile. Je suis partie sans rien. Il me fallait tout reconstruire. Pourtant, malgré les problèmes financiers, nous avons vécu une période très agréable. J'ai pu me consacrer un peu plus à Benoît. Ma mère venait m'aider... C'était bon de se retrouver entre nous et d'oublier les problèmes de couple.

Benoît n'avait pas 18 ans quand il m'a dit qu'il était gay. On était en pleine dispute et il m'a balancé ça violemment : « Je suis homo. » Ça été le choc. J'étais tétanisée. Après un long silence, la seule phrase que j'ai pu prononcer a été : « Si c'est comme ça, ce ne sera pas autrement. » Dans mon esprit, cela voulait dire : « Ça ne change rien. » Je suis allée dans ma chambre et j'ai pleuré. Le soir, au dîner, j'ai fait comme si de rien n'était. Je n'en ai parlé à personne. J'étais trop assommée. Et puis j'avais besoin de réfléchir seule au comportement à adopter et aux propos qu'il me faudrait tenir pour ne pas le blesser.

Pour moi, l'homosexualité n'est pas un « défaut ».

Qu'il soit gay ne me gênait pas en soi et je ne voulais surtout pas lui donner l'impression de le rejeter. Mais je ne pouvais pas assumer ça d'un coup. Pendant les quatre jours qui ont suivi, on n'en a pas reparlé. Mais dans ma tête, c'était Hiroshima ! D'abord, je me suis dit : « J'ai mal entendu, je n'ai pas dû comprendre ce qu'il m'a dit. » Ensuite : « Ça va lui passer. Il est jeune, c'est une expérience qu'il a envie de faire, pourquoi pas ? » Puis je me suis posé des quantités de questions sur son éducation. J'ai commencé à culpabiliser : est-ce que ce n'est pas ma faute ? Est-ce que je lui ai donné une mauvaise image de la femme ?... J'ai grandi dans un milieu d'hommes. J'ai un frère jumeau et deux frères aînés jumeaux entre eux. Quoique très proche de ma mère, j'avais, enfant, beaucoup plus d'affinités avec mon père. En grandissant, j'ai continué à garder des relations privilégiées avec les hommes. J'avais très peu d'amies femmes, pour ne pas dire aucune. En repensant à tout cela, je me suis dit que, peut-être, j'avais « oublié » de parler des femmes à Benoît et que je l'avais encouragé à se tourner vers les hommes, comme moi...

J'ai également repensé au divorce, à cette période où il avait vécu entouré de ma mère et moi. J'ai aussi songé à son père, à son manque d'affection, à son absence. Tout cela n'avait-il pas détourné Benoît de la voie « normale » ?

J'ai beaucoup pleuré. Notamment quand j'ai réalisé que je n'aurais pas de petits-enfants. Puis je me suis dit : « Il aurait pu partir vivre à l'étranger, ou j'aurais pu ne pas m'entendre avec la mère. Dans tous les cas, je n'aurais pas, ou peu, vu ses enfants... » Je me suis consolée comme j'ai pu et finalement j'ai pensé qu'il ne servait à rien de se poser toutes ces questions. Sans doute avais-je commis des erreurs, mais quelle mère n'en commet pas ? Malgré tout, je l'avais élevé comme des millions de mères élèvent leurs fils. Mon attitude ne pouvait donc pas expliquer cette situation...

Je devais me reprendre ; pour moi, et surtout pour mon fils. Trois ou quatre jours plus tard, je suis allée le voir dans sa chambre et nous avons discuté. Je lui ai d'abord fait comprendre que son homosexualité ne changerait pas notre relation. Je restais là pour lui, je l'aimais tel qu'il était. Puis nous avons parlé de l'homosexualité. Je n'en connaissais rien d'autre que tous ces clichés qu'on veut bien nous montrer : les grandes « folles », les gars très maniérés, bizarrement accoutrés... Il m'a dit que ce n'était pas que cela. Je lui ai demandé de me faire connaître la communauté homosexuelle. « OK, je vais t'emmener dans les endroits que je fréquente. » Et dans les jours qui ont suivi, je me suis laissé entraîner dans le quartier du Marais, à Paris. Il m'a présenté à des copains, j'ai discuté avec eux... J'étais rassurée. Oui, il y avait des grandes folles, des mecs bizarres en blouson, mais ils étaient minoritaires. J'ai vu que la plupart des homos étaient des hommes tout à fait convenables et « sages ». Contrairement à ce que je pensais, j'ai découvert qu'ils ne passaient pas tous d'une relation à une autre mais avaient, pour beaucoup, des vies de couple stables. Or pour une maman, la stabilité, c'est essentiel.

Le jour de cette discussion dans sa chambre, Benoît m'a fait promettre de ne parler de son homosexualité à personne. À 17 ans, il ne se sentait pas encore prêt à l'assumer publiquement. J'ai tenu ma promesse. Dans un sens, cela m'arrangeait : cela me laissait du temps pour me faire à cette idée.

J'ai reçu cet aveu comme un gage de grande confiance. J'en étais consciente, et fière. En même temps, je ne pouvais pas m'empêcher de me sentir trahie : je découvrais que cet enfant auquel j'avais été tellement attentive, je ne le connaissais pas. Je ne savais pas qui il était « réellement ». J'avais l'impression d'avoir été une mauvaise mère, puisque je n'avais pas su déceler son homosexualité. Ou, pire encore, je n'avais pas voulu la voir !

Dans les mois qui ont suivi, Benoît s'est métamorphosé. Ce n'était plus le jeune homme qui cachait son homosexualité et adaptait son comportement pour ne rien laisser paraître. C'était un jeune homme qui pouvait enfin assumer ce qu'il était. En six mois à peine, il est devenu l'ado qu'il aurait toujours dû être. Il y avait, dans son attitude, une sensibilité nouvelle, une certaine féminité plus assumée… ou que j'ai découverte. Je devais réapprendre à connaître *mon* fils. Ce n'est pas simple à vivre.

Mais le plus difficile, pour moi, restait la question du regard des autres. Comment allais-je gérer cette différence sexuelle face à la société ? En une fraction de seconde, j'ai perçu l'ampleur de la tâche qui m'attendait : car c'était toute ma personnalité, toute ma vie, qu'il me fallait remettre en question. Ma mère m'avait élevée dans le souci du qu'en-dira-t-on. Tout au long de mon enfance, j'ai entendu : « Fais attention à ce que tu dis », « On ne se comporte pas comme ci ou comme ça en public », « Il faut donner telle image »... À tel point que j'étais extrêmement mal à l'aise avec les gens. Je parlais très peu, toujours effrayée à l'idée d'être mal jugée... Maintenant que j'étais devenue la mère d'un enfant homosexuel, ce comportement-là n'était plus possible. Je devais changer. Cela impliquait également de remettre en cause mon éducation et mes parents, ce qui ne me faisait pas du tout plaisir. Mais il le fallait : c'était indispensable si je voulais soutenir mon enfant. Je devais m'affranchir de cette peur du qu'en-dira-t-on.

Quand à 18 ans Benoît m'a dit qu'il était « prêt à assumer », je me suis immédiatement tournée vers Georges, mon nouveau mari. Ça a été un profond soulagement. « Je m'en doutais un peu », m'a-t-il dit. Sans surprise, il a tout de suite fait preuve d'une grande compréhension et d'un immense soutien. Ensuite, mon « parcours du combattant » a commencé. Comme un coureur de haies, je me suis posé des barrières à franchir les unes après les autres : d'abord l'annoncer à mon frère jumeau, puis à mes deux autres frères, puis à ma mère, puis à telle et telle personne... Le dire aux proches ne me perturbait pas trop. Malgré l'éducation un peu « coincée » que nous avons reçue, il y a une vraie solidarité dans notre famille ; je savais que, même dans le cas où certains n'apprécieraient pas ou ne comprendraient pas, aucun ne repousserait Benoît. De toute façon, je n'étais pas prête à tolérer que quiconque le rejette.

Ce n'est pas facile de dire que son enfant est « différent » et qu'on l'assume. On voudrait faire comprendre que l'homosexualité n'est pas une tare, mais tout le monde n'est pas prêt à l'entendre.

Je voyais que Benoît était capable d'assumer son homosexualité. Mais il fallait tout de même « préparer le terrain » avant qu'il se présente en tant qu'homosexuel ; ça, c'était mon rôle, celui que je me suis donné dès le départ et sans qu'il me le demande toujours d'ailleurs ! Mais c'est mon côté « protecteur » de mère... Et chaque annonce était pour moi un nouveau défi à relever ; peu à peu, j'apprenais à aller vers les autres avec toujours plus de confiance et de force.

Parfois, cela se passait très simplement. D'autres fois, il fallait faire preuve d'un peu de « stratégie ». Avec ma mère, par exemple : j'ai adopté la méthode que Benoît avait utilisée avec moi. En effet, bien avant de m'annoncer « qui il était », il m'avait déjà beaucoup parlé de l'homosexualité en général. Comme nous avions l'habitude de discuter de tout, cela n'avait pas éveillé le moindre soupçon de ma part. Mais ces discussions m'avaient amenée à réfléchir un peu sur le sujet et à faire preuve de plus de tolérance. Pendant environ six mois, j'ai donc fait le même « travail de fond » avec ma mère : chaque fois que l'on voyait, dans la rue ou à la télé, des homosexuels, je profitais de l'occasion pour aborder ce sujet et pour essayer, petit à petit, de lui sortir de la tête ses idées préconçues. Je l'ai « manipulée » en quelque sorte !

Dans mon milieu professionnel, en revanche, ça a été beaucoup plus difficile à gérer. Malgré mes progrès, j'avais encore du mal à parler de cela à des gens que je ne connaissais pas, ou mal. J'ai donc choisi de mentir, ce qui n'est pas non plus très facile à vivre ! Dès que les collègues abordaient le sujet « enfants », je me sentais mal à l'aise, je ne savais plus ce qu'il me fallait dire. « Et Benoît, il a une petite amie ? » – « Euh, oui... Jessica ! » Quelques semaines plus tard, la discussion qui revenait sur le tapis... et moi qui ne savais plus quel prénom j'avais cité ! J'étais obligée de noter tout ce que je disais sur un carnet ! Parfois je m'embourbais un peu. Mais quand on est incapable de dire la vérité, il faut bien assumer ses mensonges...

Puis, un jour, il y a deux ans, j'ai pris mon courage à deux mains : « Il y en a marre de tous ces mensonges. Je vais vous dire la vérité. J'ai un fils homosexuel. » D'abord interloquée, la majorité de mes collègues a plutôt bien réagi. Certains m'ont félicitée pour mon courage, d'autres ont choisi de se taire... Moi, j'étais enfin soulagée d'un mensonge qui me pesait depuis plus de six ans.

Si j'avais choisi de mentir, ce n'était pas seulement pour me protéger. C'était aussi pour protéger mon fils, par crainte des réactions. L'homophobie est bien moins rare qu'on le croit, et elle peut parfois être très violente. Il faut donc trouver les bons mots et contrôler ses émotions avant de parler. Cela, je ne m'en suis sentie capable qu'au bout de six années.

Je venais tout juste d'entrer dans l'association « Contact » avec mon mari, et c'est surtout grâce à cet engagement que j'ai gagné en courage. Rencontrer d'autres parents d'enfants gays m'a vraiment aidée à dépasser mes peurs. On m'a appris à relativiser, on m'a donné des clés pour oser dire l'homosexualité de mon fils. Cela m'a également permis de me déculpabiliser : quand vous rencontrez des parents qui ont élevé plusieurs enfants et dont un seul est gay, vous comprenez bien que cela n'a rien à voir avec l'éducation que vous avez donnée.

En ce moment, Benoît travaille pour quelques mois dans la même société que moi. Il est très bien accepté. Mais cette tolérance dépend surtout de sa personnalité. S'il était moins sympathique et moins ouvert, je pense que son homosexualité serait vite remise sur le tapis... L'homophobie est toujours plus ou moins latente chez les gens. En tant que mère, j'ai donc un grand rôle à jouer dans ce domaine. Pour mon enfant, mais aussi pour ceux des autres.

Je ne pense pas avoir été une mère étouffante. Je ne sais pas ce qu'il vous dira à ce sujet, mais personnellement, je crois plutôt que j'étais une mère inquiète. Je ne lui ai peut-être pas assez donné de liberté, surtout quand il était petit, jusqu'à 8 ans environ. Je le protégeais beaucoup. Trop sans doute. C'est ce que je me dis parfois avec le recul.

Aujourd'hui, c'est différent. Je m'aperçois qu'il vit très bien sans moi et qu'il n'a pas du tout besoin de mes conseils pour être heureux. Je ne me mêle pas de sa vie privée. Pour moi, il a toujours été évident qu'une mère devait savoir céder sa place à un moment. Même s'il y a quelque chose de très égoïste dans le désir d'enfant, si on l'a d'abord pour soi et pour son propre épanouissement, il ne vous appartient pas. Cela, j'en ai toujours été convaincue. Une mère c'est le passé, une compagne c'est l'avenir.

Mais cela n'empêche pas une mère de rester présente quand son enfant a besoin d'elle. Ce rôle-là, elle le garde, « à perpète » ! Par exemple, quand vers 18 ans Benoît a eu un compagnon qui ne lui convenait pas, j'ai eu beaucoup de crainte et de souci pour son bonheur. J'ai donc été un peu plus là... tout en essayant de ne pas être intrusive. Je veillais à distance. Mais avec Hervé, son ami actuel, j'ai confiance. Je ne me mêle pas de leur vie. Bien sûr, s'il y avait un problème, j'accourrais tout de suite. Je reste sa mère !

Est-ce que je serais différente si j'avais une belle-fille ? Sans doute. Ma relation avec le compagnon de Benoît reste une relation homme-femme. Il n'y a pas cette rivalité qu'il aurait pu y avoir, même de façon inconsciente, avec une belle-fille. Et puis si Benoît avait une femme, il serait certainement moins en demande de conseils et de soutien de ma part. Mais il a besoin d'une présence féminine. D'autant que je ne suis pas seulement sa mère ; je suis aussi une amie pour lui. La capacité que nous avons de communiquer ensemble est telle que je reste la personne à laquelle il se confie le plus. Il ne me dit pas tout, et heureusement ! Mais je sais qu'il a besoin de moi quand même... Comme moi j'ai besoin de lui. Et s'il m'arrive parfois de me montrer très protectrice, c'est sans doute parce que je me sais être l'élément féminin essentiel dans sa vie. Si nous gardons une relation très forte, c'est sans doute beaucoup grâce à cela.

Une fois, j'ai dit à un ami : « Si un jour mon fils m'annonçait que son histoire d'homosexualité était une blague, je lui flanquerais une bonne fessée ! Parce que je n'ai pas du tout envie que ça change. » Cette expérience m'a apporté des quantités de choses. En venant au monde, Benoît m'avait fait grandir. En m'annonçant qui il était, il m'a fait naître à nouveau. Sur le plan personnel, d'abord, cela a été l'occasion d'une remise en cause totale de mon existence. Je menais jusqu'alors une petite vie réglée comme du papier à musique. Je ne me posais pas de questions. Je m'étais fait mes opinions sur des comportements et des individus sans chercher à savoir si elles correspondaient ou non à la réalité. Et soudain, on m'a sortie de ma léthargie.

Sur le plan relationnel, je me suis métamorphosée : j'ai dû apprendre à aller vers les autres, à gagner en confiance, à dire mes émotions... La preuve, c'est cette interview : jamais, auparavant, je n'aurais été capable de parler de moi de cette façon ! Chacun a du courage en soi, mais on n'a pas toujours l'occasion de le prouver. Mon fils m'en a donné la possibilité.

Sans lui, jamais je ne me serais découvert une telle ouverture d'esprit. Jamais je n'aurais pris le temps de m'intéresser à la communauté homo. Se battre pour la cause de son enfant, quelle qu'elle soit, est une chose extraordinaire. Vous vous découvrez une force, une volonté uniques.

M'engager dans l'association Contact m'a fait faire un bond en avant incroyable. On m'aurait dit, il y a quelques années, qu'un jour j'aiderais des gens à comprendre et à vivre l'homosexualité de leur enfant, je ne l'aurais pas cru ! Les rencontres que j'y fais m'apprennent beaucoup sur moi-même, sur les autres et sur la société. On comprend tout ce qu'il reste à faire pour changer le regard porté sur l'homosexualité en France. Certains parents acceptent tout de suite l'annonce faite par leur enfant. C'est assez épatant ! Mais la plupart me renvoient l'image de mon propre cheminement ; les craintes, la culpabilité, les interrogations, l'appréhension vis-à-vis de la société... Puis il y a ces parents qui n'arriveront jamais à tolérer. Ce sont ceux-là que l'on veut aider. Car pour un enfant, c'est primordial que ses parents acceptent. On ne demande pas à tous les parents de s'investir, mais au moins de reconnaître et d'accepter leur enfant tel qu'il est. L'enfant qui voit sa mère souffrir de le savoir homosexuel se sent responsable de son malheur. Ce sont deux vies gâchées : la sienne et celle de sa mère.

Jamais je n'ai songé à la rupture avec Benoît. Car jamais je n'aurais pu me priver de lui et de son affection. Inversement, jamais je n'aurais pu le priver de ma présence. Je n'ai pas été le genre de mère à établir des projets bien définis pour son enfant : plan d'études, de carrière... Non. Depuis sa naissance, j'ai toujours pensé que mon but était de l'aider à se créer sa propre vie : une vie d'homme heureux et épanoui. C'était à lui, ensuite, d'en choisir les conditions.

Je comprends que l'on puisse avoir du mal à accepter que son enfant soit homosexuel. Personnellement, si je n'avais pas voulu faire tout ce travail sur moi, j'en aurais sans doute beaucoup souffert. Je n'aurais pas rejeté mon fils, mais j'aurais mal vécu ma vie de femme et de mère.

Quant à Benoît, il n'aurait pas pu devenir le jeune homme épanoui qu'il est aujourd'hui. Nous nous sommes aidés l'un l'autre : en le soutenant, je lui ai permis d'assumer ; en me parlant, il m'a fait avancer. Cette expérience a été une occasion supplémentaire de nous rapprocher l'un de l'autre, et de renforcer la confiance qui nous lie.

Mais maintenant, il a sa vie d'homme à faire, moi ma vie de femme à continuer. Je me suis consacrée à lui pendant une vingtaine d'années. Aujourd'hui, nos chemins se séparent... pour mieux se croiser de temps en temps. Car cette relation mère-fils ne s'éteindra que le jour de notre mort. Et encore... Même au-delà, je serai toujours là pour lui.

Benoît C. : « Entre nous, il y a quelque chose de très fort qui passe, un feeling. »

Il a la même douceur que sa mère : sur les traits du visage, dans la voix, dans ce sourire bienveillant. Il a également hérité de son caractère. Comme elle, il a cette force, cette ténacité qui transparaît souvent chez les personnes d'abord introverties et réservées. Ou chez celles qui ont eu, pour diverses raisons, à supporter puis à rejeter le poids de jugements hostiles.

Je le sens très à l'aise, « bien dans sa peau » : à peine lancé dans le monde du travail, il envisage avec sérieux une carrière dans le domaine de l'architecture ; en couple depuis deux ans, il vient de s'installer avec son ami. Quant à ses relations avec ses parents, elles sont enfin bonnes avec son père et poursuivent leur cours avec sa mère... Pour résumer : j'ai face à moi un homme de 25 ans épanoui, donc prêt à retracer son parcours de « fils homo » sans tabou.

*

J'ai toujours eu une relation très forte avec ma mère. On parle beaucoup et de tout. Je ne sais pas si c'est comme ça pour tous les garçons et leur mère, mais entre nous, c'est comme s'il n'y avait aucun complexe ni tabou. Sauf quand il s'agit de parler de ce que l'on ressent l'un pour l'autre. C'est peut-être méchant de ma part, mais je n'ai jamais su lui dire pardon pour les fois où j'ai pu la mettre en colère ou la faire pleurer. Je ne lui ai jamais dit que je l'aimais. Si... peut-être une fois... mais j'ai dû me forcer. On a du mal avec ce genre de paroles dans ma famille. Ma mère aussi ; mais elle m'a souvent dit que la plus belle chose dans la vie était d'avoir un enfant, de le sentir se construire à l'intérieur de soi et ensuite de l'aider à grandir. C'est une autre façon de me dire qu'elle m'aime, je pense. En fait, c'est comme si on n'avait pas besoin de se parler pour se comprendre. Je la regarde et je sais ce qu'elle ressent, je sais si elle est en colère. À la moindre mimique, je sais si elle m'en veut ou si elle est contente... Je n'irais pas jusqu'à dire que c'est télépathique entre nous, mais simplement qu'il y a quelque chose de très fort qui passe, un feeling. Un peu comme dans les relations amoureuses... Je sais, je sens que je sors d'elle...

Avec mon père, c'est différent. On n'a jamais eu de rapports très privilégiés. Il n'est pas du genre à se montrer tel qu'il est, à dire ce qu'il pense vraiment... Avec lui, je peux parler études, problèmes financiers, mais c'est tout. Jamais de signes d'affection ou d'émotion. Je ne me souviens pas avoir eu le moindre contact physique avec lui. Me prendre sur ses genoux, m'embrasser : ce sont des trucs qu'il n'a jamais su faire. Pourtant, jusqu'au divorce, c'est surtout lui qui s'est occupé de moi. Nous habitions en lointaine banlieue. Comme ma mère travaillait à Paris, c'est mon père qui m'emmenait à l'école, au conservatoire pour les cours de violon, à Saint-Germain visiter le château... Il m'a fait découvrir la musique, la peinture. Mon goût pour l'architecture me vient certainement de lui.

Ensuite, il y a eu le divorce. J'avais 10 ans. Je ne crois pas l'avoir mal vécu ; la situation était devenue trop insupportable. Mes parents ont toujours évité de se disputer devant moi, mais il y avait des tensions en permanence. Petit, ce sont des choses que l'on ressent. Mon père a eu beaucoup de mal à supporter que ma mère puisse le quitter. Donc, il m'a laissé plus ou moins tomber. Puis il a rencontré une femme, qui a tout fait pour qu'il oublie sa vie passée. Elle lui a donné d'autres enfants... Je n'étais plus « intéressant ». Du moins, c'est comme cela que je l'ai ressenti. Et comme il n'est pas du genre à dire aux gens qu'il les aime, la cassure a été d'autant plus facile entre nous. Du jour au lendemain, je l'ai mis de côté, et avec lui, tout ce qu'il y avait de masculin en moi. J'allais le voir un week-end sur deux, mais c'était un vrai cauchemar ! Je me sentais inutile, effacé. J'ai beaucoup grossi à cette époque, par ennui surtout. Et plus je grossissais, plus je complexais et plus je me sentais mis à l'écart : « Pas question que le petit vienne au resto avec nous ; il est déjà bien assez gros. » C'était le genre de phrases que disait sa femme de l'époque. Je n'en veux pas à mon père ; il ne s'en rendait pas compte, je pense. Mais moi, j'étais « en apnée » jusqu'au dimanche soir !

Ma mère était ma bouée. Quand je rentrais chez elle, je me sentais « sauvé ». Nous avions un appartement à Cergy-Pontoise et très peu d'argent pour vivre, mais cela reste pourtant les plus belles années de ma vie. Une toile s'était tissée autour de ma mère et de moi. Nous ne formions qu'un. Je me souviens qu'à cette époque, je ne supportais pas de la quitter, à tel point que je dormais dans son lit. Par peur du noir. Par peur qu'elle s'en aille... Il y avait ma tante aussi, qui m'emmenait souvent en vacances avec ma cousine. Mais, surtout, il y avait ma grand-mère. Elle était à la maison une semaine sur deux pour s'occuper de moi. Une femme extraordinaire. Ma grand-mère, c'est la bonté, la douceur, la fragilité, la discrétion... Et en même temps, elle a cette force, cette ténacité en elle qui se dégage et qui fait qu'on l'écoute, qu'on la respecte sans broncher... Pour moi, c'est La Femme. Ma mère, c'est différent : c'est La Mère... Très présente, parfois casse-pieds, mais surtout très protectrice, et sur laquelle on peut toujours compter.

Mon premier souvenir d'enfance, c'est à la Guadeloupe en vacances : je suis allongé sur un transat, j'ai très chaud. Ma mère est à côté de moi et me fait de l'air avec sa main. Je devais avoir trois ou quatre ans... je ne sais plus. Mais hormis celui-là et la période d'après-divorce, j'ai très peu de souvenirs « idylliques » avec ma mère. Au contraire, cela peut paraître très paradoxal, mais ce que je garde surtout de notre relation, ce sont des engueulades ! Il suffisait d'un rien : une mauvaise note, une porte mal fermée... et c'était la dispute. Ma mère qui s'agitait, criait... Moi qui claquais les portes... Je me souviens d'une fois où je l'avais tellement poussée à bout qu'elle a menacé de me casser un pot de fleurs sur la tête ! En fait, entre nous les confrontations peuvent être aussi violentes que les rapprochements sont doux... C'est une question de personnalité. On a les mêmes caractères elle et moi : on ne dit rien de nos sentiments jusqu'à ce que ça explose, de façon très spontanée et brutale. C'est devenu notre mode de communication. Chacune de nos avancées ensemble a été possible à la suite d'une engueulade. Le meilleur exemple, c'est le jour où je lui ai annoncé mon homosexualité. J'avais 17 ans. On se disputait pour une histoire débile. Une mauvaise note, je crois. Et là, d'un coup, c'est sorti de ma bouche : « Et puis, de toute façon, j'aime pas les filles, j'suis pédé ! » Moi qui voulais la calmer, on peut dire que ça a été réussi ! Elle s'est figée. Silence. Elle m'a juste dit une phrase du genre : « Il y a des choses plus importantes dans la vie. » Puis elle est montée dans sa chambre et on ne l'a pas entendue de la soirée. Pas de petits-enfants, pas de beau mariage, pas de belle-fille... Elle a dû ruminer tout ça dans la nuit. Quelques jours plus tard, on a pu en reparler calmement.

J'ai toujours su que j'étais homo. Quand, à l'école, il vous tarde d'aller à la piscine avec la classe pour vous retrouver dans le vestiaire des garçons, ou que vous vous sentez « tout chose » quand un copain s'assoit à côté de vous en classe, vous comprenez vite que vous n'êtes pas « comme les autres »... Je n'ai jamais eu de réel complexe par rapport à cela. Quant à ma mère, je savais que cela ne serait pas un problème insurmontable entre nous. On pourrait parler. J'appréhendais davantage la réaction de ma grand-mère. À son époque, on lançait des pierres aux homos ; est-ce qu'elle n'allait pas me rejeter ?

J'ai chargé ma mère de le lui dire ; moi, je n'en avais pas le courage. Elle n'a pas trop cherché à comprendre ; elle aime tellement ses petits-enfants qu'elle n'a pas voulu s'arrêter à ce « détail »...

Quant à mon père, il s'en fout. « Je le savais, de toute façon », m'a-t-il répondu. Ça m'a agacé : je ne vois pas comment il aurait pu le savoir, lui qui n'a presque pas été présent pendant mon adolescence. Mais je pense qu'il a été plutôt content que je le lui dise : c'était une preuve de confiance. Cela nous a rapprochés. C'est assez incroyable, quand on y pense ! Pendant des années, je ne l'ai appelé qu'une fois tous les trois mois, quand la pension n'arrivait pas le plus souvent. Depuis cette annonce, il y a sept ans, on se voit régulièrement. Sa nouvelle femme est très tolérante, elle l'a aidé à accepter la situation. Depuis, il nous reçoit, mon ami et moi, sans aucun problème. Ce ne sont pas les grandes embrassades entre nous bien sûr, mais ça se passe bien, tranquillement... J'ai ressenti le besoin de me rapprocher de lui quand j'ai appris que, de son côté, il n'avait pas eu le temps de profiter de son père. Ils s'étaient peu vus tout au long de leur vie et quand mon grand-père est mort, mon père a beaucoup regretté. Moi, je ne voulais pas vivre ça. Alors j'ai pris un peu sur moi, j'ai appelé, j'y suis allé... Lui dire que j'étais homo m'a demandé du courage, mais je crois que ça m'en a donné aussi. Je me montrais, en toute honnêteté. Il lui fallait maintenant faire avec et m'accepter tel que j'étais.

Ma mère, au fond, je crois que ça l'arrange de savoir qu'elle sera à jamais la seule femme de ma vie ! Déjà que pour mon ami, ce n'est pas toujours simple de trouver sa place entre elle et moi, j'imagine ce que cela aurait été si j'avais été avec une fille !

C'est étrange : moi, j'ai beaucoup de mal sur le plan relationnel avec les hommes. Ma mère, elle, ne s'entend pas du tout avec les femmes. Elle n'a jamais eu une amie femme et ses relations avec ses belles-mères ont toujours été tendues... un peu rivales... Je le sens d'ailleurs, quand je parle de la nouvelle compagne de mon père : « Françoise m'a aidé pour ceci... m'a appris cela... » Tout de suite, je vois une pointe de jalousie dans les yeux de ma mère, comme si elle pensait : « C'est mon fils, faut pas y toucher. » Je la sens prête à sortir les griffes. C'est très animal en fait, une mère. La mienne, je la vois comme une lionne : douce, attentive, mais prête à bondir quand on s'approche trop près de son petit.

Si elle me protège autant, c'est aussi parce qu'elle a peur de ce que les gens peuvent dire de moi. Elle dit ne plus avoir le souci du qu'en-dira-t-on, mais ce n'est pas tout à fait vrai. Quand elle me voit partir au travail avec une chemise un peu trop « affriolante », elle devient folle ! Comme si cela suffisait pour qu'on pense : « Le fils de Brigitte, il est un peu... » J'aime bien la « secouer » avec ça ! C'est devenu un jeu entre nous. Cela dit, je ne suis jamais « excentrique », ce n'est pas du tout mon style.

Parfois, cette peur d'être mal jugée l'empêche de voir l'essentiel : mon bonheur ou, au contraire, ma douleur. Ça a été le cas, à une période très particulière de ma vie. À 18 ans, j'ai voulu prendre mon indépendance en m'installant à Paris avec mon ami de l'époque. Après beaucoup de discussions et, comme toujours, une grosse dispute, ma mère a fini par accepter. Le problème, c'est que ce garçon est devenu violent. Pendant plus de deux ans, j'ai vécu l'enfer. Ma relation avec ma mère a été mise un peu entre parenthèses à cause de cela. On se voyait toujours, mais c'était comme s'il y avait un rideau entre nous qui l'empêchait de voir ce que je vivais vraiment. Je l'appelais de l'hôpital, le visage tuméfié, je disais : « Tout va bien, je suis à la maison. » Elle me croyait. Je ne peux pas lui en vouloir, puisque je mentais. Je ne me sentais pas capable de dire clairement : « Il me bat. » C'était trop dur, j'avais honte... Mais en même temps, j'essayais constamment de lui lancer des perches, j'espérais qu'elle comprenne... C'est peut-être le seul moment où elle n'a pas su me protéger, parce qu'elle était trop aveuglée par sa peur du qu'en-dira-t-on.

Georges, son mari, l'a aidée à changer sur ce point. Il a été très présent pour moi à cette période. C'est quelqu'un de bien. Je lui en ai pourtant fait baver au début ! Quand ma mère et lui se sont rencontrés, cela faisait presque deux ans que j'avais ma mère « rien que pour moi », depuis le divorce. Je n'avais jamais assisté au moindre signe d'intimité entre mes parents. Georges a été le premier que j'ai vu embrasser ma mère. J'ai été très jaloux ; j'avais l'impression qu'il la mangeait. J'étais certain qu'il allait me la voler ! Il a fait preuve de beaucoup de patience avec moi. Puis grâce à lui, j'ai vu ma mère heureuse comme jamais auparavant. Alors, j'ai compris que c'était « un type bien »... Mon homosexualité ne l'a pas étonné. Il s'est montré tout de suite très compréhensif et très à l'écoute.

Depuis six mois, mon compagnon et moi vivons à trois cents mètres de chez Georges et ma mère. C'est une coïncidence, même si, je l'avoue, je n'ai rien fait pour y échapper... Je ressens le besoin de voir ma mère de temps en temps. Son mari et mon compagnon, ce sont les mêmes ; on s'accroche avec eux sur les mêmes choses, parfois presque au même moment !

Oui, je fonctionne comme ma mère. Je sens son influence dans tout ce que je suis. Sauf dans le fait que je suis homo ; ce n'est pas de sa faute, ce n'est de la faute de personne... si tant est que ce soit une faute... Si j'avais eu le choix, j'aurais préféré être hétéro. Je n'ai aucune difficulté à assumer mon homosexualité, mais c'est tout de même plus facile, dans la société actuelle, d'aimer les filles quand on est un garçon et les garçons quand on est une fille. Quand vous voyez des gens manifester contre le pacs en clamant : « À quand le mariage pour les zoophiles ? », ça fait mal. Je ne suis tout de même pas un animal.

Puis il y a les enfants : j'en ai toujours voulu, mais je ne pense pas que j'en aurai. C'est trop difficile pour un gamin d'assumer cette situation, à l'école, dans la société... Je ne pense pas que ce soit l'aider à grandir que de le mettre dès le départ dans une position aussi particulière.

L'autre jour, j'étais dans le métro avec ma mère et une femme s'est assise à côté d'elle avec son nourrisson. Ma mère le dévorait des yeux. Elle n'attendait qu'une chose : pouvoir le prendre dans ses bras. Ça me fait de la peine de savoir que je ne pourrai jamais lui donner ce plaisir.

D'UNE RELIGION L'AUTRE, D'UNE CIVILISATION L'AUTRE

« "Ne crains point, Marie ; car tu as trouvé grâce devant Dieu. Et voici, tu deviendras enceinte, et tu enfanteras un fils, et tu lui donneras le nom de Jésus. Il sera grand et sera appelé Fils du Très-Haut, et le Seigneur Dieu lui donnera le trône de David, son père. Il régnera sur la maison de Jacob éternellement, et son règne n'aura point de fin." Marie dit à l'ange : "Comment cela se fera-t-il, puisque je ne connais point d'homme ?" L'ange lui répondit : "Le Saint-Esprit viendra sur toi, et la puissance du Très-Haut te couvrira de son ombre. C'est pourquoi le saint enfant qui naîtra de toi sera appelé Fils de Dieu." [...] Marie dit : "Je suis la servante du Seigneur ; qu'il me soit fait selon ta parole !" Et l'ange la quitta. »

Évangile selon saint Luc 1, 26-38

Odon Vallet : « Marie est la mère œdipienne non castratrice. »

La relation entre mère et fils, c'est d'abord une histoire d'hommes. Tout commence avec Dieu qui décide de créer un être à son image : un homme. Au commencement, donc, est le Père, puis le fils. Et ce n'est qu'en avançant un peu plus dans l'histoire qu'une femme apparaît, issue de la côte de l'homme. La femme doit sa vie à un fils... Mais tout s'organise ensuite, avec la naissance, par la mère, d'Abel et de Caïn, suivie de celle de quelques milliards d'individus. Et, parmi eux, ce couple mère-fils hors du commun qui va marquer à jamais notre culture : celui que forment Marie et Jésus. Après Ève et un premier essai éducatif peu concluant, Marie s'impose comme La Mère parfaite du fils tout aussi parfait. Et même s'il semble que ce fils doive sa perfection à son Père plus qu'à sa mère, comment ne pas voir en Marie l'icône maternelle par excellence ? Qui mieux que la Mater Dolorosa *pour incarner l'amour d'une mère pour son fils ? Tous les artistes, sculpteurs, peintres et graveurs, sont unanimes : cette femme n'a d'yeux que pour ce fils, tandis que lui, le visage tourné vers la foule ou le ciel, ne s'intéresse qu'aux autres... et à son Père. Depuis des siècles et des siècles, cette image de Marie et Jésus s'impose comme la référence de toute une civilisation. Mais qu'en est-il ailleurs ? Quelle mère Bouddha, Mahomet ont-ils eue ?*

Et, de fait, quelles influences peut-on accorder à ces représentations des mère-fils sur les rapports familiaux développés dans chacune des civilisations concernées ? Depuis la mère indienne traditionnelle à la mère juive caricaturée, comment vit-on les relations mère-fils à travers les différentes cultures ? Le privilège accordé au fils constitue-t-il une règle commune à toutes les civilisations ? Comment se manifeste-t-il et est-il justifié dans chacune d'entre elles ?

Ce sont là les deux grands axes de réflexion autour desquels je souhaitais organiser ce tour du monde culturel. Pour cela, j'ai choisi de suivre l'un des meilleurs guides en la matière, qui plus est doté d'une culture générale à peu près sans limites et d'un « sacré » sens de l'humour : docteur en sciences des religions, Odon Vallet enseigne à la Sorbonne depuis plus de vingt ans et se passionne pour les civilisations depuis au moins trente ans. Il est aussi énarque, docteur en droit, et auteur d'une trentaine d'ouvrages dont le dernier, Les Religions dans le monde.

*

Dans quelle mesure les héritages religieux pèsent-ils sur les relations mère-fils ?

La religion en tant que telle n'a pas d'influence directe sur les rapports mère-fils, pas plus que sur les rapports père-fils ou mère-fille… Les religions sont nées dans une civilisation donnée. C'est donc l'influence de cette civilisation qui est primordiale.

Cela dit, toutes les religions ont en commun d'être fidèles à des traditions et d'exalter la famille qui les transmet. Donc, la bonne relation aux parents est généralement privilégiée tandis que la désobéissance et le manque de respect à leur égard sont fustigés.

Cependant, si l'on pense par exemple au couple que forment Jésus et Marie, chaque religion véhicule bien une représentation de la relation mère-fils ?

Oui, et à ce titre, deux religions présentent un cas bien particulier de ce type de relation, à savoir la naissance miraculeuse du fils. Ce sont le christianisme et le bouddhisme.

Pour le bouddhisme, le Bouddha historique est né d'une mère, Maya, ce qui veut dire « illusion » en sanskrit...

« Illusion » !

On a beaucoup glosé autour de cela. Cela signifierait peut-être que la vie elle-même ne serait qu'une illusion, ce qui la rendrait plus « supportable ». Car n'oublions pas que pour le bouddhisme originel, transmettre la vie est un mal puisque c'est perpétuer la souffrance... Par les douleurs de l'enfantement, la mère éprouverait les premières souffrances que l'enfant vivra adulte... Mais cela, en fait, est à peu près commun à toutes les religions.

Pour revenir à cette mère « illusion »...

Cette femme aurait été fécondée par un éléphant blanc à six défenses ! C'est donc une naissance bien spécifique, puisqu'elle est attribuée à l'accouplement entre une mère « simple » mortelle et un géniteur qui n'est pas un homme, mais un animal.

Mais pas n'importe quel animal...

En effet, l'éléphant c'est la puissance ; c'est celui qui renverse les obstacles, qui sert à transporter les troncs d'arbre dans la tradition indienne. C'est l'éléphant Ganseh, le fils du dieu Shiva, doté d'une force herculéenne...

Puis, selon cette légende, il s'agirait d'un éléphant blanc, ce qui est rarissime et précieux. Et doté de six défenses, ce qui relève du mythe. Tout cela prouve bien qu'il a un « armement » très sophistiqué...

Cela dit, il reste un animal, ce qui revient à lui ôter tout rôle paternel auprès de l'enfant.

Sauf qu'en Inde, il n'y a pas de discontinuité entre l'animal et l'humain ; on peut tout à fait se réincarner en animal.

Quel statut cette naissance particulière donne-t-elle à Bouddha ?

Elle en fait un individu qui, normalement, est un homme et non un dieu. Mais un homme dont les origines sont surnaturelles. Il est un peu comme le héros de la mythologie grecque : fils d'une mortelle et d'un dieu.

Bouddha et sa mère ont en commun cette « humanité » ; cela n'est-il pas une façon de permettre le développement d'une relation particulière entre eux ?

Non, jamais il n'est fait état d'une quelconque relation œdipienne entre le Bouddha et sa mère. Puis il y a un père : son père adoptif, sorte de « saint Joseph bouddhiste », dont certains disent qu'il était un roi, d'autres un chef de clan républicain. C'est auprès de lui que le Bouddha a passé le plus clair de son enfance. En jeune noble, il a tout appris de lui pour en recevoir l'éducation d'un parfait futur guerrier. Avant de prendre son envol, à 30 ans.

Et sa mère dans tout cela ?

Pendant ces trente années ? Elle a le rôle de l'ombre, ou plutôt de la mort, puisqu'elle décède sept jours après l'accouchement.

Cet « effacement » de la mère est-il un autre point de comparaison entre les cas de Bouddha et de Jésus ?

Tout à fait. Marie est une femme dont les Évangiles ne parlent presque pas... D'une certaine façon, le point commun entre Jésus et Bouddha c'est que, étant des êtres d'exception, la mère n'a plus eu qu'à s'effacer devant ce fils extraordinaire, soit par la mort, comme c'est le cas de Maya, soit par le silence, comme Marie.

La conception de Jésus n'est d'ailleurs pas moins « exceptionnelle » que celle de Bouddha...

Oui, pour comparer, disons que dans le cas de Marie, c'est l'Esprit-Saint qui tient le rôle de l'éléphant ! L'Esprit-Saint l'a « couverte de son ombre » d'après les Évangiles. Comme le nuage, symbole de puissance céleste, couvre le soleil... C'est ce qu'on appelle la naissance miraculeuse de Jésus. À distinguer soigneusement de l'immaculée conception de Marie : cela signifie que Marie a été conçue sans péché dès le sein de sa mère, mais tout en ayant eu un père et une mère, « comme tout le monde », et qui, d'après les évangiles non officiels, qu'on dit « apocryphes », s'appelaient Anne et Joachim.

Quoi qu'il en soit, Jésus, pas plus que Bouddha, n'a de père de chair.

Non, mais comme Bouddha, il a un père adoptif, Joseph. Un très bon père adoptif, lui aussi, puisqu'il va l'élever comme « son propre fils ».

Pourquoi cette naissance miraculeuse par la Vierge Marie ?

Le judaïsme ne reconnaissait pas la virginité puisqu'une femme vierge était sans enfant et qu'une femme sans enfant était méprisée. On le voit, par exemple, à travers le cas de la cousine de Marie, Élisabeth ; méprisée jusqu'à ce que, *in extremis*, elle ait enfin Jean-Baptiste.

En fait, cette tradition de la virginité remonte aux Grecs, et notamment à Athéna, la déesse protectrice d'Athènes, qui était vierge. Les Latins avaient Diane, chaste elle aussi. Ces femmes sans mari étaient dotées d'une puissance extraordinaire. C'est comme si leur statut leur valait de rassembler à elles seules les pouvoirs féminins et masculins... Les psys parleraient de toute-puissance. D'ailleurs, Athéna était décrite comme une guerrière qui protégeait les soldats ; c'était « Athéna Niké » (*niké* : victoire). D'une certaine façon, la Vierge Marie rejoint Athéna : ne l'a-t-on pas souvent appelée « Notre-Dame des Victoires » ?

Donc, si je comprends bien, la femme vierge et sans enfant était « adorée » dans le cadre de la religion, mais méprisée au quotidien...

Non : elle était méprisée par les Juifs et exaltée par les Grecs. Or, le christianisme est né de la rencontre entre l'histoire juive et la philosophie grecque.

On peut ajouter que cette naissance miraculeuse a toujours suscité des doutes. Certains pensent même que Jésus avait des frères, d'autres qu'il était fils unique et n'avait que des cousins... Les questions autour de la maternité de Marie sont toujours débattues.

> « Les parents de Jésus allaient chaque année au Temple pour la fête de la Pâque. Quand Jésus eut douze ans, ils y montèrent comme d'habitude. Quand ils prirent le chemin du retour, à la fin des jours de fête, le jeune Jésus resta à Jérusalem sans que ses parents s'en aperçoivent. [...] C'est au bout de trois jours qu'ils le trouvèrent dans le Temple. [...] Sa mère lui

> dit : "Mon enfant, pourquoi nous as-tu fait cela ? Vois ! Ton père et moi, nous te cherchons tout inquiets." Jésus leur répondit : "Pourquoi me cherchez-vous ? Ne saviez-vous pas que je dois être chez mon Père ?" Mais ses parents ne comprirent pas ce qu'il leur disait. Puis il revint avec eux à Nazareth. Il leur obéissait. Sa mère gardait dans son cœur tous ces événements. Jésus croissait en sagesse et en taille. Il gagnait en faveur auprès de Dieu et des hommes. »
>
> Évangile selon saint Luc, 2, 11-52.

Autre sujet à controverse : la qualité de la relation entre Marie et Jésus, dont certains disent qu'elle était fusionnelle, quand d'autres, au contraire, parlent d'une relation très distante. Qu'en est-il vraiment ?

En fait, on voit que Jésus répond souvent très brutalement à sa mère. Jamais on ne le voit lui faire un cadeau ou la gratifier. Mais parce que sa vraie famille est ailleurs : ce sont les disciples, puis le peuple. Cela devient évident à partir de la scène du Temple : quand, pendant trois jours, Jésus, alors âgé de douze ans, disparaît de chez ses parents pour aller répandre la parole de Dieu parmi les docteurs du Temple.

Douze ans : c'est un « ado » !

Oui. Et comme tout adolescent, il proteste contre sa mère qui lui reproche sa fugue. En fait, par cette attitude, Jésus lui dit : « Je suis devenu un grand. » Il rompt avec sa mère pour entrer dans le monde adulte. De son côté, en bonne mère, Marie comprend finalement le besoin d'autonomie de son fils. Elle admet que la mission de son fils soit ailleurs.

Quel rôle Marie tient-elle ensuite auprès de son fils ?

Elle ne joue plus qu'un rôle très effacé. Sauf en deux circonstances. D'abord, au début de la vie publique de Jésus. D'après l'Évangile selon saint Jean, lors des noces de Cana, Marie va faire remarquer à son fils que les gens réunis autour de la table n'ont rien à boire ni à manger. Jésus lui répond avec une certaine agressivité... Et il lui obéit pourtant : il change l'eau en vin... C'est le premier miracle de Jésus. Marie est donc celle qui permet au Christ de révéler sa vraie nature. Ce qui veut dire que, tout en étant dans l'ombre, elle accomplit son rôle de mère, en encourageant son fils dans son développement.

> « La mère de Jésus lui dit : "Ils n'ont plus de vin." Jésus lui répondit : "Que me veux-tu, femme, mon heure n'est pas encore venue." Sa mère dit aux servants : "Tout ce qu'il vous dira, faites-le." Il y avait là six jarres de pierre, destinées aux rites de purification des juifs ; elles contenaient chacune deux ou trois mesures. Jésus dit aux servants : "Remplissez d'eau ces jarres." Ils les remplirent jusqu'au bord ; "Puisez maintenant, leur dit-il, et portez-en au maître du repas." Ils lui en portèrent. [...] Tel fut le premier des signes de Jésus. »
>
> Évangile selon saint Jean, 2, 1-12.

Quand apparaît-elle ensuite ?

Lors de la Passion. Il y a là un renversement total de la situation : alors que Jésus avait été reçu triomphalement à Jérusalem, la foule se retourne contre lui, le hue et le méprise. Pour Marie, son fils devient un échec. Lui qui avait suscité l'enthousiasme et dont elle pouvait légitimement être fière devient l'être le plus bafoué. En cela, le sort de Jésus me fait penser à celui des résistants de la dernière guerre. Quand, en recevant les lettres de leurs fils résistants, des mères apprenaient qu'ils étaient traités comme des terroristes, torturés, mis à mort, elles avaient, d'une certaine façon, l'impression d'avoir échoué. Et ce n'est qu'après la guerre que ce fils devenait un héros dont le nom était inscrit sur toutes les plaques. C'est exactement ce qui se passe pour Marie.

Qu'advient-il d'elle après ? Est-ce que la Mater Dolorosa *« survit » à la mort de son fils ? D'autant que Joseph, son mari, n'est plus...*

Selon la tradition, elle est accueillie chez un disciple de Jésus, Jean. Une femme sans homme étant condamnée à mourir de faim, il fallait toujours qu'il y eût un proche pour la recueillir. D'où, d'ailleurs, la loi juive du lévirat, qui obligeait le frère d'un défunt à prendre sa belle-sœur chez lui.

Ce qui est étonnant, c'est que, autant la conception de Jésus favorise une relation fusionnelle entre lui et sa mère – elle est cette mère intacte, jamais touchée par un autre homme que lui, celle qui a vécu sa grossesse comme un émerveillement, celle qui a mis au monde le fils de Dieu... – autant cette mère sait parfaitement laisser son fils partir...

Absolument, c'est la mère œdipienne non castratrice. Ou, pour reprendre l'expression de Sándor

Ferenczi, disciple de Freud, Marie n'était pas « le vagin denté ». Pour ce psychanalyste, le « vagin denté », c'est la femme dangereuse qui va, en quelque sorte, menacer de couper le sexe du garçon. Marie n'est pas de celles-là. Elle s'efface.

Comme toutes les femmes autour de Jésus d'ailleurs !

Il est certain que Jésus ne vit pas dans un milieu où les femmes étouffent l'homme, un milieu soumis à la loi de ce que le psychanalyste François Perrier appelait le « syndicat des ovaires ». Jésus va vivre parmi des hommes et des femmes ; ses disciples sont des hommes, mais on voit aussi des femmes vivre autour de lui, comme Marie-Madeleine. En bref, on ne fait pas état d'un environnement féminin étouffant, pas plus, selon moi, que d'un environnement masculin répressif.

Pour revenir à Marie : tous les chrétiens ne lui accordent pas le même statut...

En effet. Si les catholiques, tout comme les orthodoxes, vouent un culte spécial – que l'on appelle une hyperdulie – à la Vierge Marie, ce n'est pas le cas des protestants. Ils n'accordent pas un statut surnaturel à Marie. Pour eux, elle est une femme sainte, puisqu'elle a donné naissance à Jésus, mais pas immaculée.

À travers le culte marial, que ce soit celui de Notre-Dame de Lourdes ou celui de Notre-Dame de Guadalupe, au Mexique, Marie apparaît comme un être tout à fait exceptionnel. Elle en deviendrait presque un second sauveur, une « quasi-déesse » capable d'apporter le salut au genre humain. C'est cette ambiguïté possible que les protestants veulent éviter : le salut vient du seul Jésus-Christ.

Cette différence a-t-elle, selon vous, des conséquences sur la conception de la maternité dans ces différents courants religieux ?

Je ne pense pas. D'après moi, il y a bien plus de différences entre une mère catholique vivant en France et une autre vivant en Afrique, qu'il n'y en a entre une mère catholique et une mère protestante vivant toutes deux dans le même pays. C'est, toujours, le poids de la civilisation qui l'emporte.

Qu'en est-il, maintenant, dans la religion musulmane ?

C'est différent. Mahomet a un père, Abd Allah, et une mère, Amina, sans aucune origine divine. Les musulmans insistent toujours sur le fait que le dernier des prophètes est un homme comme les autres. Mahomet est exceptionnel, mais homme. En faire autre chose et le faire échapper à la loi commune pour la conception serait porter atteinte à l'unité de Dieu. Car pour les musulmans, Dieu n'engendre pas, il crée.

Que sait-on de la mère de Mahomet ?

Peu de choses, sinon qu'il l'a perdue très tôt, à 6 ans. Il a ensuite été recueilli par un oncle, car son père était mort avant sa naissance.

Six ans n'est pas n'importe quel âge dans la vie d'un enfant ! On dit bien, pour reprendre la formule du psychologue Fitzhugh Dodson, que « tout se joue avant 6 ans »...

Vous savez, dans le Proche-Orient ancien, d'une part bien des mères mouraient en couches, d'autre part la vie était très brève. Donc, rares étaient ceux qui gardaient longtemps leurs parents. De plus, Mahomet, comme beaucoup de jeunes Mecquois, avait été élevé par une nourrice dans l'air pur du désert.

En fait, ce qui a surtout caractérisé la vie personnelle de Mahomet, c'est son très grand nombre de femmes et pourtant son impossibilité d'avoir un fils. D'où le problème de savoir qui succédera à Mahomet !

Nous venons de voir quels étaient les types de relations mère-fils diffusés à travers les religions. Qu'en est-il, à présent, de leurs héritages dans les différentes civilisations ? Commençons par l'Occident...

Dans la tradition chrétienne, la maternité est un don de Dieu. À l'instar de Marie, d'une certaine façon, une femme a un enfant si Dieu le veut bien. On trouve encore, dans la basilique de Lourdes, des *ex-voto* de femmes venues remercier Dieu d'être enceintes. De fait, autant l'annonce de l'enfant se doit d'être accueillie comme un don de Dieu, autant la stérilité est une épreuve. C'est Dieu qui décide et non la femme. Pour preuve, le cas de Sarah relaté dans l'Ancien Testament. Après avoir désespérément – et pieusement ! – attendu un enfant toute sa vie, elle se voit finalement offrir par Dieu la chance de vivre l'enfantement à quatre-vingts ans !

Mais qu'en est-il plus précisément de la relation mère-fils ? Quelles sont les spécificités de cette relation dans la tradition occidentale ?

Le christianisme est né au Proche-Orient ; et les relations entre Jésus et sa mère étaient finalement très proches de ce qui se vit aujourd'hui dans les familles de Nazareth.

Dans les civilisations de l'Inde, à présent, quel regard porte-t-on sur la mère ?

Dans ces civilisations, la mère transmet la vie mais pas l'appartenance à la société. Or, c'est cela qui importe vraiment : la caste à laquelle l'enfant va appartenir. Et ce sont les hommes, notamment les brahmanes, qui, dans la tradition hindouiste, ratifient l'appartenance à la caste quand l'enfant a 10-12 ans.

D'où, j'imagine, la préférence pour un fils...

Oui, dans la civilisation indienne, mais aussi dans la tradition chinoise. Il suffit, pour cela, de constater le nombre effarant d'avortements depuis que l'échographie permet de révéler le sexe du fœtus. Il y a de moins en moins de filles dans ces pays, ce qui pose un réel problème pour l'avenir.

Quels sont les fondements traditionnels de cette préférence pour le fils ?

Les Chinois ont le culte de l'ancêtre. Or, c'est le fils qui, seul, peut pratiquer ce culte. De même, dans l'hindouisme, le bûcher cultuel est allumé par le fils... Sinon, il faut demander à un prêtre.

L'autre explication à cette préférence pour le fils est qu'une fille à marier, c'est une dot à constituer, donc une charge financière pour les parents. Cela dit, le salariat féminin est en train de revaloriser le statut de la femme – et fille – asiatique.

Qu'en est-il dans la civilisation arabo-musulmane ?

La mère musulmane n'a aucun rôle de filiation religieuse puisque, pour l'islam, la religion se transmet par le père. Son rôle, en revanche, est essentiel sur le plan social, familial, éducatif. Elle a la quasi-exclusivité du rôle féminin. Chez nous, un enfant est très tôt entouré de femmes : nounous, institutrices, professeurs... Dans ces sociétés traditionnelles, au contraire, la mère reste longtemps l'unique figure féminine à laquelle le fils se réfère, du moins s'il n'y a pas de sœur. Cela suffit à expliquer leur connivence. Cependant, la scolarisation généralisée est en train de modifier cette relation, en confrontant les fils à d'autres éducatrices.

Mais c'est surtout dans la figure traditionnelle de la mère juive que cette connivence s'impose !...

Oui, surtout chez la mère séfarade. Elle est en réalité très proche de la mère musulmane puisqu'elles appartiennent toutes les deux à la même civilisation. Donc, comme dans tout le Proche-Orient, elle est traditionnellement la maîtresse du logis, celle qui règne sur l'intérieur de la maison, alors que le père domine l'extérieur. C'est une société patriarcale pour tout ce qui concerne la vie sociale, mais matriarcale dans tout ce qui concerne la vie à la maison, et notamment l'éducation des enfants. La caricature de la mère juive s'enracine dans cette tradition d'une mère extrêmement présente auprès de ses petits. Le père, lui, est celui qui permet de passer du giron maternel à la société patriarcale.

Sauf qu'à la grande différence de la mère musulmane, la mère juive transmet la religion...

Oui, la raison étant que, autant on n'est jamais certain de l'identité du père de quelqu'un, autant celle de sa mère ne fait aucun doute !

Ce dogme ne peut-il pas expliquer l'intensité de la relation entre la mère juive et ses fils ?

Il y participe sans doute : les fils sont d'autant plus reconnaissants vis-à-vis de leur mère qu'ils lui doivent leur appartenance au peuple juif.

Cela dit, elle transmet la religion mais l'apprentissage de cette religion se fait auprès des hommes. Dès 12 ans – âge de l'entrée de Jésus au Temple ! –, les garçons sont admis à la bar-mitsva pour lire la Torah, comme les hommes.

En d'autres mots, la femme juive transmet l'appartenance à la Loi, mais pas la Loi elle-même.

Celle-ci restant la fameuse « Loi du Père » explicitée par Jacques Lacan mais déjà présentée par un certain Sigmund Freud...

En effet... Dieu sait si la psychanalyse a à voir avec le judaïsme !

La mère juive

« La mère juive rend le monde plus doux
Comme la vie est amère quand elle n'est pas là
Remercie Dieu qu'elle soit auprès de toi
Nous sommes si tristes quand elle part trop tôt
Elle se jetterait dans les flammes et dans l'eau pour son enfant
Il n'est pas plus grand péché que de ne pas l'adorer
Heureux et riche est l'homme qui possède ce cadeau de Dieu,
Sa vieille maman juive. »

Lew POLLACK,
My Yiddishe Mame

Bruno Halioua : « La mère juive échappe à toute logique psychanalytique ! »

Comment parler de la relation d'amour entre une mère et son fils sans évoquer la « mère méditerranéenne » ou, pour toucher au paroxysme de la caricature, « la mère juive » ? Le défi n'est pas si simple, d'autant qu'il y a toujours quelqu'un pour vous y confronter : « Un livre sur mères et fils ? Ça va faire un tabac en Corse ! », ou : « Avez-vous constaté de grandes différences entre les mères de différentes religions, par exemple, entre mère juive et mère catholique ? » Ou encore : « À ce propos, j'ai une bonne blague : tu connais la différence entre une mère non juive et une mère juive[1] *? » J'en passe et des meilleures... J'ai bien essayé de ne pas sombrer dans ce que je croyais être une facilité. Et j'y suis parvenue : le livre était fini, bouclé, envoyé, sans « histoire de mère juive » à l'intérieur...*

Puis j'ai voulu prendre rendez-vous avec un dermatologue. Quel rapport ? Quelques semaines auparavant,

1. La différence entre une mère non juive et une mère juive quand elles nourrissent leur fils ? La mère non juive dit : « Mange ou je te tue ! » La mère juive : « Mange ou je me tue ! »

j'étais tombée sur un livre aussi désopilant que touchant, intitulé Mères juives des hommes célèbres. *L'auteur est un Parisien devenu médecin dermatologue, comme le voulait sa mère... juive. J'ai envisagé ce hasard comme un premier signe. Le second a été de constater que ce médecin avait son cabinet à quelques rues de chez moi... J'ai donc pris rendez-vous avec lui sous un prétexte purement médical, mais en gardant tout de même à l'esprit l'éventualité d'une légère digression sur le sujet... Suivant « l'ambiance »... Cette occasion n'a pas traîné : à peine assise sur le fauteuil du patient-interviewé, je devais avouer mon métier ; lui, ravi, son goût pour l'écriture ; moi, enchantée, l'autre raison de ma présence dans son cabinet... Le débat était lancé. Il s'est poursuivi pendant un quart d'heure dans la pièce d'à côté, moi allongée sur un fauteuil médical, un spot de lumière blanche dans les yeux, lui assis sur une chaise surélevée et me triturant la peau du bout des doigts tout en me racontant ses souvenirs d'enfant... Bilan : quelques petites irritations cutanées qui seront vite soignées, et un prochain rendez-vous fixé à la semaine suivante, pour un entretien indispensable sur le thème de la mère juive.*

*

Qui se cache sous les traits caricaturaux de la « mère juive » ?

Lorsqu'on parle de « mère juive » aujourd'hui, c'est-à-dire au sens caricatural, on pense à un « gros calibre » maternel : une femme au tempérament très fort, et une mère très, voire trop aimante.

Ce n'est pas seulement le cas de la mère juive !

Non, bien sûr. D'ailleurs cette caricature pourrait tout aussi bien être appelée « mère italienne », « corse », « espagnole » ou « d'Afrique du Nord »... En fait, c'est la mère méditerranéenne.

Pourquoi, alors, est-ce la « mère juive » qui trône au rang de catégorie quasi ontologique ? !

Je crois – mais c'est mon interprétation personnelle – que cela est surtout lié à l'humour juif. Pratiquer l'humour juif, c'est se moquer de ceux que l'on aime, à commencer, donc, par sa mère. La caricature de la mère juive, ce sont les enfants juifs eux-mêmes qui la nourrissent. Ce sont les premiers à inventer les blagues sur la mère juive. En ce moment, par exemple, il y en a une qui marche très fort : quelle est la différence entre une mère juive et un terroriste ?

... ?

Avec un terroriste, on peut négocier ! Bref, l'humour juif a cette particularité de pratiquer l'autodérision. *A contrario*, il y a, dans les familles espagnoles ou italiennes, par exemple, une certaine pudeur catholique qui, je pense, ne permet pas de « critiquer » aussi librement la mère. La *mamma*, c'est, en quelque sorte, la mère sainte, l'image d'une « Vierge Marie » à laquelle on ne veut pas porter atteinte.

Puis il y a aussi des particularismes culturels qui font que la mère tient, dans la tradition juive, une place tout à fait à part et ce, depuis toujours.

C'est-à-dire ?

Tout commence avec la Bible : que l'on pense à Sarah ou à Myriam, on voit que les mères et épouses juives ont toujours joué un rôle majeur. Nous étions déjà là face à des femmes particulièrement « fortes » !

Sans oublier que la société juive a soulevé beaucoup d'interrogations : tandis que les civilisations égyptienne ou romaine se sont complètement délitées dans le temps, comment se fait-il que la société juive se soit maintenue ? Quel est donc le secret de ces gens qui ont continué à perpétuer leurs traditions envers et contre tout depuis deux mille ans ? Ce « secret », c'est la mère ! Parce que c'est elle qui transmet aux enfants la religion – nous disons : « Tribu du père, religion de la mère » – et les traditions à travers l'éducation.

Pour parler, maintenant, du sujet qui nous intéresse plus précisément ici : quelles sont les particularités de la relation entre cette mère juive et son fils ?

Ce sont des relations terriblement affectives. Il suffit de voir ce qui se passe quand, dans un mariage, une bar-mitsva ou autre fête juive, l'orchestre se met à jouer *My Yiddishe Mame* : tous les hommes, de sept à soixante-dix-sept ans, ont la larme à l'œil ! Et quand un vieil homme juif vous traduit les paroles, c'est avec des trémolos dans la voix ! Parce que la mère juive, c'est un mythe. Un « gros calibre ». Une énergie et une personnalité incroyables dont le fils est la première « cible » !

Dans votre livre, Mères juives des hommes célèbres, *vous expliquez en effet que ces hommes ne seraient sans doute jamais devenus ce qu'ils sont devenus sans leur « mère juive ». Pourquoi ?*

Il faut d'abord savoir que la culture et, de fait, la réussite sociale et professionnelle tiennent une place fondamentale dans la tradition juive. Cela s'explique assez facilement : quand vous êtes amené à voyager à travers les pays, quel est le seul bien que vous gardez avec vous et qui vous permettra de vous en sortir partout où vous vous retrouverez ? Votre culture. La mère étant celle qui prend en charge l'éducation de ses enfants, c'est elle qui va travailler à la mise en exergue de ces notions de réussite et de savoir auprès d'eux.

Et plus particulièrement auprès de ses fils...

C'est vrai que l'on pourrait se demander : et les filles dans tout cela ? Bien sûr qu'il y a une relation forte entre ces mères et leurs filles, mais l'accès des filles à la culture reste relativement récent. C'est donc à travers ses fils que la mère va accomplir tout ce qu'elle-même n'a pas pu faire. Par exemple, personnellement, je fais partie de cette génération dont les mères ont eu leur scolarité balayée par la guerre. Si ma mère en avait eu l'occasion, il est certain qu'elle aurait pu faire de brillantes études. Mais voilà : son père fut déporté à Auschwitz, elle s'est retrouvée orpheline à douze ans avec un certificat d'études en poche et l'obligation de travailler au plus vite. Sa soif de savoir est restée inassouvie... jusqu'à ce qu'elle ait des fils !

Et c'est ainsi que vous êtes devenu médecin, mû par les ambitions de votre mère...

Oui. J'ai longtemps cru que j'étais seul dans ce cas, mais en discutant avec d'autres, collègues et amis, j'ai vite découvert que ma vie était une photocopie de milliers d'autres ! Le phénomène du fils juif devenu médecin est universel ! En France, en Angleterre, en Australie ou aux États-Unis, partout vous retrouvez, en gros, le même schéma : première génération, petits artisans ; deuxième génération, médecins.

Pourquoi ?

Cette fascination pour la médecine est ancestrale ! Je pense qu'elle tient d'abord au fait que la figure particulièrement marquante du judaïsme est Maimonide, qui était rabbin et médecin. Devenir médecin permet donc de montrer à la fois son attachement à la tradition et, en même temps, de favoriser son intégration en se mettant au service des gens du pays dans lequel on vit. C'est comme cela, par exemple, qu'après la Révolution française, lorsque les juifs ont obtenu le droit aux études, beaucoup sont devenus médecins militaires ! C'était une façon de prouver leur attachement à la France et à la médecine – donc, indirectement, à la tradition juive.

À cela s'ajoute l'influence du personnage même du médecin. Pour exemple, j'ai vécu les dix premières années de ma vie dans une HLM à Bobigny. Là, il n'y avait aucune chance pour que je croise un chercheur, un sociologue ou un paléontologue ! Non, le seul

« intellectuel » connu était le médecin. Je me souviens de ses visites comme si c'était hier. Pendant que l'un faisait le guet à la fenêtre pour ne pas rater son arrivée, ma mère s'agitait pour l'accueillir comme un roi : café, serviette propre... Il n'avait qu'à demander ! Ma mère l'entourait d'une aura telle que je ne pouvais qu'être en admiration devant cet homme !

La question qui se pose ensuite pour le petit garçon est : comment suivre l'exemple de ce monsieur ? Sauf que la mère, elle, ne se pose pas la question ! Pour elle, c'est une évidence : son fils sera médecin ! Pour une mère juive, son fils est « le plus extraordinaire », « le plus talentueux ». L'intelligence du fils sera de ne pas trop croire sa mère, sinon il en deviendra puant de prétention et perdra vite ses moyens car le moindre échec le détruira. En revanche, s'il est bien « assimilé », cet amour sera incroyablement porteur.

Pour caricaturer, on pourrait dire que la mère juive a deux slogans : « Rien n'est grave » ; ou, pour vous évoquer mon cas particulier : « Ce n'est pas une mauvaise note en maths qui t'empêchera de devenir médecin. » Autrement dit : « À petit juif rien d'impossible ! »

Et le second « slogan » ?

« Le fils d'Unetelle a réussi ; quoi ! tu serais moins intelligent que lui ! ? » C'est l'étape dite d'identification ! N'oublions pas que nous sommes là dans une culture fondée sur un sens très aigu de la famille. L'entourage, le « clan » joue une influence capitale dans les ambitions développées par la mère à l'égard de son enfant ! J'avais, par exemple, un cousin médecin. Ce généraliste de banlieue qui s'échinait à grimper les étages des HLM du matin au soir était, pour moi et pour toute la famille, la quintessence de la réussite. « Ton cousin a réussi à faire médecine. Tu y arriveras donc toi aussi. » Si la mère l'a dit, alors !... Vous ne pouvez pas douter. Vous savez que vous allez réussir parce qu'il y a, derrière vous, cette femme qui en a la conviction profonde.

Prenez Sigmund Freud. On raconte qu'il y avait un piano dans la maison familiale, mais dont personne d'autre que Sigmund n'avait le droit de jouer. Parce qu'il ne fallait surtout pas le déranger ! Mais est-ce que ses quatre sœurs lui en voulaient de ne pas pouvoir jouer du piano ? Non, c'était « normal », parce que tout le monde savait, dans la famille, que le « petit Sigmund » allait réussir.

Cette assurance permet de relever tous les défis. Imaginez : quand on s'appelle Sigmund Freud et qu'à quarante ans à peine, à l'encontre de tous les professeurs de neuropsychiatrie de l'Autriche, antisémites de surcroît, on se met à élaborer une théorie de la psychanalyse ; ou, quand on est Albert Einstein et qu'on développe une théorie de la relativité contre l'avis de tous les plus grands scientifiques ; ou encore quand on s'appelle Dustin Hoffman, que l'on est petit, pas très beau, bref que l'on n'a pas le profil d'une star mais qu'on se présente tout de même comme comédien... Il faut une sacrée confiance en soi ! Et cette assurance, où la puiser ? Au foyer, auprès de la mère.

Comment expliquez-vous toute cette « dose » d'amour maternel ?

D'abord, il faut penser que pendant longtemps et jusqu'à peu de temps encore, les mariages étaient arrangés par les parents. La femme épousait l'homme que sa famille avait choisi. Tout l'amour qu'elle n'avait pas toujours la possibilité d'exprimer avec cet homme (parce qu'elle ne l'avait pas choisi, et/ou parce que cet époux travaillait beaucoup à l'extérieur), elle le reportait donc sur ses enfants, et en particulier sur son fils. Le cas de l'écrivain Albert Cohen en est une parfaite illustration. Quand sa mère, jeune femme née à Corfou, quitte son cocon judéo-séfarade pour Marseille, elle se retrouve dans une ville où elle ne connaît personne, auprès d'un mari pas très « tendre » et sans doute un peu coureur... Elle va donc porter tout son amour sur son fils, Albert.

Sans oublier que très souvent, et jusqu'à notre génération seulement, il y avait une très faible différence d'âge qui séparait la mère juive et le fils. Prenez par exemple le cas de la famille Freud. Amalia Malka a 17 ans quand elle accouche de Sigmund. Autrement dit, à peine la fille a-t-elle lâché ses jouets qu'elle s'occupe de son bébé. Très vite, il devient un « petit homme », son « petit mari » mais qui, lui, est à la maison avec elle.

Et ensuite, comment évolue la relation ?

Cela dépend. Je pense que la mère juive est un peu comme le Bœing qui transporte un planeur. Elle le monte aussi haut que possible et, un jour, elle coupe le filin pour qu'il puisse voler de ses propres ailes.

Elle coupe vraiment le cordon ?

Pas complètement, bien sûr. D'autant que la mère juive connaît le secret pour s'assurer l'attachement éternel de son fils : la nourriture ! Pourquoi plus la mère juive avance en âge, plus elle excelle dans la préparation des petits plats ? Parce que, quand le fils est petit, il n'a pas vraiment conscience de la saveur d'un plat. Pour lui, rien ne vaut un bon steak frites ! Mais en grandissant, qu'est-ce qui va le rappeler à la table familiale ? L'odeur des petits plats de sa mère ! Si, par exemple, Sigmund Freud était aussi attaché aux fêtes juives, ce n'était absolument pas pour des raisons religieuses. Ce qu'il aimait dans ces fêtes, c'était les repas que lui concoctait sa mère !

Nous ne sommes pas bien loin de « la madeleine » de Proust...

Marcel Proust, fils d'Adrien Proust et d'une certaine Jeanne Weil...

Cela pour vous dire qu'entre la mère juive et son fils, la rupture n'est jamais radicale. Reste cet amour essentiel, mais qui s'exprime moins le jour où le fils fonde sa propre famille et devient parent à son tour.

C'est là que la « mère juive » s'efface ?

Oui... et que la « grand-mère juive » apparaît ! C'est une autre figure qui se trouve de nouvelles « proies » : ses petits-enfants !

Mais sans oublier le fils...

Non, le Bœing n'est jamais bien loin ; il est toujours prêt à revenir si le planeur part en vrille ! Mais il faut cependant qu'il y ait un « lâcher ». Or, ce qui est terrible et qui arrive parfois, c'est que d'un côté il y a le fils qui essaie de cisailler le filin, et de l'autre la mère qui le retient de toutes ses forces !

La psychanalyse explique bien que c'est d'abord à la mère d'initier la rupture...

Sauf que la mère juive échappe à toute logique psychanalytique ! Pour preuve, un ami psy me racontait récemment le cas d'une femme venue le voir avec son enfant : « C'est terrible, docteur, il faut à tout prix que vous vous occupiez de mon enfant. Il ne va pas bien du tout : il a 23 ans et il veut quitter la maison, vous vous rendez compte ! » Ce à quoi le psy a répondu : « Madame, s'il y a quelqu'un qui mérite de rester face à moi dans ce cabinet, ce n'est pas votre fils, c'est vous ! » C'est une caricature, bien sûr ! Puis il arrive aussi que ce soit le fils qui refuse de couper le filin. Cela dit, c'est vrai que certaines mères juives dénaturent parfois la relation.

Avec quelles conséquences ?

Autant sur le plan professionnel et social, l'amour de la mère juive est un moteur quasi indéfectible pour le fils, autant il peut faire des ravages dans sa vie affective. Romain Gary par exemple : toute sa vie, il a essayé de retrouver sa mère à travers les femmes qu'il a rencontrées. De même pour Albert Cohen qui n'a jamais pu se satisfaire de ses conquêtes amoureuses.

En fait, quel est le destin amoureux d'un enfant juif ? Soit il épouse sa mère, c'est-à-dire quelqu'un qui lui ressemble beaucoup, soit il choisit une femme qui lui est diamétralement opposée : c'est la « belle-goy ». Comme dans le film de Sam Garbarski, *Le Tango des Rashevski* : quand la fiancée du héros interprété par Michel Jonasz propose de se convertir, que répond celui-ci ? « Non, surtout pas ! » Elle est là, la « révolte » du fils vis-à-vis de sa mère juive !

Sinon, il y a une solution ; comme elle sait qu'il n'est pas bon qu'un homme « épouse » sa mère, la nature a bien fait les choses : pour les juifs polonais, il y a les juives d'Afrique du Nord, et inversement ! Ni tout à fait la même, ni tout à fait une autre ! Cependant, étant moi-même issu d'un tel couple (mon père est juif d'Algérie, ma mère juive polonaise), j'ai eu l'occasion de comparer, et croyez-moi : mère juive séfarade ou mère juive polonaise, c'est la même chose ! Même « gros calibre » !

Pour terminer : la mère juive est-elle une espèce en voie d'extinction ?

On pourrait le penser, en effet : Mai 68 est passé par là, la femme s'est libérée, elle travaille... Et pourtant non, je vous l'assure : les mères juives resteront les mères juives ! Avec quelques bémols, peut-être, mais si peu ! Des exemples ? J'en ai tous les jours autour de moi. Il suffit que je regarde comment se comportent les femmes de ma génération devenues mères... Non, on n'échappe pas à l'emprise de sa mère juive !

À ce sujet, je dois vous raconter cette scène à laquelle j'ai assisté récemment en accompagnant ma fille à la gare où l'attendait un groupe d'enfants juifs pour un départ en colonie de vacances. Le train s'apprêtait à partir quand, soudain, le directeur de la colonie se mit à crier : « Je vous en prie, mesdames, ne rentrez pas dans le wagon ! Chaque année, on en emporte une que l'on est obligé de laisser à Dijon ! » Une scène d'anthologie !

Et quand, dans un brouhaha de derniers conseils, de baisers, de pleurs, les mères ont enfin accepté de sortir du wagon, toutes sont venues coller leur nez à la vitre, frappant contre celle-ci d'une main, et tenant leur téléphone portable de l'autre. Et bien entendu, dans le wagon, tous les enfants étaient eux aussi au téléphone, écoutant inlassablement les bonnes paroles de celles qui s'agitaient de l'autre côté de la vitre !

Mère et fils en conflit

« Woody Allen à sa mère qui porte un pansement à un œil : “Ta gueule, maman, ou je te crève l’autre œil.” »

Bruno Halioua,
Mères juives des hommes célèbres

Maryse Vaillant : « On peut survivre à tout, y compris à la rupture de ce lien. »

De la petite dispute à la crise ouverte en passant par le conflit latent, la relation entre mère et fils peut être secouée par toutes sortes de tumultes. Enfant, adolescent, adulte, à chaque âge de la vie, ce sont de nouvelles occasions de conflits qui se présentent, et qu'il s'agit de régler pour continuer d'avancer seul et dans cette relation. Mère, fils, fille, père, femme, mari... Nous connaissons tous le processus. Mais s'agissant de la relation entre mère et fils, qu'ont leurs conflits de particulier ? Dans la forme et dans le fond ? Comment et autour de quels problèmes récurrents naissent-ils ? Et comment mère et fils accèdent-ils au pardon ?...

C'est avec la psychologue Maryse Vaillant que j'ai voulu aborder ces thèmes du conflit et du pardon. Des thèmes qu'elle a eus à développer dans son parcours tant professionnel que personnel : psychologue de formation analytique, longtemps chargée de cours à Paris-VII, chargée d'études au centre de Vaucresson, à l'Institut de l'enfance et de la famille et à la Protection judiciaire de la jeunesse, elle se consacre maintenant à l'écriture. En travaillant auprès des équipes éducatives, elle s'est interrogée sur la violence, celle des adolescents et celle des familles. S'en est suivi un travail de recherche sur les facteurs de résistance, de récupération et de réparation des enfants et des adolescents en difficulté, mais aussi des familles et des équipes professionnelles en souffrance. Ses travaux sur la délinquance juvénile et la réparation pénale l'ont amenée à avancer l'idée que la responsabilité, la réparation et la créativité sont des éléments essentiels d'insertion sociale individuelle et collective, ainsi que des facteurs de résilience importants. « Si la réparation, c'est de la violence recyclée, dit-elle, c'est également pour les jeunes et leurs familles une promesse d'équilibre personnel et de reconstruction sociale, et pour la société civile une promesse d'humanité. » Elle a ainsi été amenée à explorer le pardon filial, sa spécificité (travail généalogique, de deuil et de séparation) et la résilience : comment survivre à son histoire personnelle et inventer la vie qui nous convient ? Pour étudier la transmission des secrets et des violences, elle s'est replongée dans l'histoire de sa propre famille, en remontant jusqu'à la mort mystérieuse de sa grand-mère maternelle : « Lorsqu'on l'a retrouvée pendue, son fils, prostré à ses pieds, venait de revenir des camps. Elle l'avait attendu pendant toute la guerre. Personne n'assista à leur dispute qu'on entendit pourtant dans le bourg, personne ne sut s'il la pendit ou s'il la laissa se pendre sans intervenir. C'est leur secret, l'énigme de leur relation, celui d'une passion. C'est sur cette énigme que ma vie d'enfant démarra, sur ce secret que la vie de ma mère s'engloutit. La tragédie d'une passion entre une mère et son fils, et qui marqua toute ma vie. »

Maryse Vaillant est aussi l'auteur de nombreux ouvrages dont Il n'est jamais trop tard pour pardonner à ses parents.

*

Parmi les différentes formes de conflits entre parents et enfants, qu'est-ce que les conflits mère-fils ont de particulier ?

Ce sont des conflits passionnels. Parce que l'amour entre la mère et le fils n'est pas une simple tendresse ; c'est souvent une vraie passion faite de déchirements et de douleurs. Une passion qui ne s'avoue pas toujours mais qui est là.

Ne pourrait-on pas dire la même chose de la relation mère-fille ?

La relation mère-fille est fondée sur une féminité partagée. Lorsqu'il y a conflits, ils sont de l'ordre de rivalités, de concurrences... Cela ne les rend pas plus simples à vivre, bien au contraire. Mais ils se disent, s'avouent plus facilement, ce qui aide à les dépasser.

La relation mère-fils, elle, est fondée sur une sorte de pacte d'amour revendiqué et qu'il paraît inconcevable de rompre. On voit bien comment, même les plus machos des hommes, ceux qui parlent très peu de leurs sentiments de peur de passer pour des « fillettes », se font une fierté de clamer leur amour pour leur mère. Il est extrêmement rare qu'un fils ose annoncer ouvertement qu'il en veut à sa mère ou qu'il ne l'aime pas.

Comment l'expliquez-vous ?

D'abord par le fait que les hommes ont plus de difficultés que les femmes à dire leurs sentiments et à analyser leurs émotions. Quelle que soit la qualité de leur relation à la mère, très peu se risquent à dire la souffrance que celle-ci a pu leur faire endurer. Tandis que les filles n'hésitent pas à exprimer leur colère vis-à-vis de leur mère, on voit beaucoup de garçons qui, même battus, abandonnés par leur mère, préfèrent encore mettre de côté leurs sentiments désagréables et se terrent dans le silence.

Mais surtout, cela tient au fait que dans nos sociétés patriarcales, l'attachement mère-fils est fondamental : la mère donne la vie, le fils donne le nom... ou plutôt, elle transmet la vie, il transmettra le nom. À eux deux, ils tiennent le squelette de nos sociétés. Pas question de le fragiliser.

Que se passe-t-il alors quand un conflit éclate ?

De part et d'autre, il y a le sentiment d'avoir été profondément trahi : aux yeux de la mère, le fils ne répond pas aux attentes et ambitions qu'on a eues pour lui et se montre donc indigne de l'amour absolu qu'elle lui a porté. Du côté du fils, la mère révèle sa part d'ombre, montre ses faiblesses et ses colères, et n'est donc pas cette mère idéalisée en laquelle il a cru jusque-là. En perdant cette icône, il perd toutes ses références.

Cela ne dépend-il pas de la nature du conflit ?

Non, car quelle que soit l'origine des conflits, ils sont tous, au fond, de la même nature : ils signifient remettre en cause la force de ce lien que l'on dit « parfait ». Se comporter en « gentil fils », c'est ne jamais remettre en question l'amour et la perfection de sa mère, quels que soient les agissements de celle-ci.

Parallèlement, et toujours suivant cette conception idéalisée de la relation mère-fils, se comporter en « bonne mère », c'est aimer son fils plus que tout, le connaître mieux que quiconque, être toujours là pour lui... Autrement dit, d'un côté comme de l'autre, le conflit ne « devrait » jamais exister.

Qui en est le plus souvent, selon vous et votre expérience, l'initiateur ?

Les mères mettent plus facilement en scène les conflits. Elles sont tout à fait capables de glorifier leurs fils un jour en public, puis de les traiter de « canards boiteux » le lendemain en privé. Elles sont beaucoup plus capables, aussi, de revendiquer leurs attentes à son égard et de signaler ses manquements : « Tu n'étais pas là quand j'avais besoin de toi », « Tu m'as abandonnée... », « Tu n'es pas un bon fils »... Elles savent que, par la plainte, elles pourront récupérer le fils. Face à elle, il restera souvent silencieux. N'ayant pas accès à une représentation négative de sa mère, il va se contenter de subir cette crise. En effet, l'idéalisation de la mère prive le fils d'une vision plus ample de sa mère, il méconnaît sa complexité, ce dont elle joue pour le désarmer.

Quelles sont les conséquences sur le plan personnel pour le garçon ?

D'abord un profond sentiment de culpabilité, le sentiment de ne pas être à la hauteur de la dette de vie qu'il lui doit. Et, par extension, la perte de confiance en soi : « Je suis un mauvais fils, donc un mauvais homme. »

C'est pour se protéger de ces sentiments qu'il préférera, le plus souvent, protéger le lien à la mère, même s'il est mensonger et douloureux.

Avec quelles conséquences, à long terme ?

Une grande immaturité affective. C'est comme cela que vingt, quarante ou cinquante ans plus tard, on retrouve des hommes qui, même s'ils sont puissants sur le plan social ou dans leurs rapports aux femmes, sont restés les mêmes petits garçons face à leur mère. Cette immaturité affective va même parfois de pair avec une certaine lâcheté dans le domaine des sentiments. Ils ne savent pas se comporter avec des femmes qui se montrent complexes et autonomes et préfèrent des femmes plus standardisées, plus proches de leur modèle de base.

Ils ne sont pas malheureux pour autant...

Pas forcément. Sauf qu'en évitant le conflit à la mère, c'est-à-dire en refusant de se confronter à son image réelle et non plus idéalisée, ils restent extrêmement fragiles et vulnérables. Notamment dans leurs relations avec les femmes : à l'image de cette mère, soit elles sont conformes, soit elles ont à leurs yeux des aspects effrayants et menaçants. Elles font peur. Résultat : soit on les fuit, soit on tente de les dominer, parfois par la violence.

La mise en scène de ces conflits avec la mère est donc nécessaire ?

Oui, comme tout conflit. Mais particulièrement celui-là, car c'est un conflit intrapsychique, c'est-à-dire qu'avant d'être un conflit avec sa mère, c'est un conflit avec ce qu'elle représente pour nous… Autrement dit, c'est un conflit avec soi-même. De fait, accepter de le vivre puis le dépasser, c'est grandir, évoluer, et s'enrichir de la force qu'il exige pour être vaincu. Au contraire, chaque fois que l'on fuit un conflit, on se fragilise.

Que se passe-t-il dans le cas de fils violentés par leur mère ?

C'est la même chose : beaucoup de fils refusent de l'avouer, encore plus de se révolter contre leur mère, préférant, encore une fois, sauvegarder l'image « parfaite » de la mère. Si elle les battait, c'est qu'ils étaient mauvais. Elle avait ses raisons. Le seul coupable ne peut être que l'enfant battu.

Quelles conséquences cela peut-il avoir chez le fils ?

Le déni qui empêche de reprocher, de juger, de condamner les actes de sa mère par crainte de la mécontenter ou de la perdre peut appauvrir totalement l'espace psychique d'un fils qui reste coincé dans sa demande d'amour initial. Ou alors, s'il réussit à se penser victime des maltraitances, il risque d'y trouver un statut qu'il lui sera difficile de quitter. « Je suis la victime de ma mère » : un discours qu'on trouve plus souvent chez les filles mais qui peut saisir aussi un fils maltraité qui ne peut s'autoriser à penser la relation maltraitante.

Sauf à faire une thérapie, il y a risque de blocage et de répétition : retrouver une relation maltraitante pour éventuellement espérer la dépasser.

N'y a-t-il pas, aussi, le risque de sombrer dans la folie ?

La folie nous guette lorsque tout notre équilibre est menacé par la vie. Les relations fortes entre parents et enfants, les conflits larvés, les nœuds complexes de nos amours et de nos ressentiments forment notre personnalité, notre façon de voir la vie, de dépasser les crises et de nouer des relations avec les autres.

Les relations mère-fils cimentent de nombreux comportements masculins. Plus qu'à la folie, elles mènent à de tristes répétitions et à de solides dépressions. Lorsqu'il devient impossible d'être soi-même et de construire une relation avec les autres pour cause d'un attachement excessif et immature à la mère.

Y a-t-il des âges auxquels un homme est plus à même d'exprimer ses ressentiments à l'égard de sa mère ?

Ce sont moins des âges de calendrier que des temps dans une vie. C'est, par exemple, la naissance d'un enfant, qui, plus encore que l'union matrimoniale, est une étape de grande maturation dans la vie d'un homme. Mais aussi les maladies, que ce soit celles d'un proche ou la sienne, la mort d'un parent, le chômage, la crise sentimentale, la dépression... Tous ces événements qui provoquent une crise psychique plus ou moins douloureuse pour l'homme et qui vont réveiller ses doutes, ses fragilités. Quand il accepte les questionnements qui se bousculent alors dans sa tête, il est à même de revisiter son identité profonde et de voir ce qu'il en est de sa place dans sa famille : qui est-il pour son père, pour sa mère ? Et qui sont-ils pour lui, maintenant qu'il n'est plus en dépendance infantile par rapport à eux ? « Quel type d'adulte suis-je devenu par rapport à ma mère ? »

Il paraît paradoxal de penser qu'un homme a intérêt à se disputer avec sa mère alors qu'il traverse une période déjà difficile !

C'est loin d'être paradoxal ! Les situations que j'ai énumérées évoquent toutes le rapport à la mort et à la vie. Or, c'est bien de ce rapport-là dont il est question dans la relation à la mère. La mère, c'est la transmission de la vie et, en même temps, de la mort.

D'autre part, il ne s'agit pas nécessairement de se disputer ouvertement avec sa mère, mais d'accepter le conflit à l'intérieur de soi. Tous les conflits ne se règlent pas par des engueulades, au contraire. C'est une fois que l'on a réglé le problème pour soi, seul ou avec l'aide d'un thérapeute, qu'on n'est plus en guerre contre l'autre. On est alors libre d'aller en parler avec la personne concernée. Et il se trouve qu'on n'a plus besoin de le faire. C'est le plus souvent de la mère d'enfance dont il s'agit, non de la mère actuelle !

Mais une fois ce conflit intérieur résolu, il faudra bien le gérer avec l'autre...

Le fils va changer de comportement, spontanément. Il ne sera plus dans la dépendance, dans l'idéalisation et dans la culpabilité vis-à-vis de sa mère. Il va pouvoir instaurer une distance entre elle et lui ; il pourra refuser de lui rendre visite un dimanche sans s'en vouloir, ne pas répondre à tous ses appels sans craindre d'être « mauvais »... Il se comportera en adulte et plus en enfant, il trouvera ses marques et la relation entre lui et sa mère changera. Un peu. Suffisamment pour qu'il puisse régler ses propres problèmes, affronter sa propre crise.

C'est là qu'il y a un risque de conflit ouvert !

Tout dépend de la mère et de la relation qu'ils ont établie. S'il s'agit d'une femme qui a eu d'autres amours dans sa vie : des hommes, un métier, des passions..., c'est-à-dire d'autres lieux d'épanouissement, alors elle se dira « Mon petit est devenu grand », et elle en aura de la peine mais mènera sa vie ailleurs.

En revanche, si elle se trouve dans la situation – qui a longtemps été celle de toutes les femmes – d'une femme qui n'a jamais été autre chose que mère et dont le fils a été sa seule occupation, la seule compensation, elle le vivra comme une trahison ! Il est même probable qu'elle ne s'en remettra pas, parce qu'il n'y a pas d'autre compensation possible. Son fils était sa vie, sa raison d'être, familiale et sociale. S'il n'est plus là au quotidien pour lui prouver qu'elle est l'unique et la meilleure, elle n'est plus rien. Elle ressent alors le poids de sa solitude, le vide creusé en elle par le manque, tout ce que la relation à son fils lui a fait faire l'économie de découvrir et qu'on met toute une vie à dépasser.

C'est pour cette raison, selon moi et selon bien des féministes, qu'il est indispensable que les femmes continuent à gagner du terrain à l'extérieur, et à lâcher du lest du côté de la famille. Pour que dominer leur fils ne soit plus leur seule façon de revendiquer leur pouvoir.

Qu'en est-il des conflits mère-fils au moment de l'adolescence ?

Parce que l'espace entre les générations n'est plus aussi évident qu'avant, il y a moins de conflits ouverts entre parents et ados. La crise d'opposition s'exprime davantage par des fuites, des silences, ou des emprises : c'est le jeune qui, par exemple, va passer des heures devant ses jeux vidéos, ou qui va faire ses soirées dehors avec sa bande de copains... Mais dans tous les cas, le but reste le même : fuir cette proximité avec la mère.

Pourquoi ?

Parce que c'est un moment où il prend conscience qu'elle n'est pas qu'une mère, mais une femme, un être désirable, désiré, qui a une vie sexuelle... Tout cela panique l'adolescent. Nous parlions précédemment des périodes auxquelles un garçon est à même de perdre ses illusions sur sa mère : cette étape de l'adolescence lui en offre une première occasion. Il découvre que sa mère n'est pas une « sainte », mais une femme sexuée. Si, lucidement, il prend conscience de cela et ne le refoule pas tout de suite, alors il va grandir.

Est-ce à la mère de l'y aider ?

Tout à fait. Mais encore une fois, cela dépendra de sa situation personnelle. Certaines voudront empêcher cette fuite du fils, ce qui aboutira souvent à ces crises entre eux : il désobéit, elle crie... Si elle cède tout à son fils par peur de le perdre, elle se l'attachera peut-être mais lui fera perdre de belles chances de s'autonomiser. La plupart du temps, elle sera bien obligée d'accepter !

Dans le cas inverse ?

Soit le fils se soumettra aux injonctions de sa mère et restera auprès d'elle, son « bébé », avec le risque qu'il ne développe pas ses capacités à être lui-même. Il croira rester avec elle par choix sans voir qu'il est piégé, qu'il rembourse une dette de vie qu'on ne doit pas à sa mère, mais à la vie. Soit il y aura rupture. Rupture brutale, sans parole, sans retour. Le genre de déchirure dont on guérit mal.

La force du lien qui unit mère et fils à l'origine rend-elle plus facile leur réconciliation ?

Pas forcément. J'ai vu des filles capables de pardonner l'impardonnable, comme l'inceste d'un père, et des hommes qui, de leur côté, disaient ne jamais pouvoir pardonner les colères ou les mensonges d'une mère...

Pourquoi de tels écarts ?

Surtout parce que, pour pardonner, il faut être capable d'exprimer tout ce que l'on ressent : douleur, colère, mais aussi affection, attachement, admiration... Tous les sentiments paradoxaux qui nous agitent et que la grande majorité des hommes ont tant de difficultés à laisser s'exprimer.

Sans pardon, il y a rupture du lien : un fils peut-il bien vivre après ?

On peut survivre à tout, y compris à la rupture de ce lien. Surtout que la relation est rompue mais pas le lien. Le lien générationnel demeure. Le fils reste le fils et sa mère reste sa mère. Le lien de parenté ne peut être rompu. La relation, elle, dépend de nous. Et il nous faut vivre avec les « restes » de toutes nos relations rompues, de tous nos attachements perdus. Je suis d'ailleurs convaincue que les manques sont bien plus constructifs que les cadeaux. Cela dépend surtout de la capacité que l'on a de « sublimer » cette expérience, c'est-à-dire de la transformer, de la travailler et de la mettre au service de quelque chose de positif. Les artistes, les créateurs ont cette capacité : ils se nourrissent de telles ruptures pour créer un monde. Celui auquel la réalité ne leur a pas donné accès.

Mais la souffrance reste...

Oui, et malgré tout, il est plus difficile pour un enfant d'être en paix avec lui-même s'il n'est pas en paix avec ses parents. Car derrière ces reproches adressés aux parents, il y a les reproches adressés à soi-même. Quand un homme dit « Je ne pardonnerai jamais à ma mère de m'avoir abandonné », il faut entendre : « Je ne me pardonnerai jamais d'avoir été un enfant avec si peu d'intérêt qu'on pouvait l'abandonner. » On ne peut pas s'empêcher de penser que si le parent a été mauvais, c'est que nous l'avons mérité. Et ce, d'autant plus quand le parent en cause est la mère ; celle qui, dans l'esprit du fils, est « parfaite ».

Et dans le cas extrême de violences commises par la mère ?

Le pardon sera plus difficile, bien entendu, mais possible. L'humain a cette capacité fabuleuse de pardonner l'impardonnable. Pour cela, il faut d'abord qu'un tiers ait reconnu le crime. L'enfant peut alors se débarrasser du poids de la culpabilité et, sinon exprimer son pardon, du moins rompre avec son ressentiment, sans risquer de l'entretenir dans ses rapports avec les femmes ou de le transmettre aux générations à venir. Car finalement, c'est sans doute cela qui importe le plus : s'assurer que la mauvaise relation vécue entre une mère et son fils ne traîne pas sur des générations et ne gâche pas les chances de bonheur des enfants à venir.

Jacques Lanzmann : « Je crois qu'elle avait pour moi autant de haine que d'amour. »

Quel est le premier livre que j'ai lu ? Impossible à dire ; en revanche, je me souviens parfaitement du premier qui m'ait marquée. Je l'avais pris dans la grande bibliothèque de l'entrée, attirée par ce titre bizarre : Le Têtard, *puis par ce garçon rouquin dessiné en couverture et qui devait avoir à peu près mon âge. Je me rappelle l'avoir dévoré avec un plaisir un peu honteux ; à la lecture de certaines scènes, j'ai vite compris que ce roman n'était pas pour une fille de 10 ans... Raison de plus pour ne pas décrocher ; puis l'histoire vraie de cet enfant mal aimé me fascinait trop. Quinze ans plus tard, le hasard – et mon métier – m'offre la chance de le rencontrer. Il me parle de son prochain livre, je lui évoque modestement le mien : « Ah ça ! je pourrais vous en parler moi, de ma mère ! Vous savez que nous avons eu une relation terrible, elle et moi ? » J'ai repensé au* Têtard, *à l'histoire de ce garçon qui, dans mon souvenir, n'évoque que très peu sa mère, et jamais pour la critiquer... « Parce que des passages entiers ont dû être retirés, sur ordre des avocats de ma mère. Je vous raconterai peut-être, un jour... » Et c'est ainsi que quelques semaines plus tard, le grand monsieur à la moustache blanche, ex-rouquin au visage tacheté, a franchi le seuil d'un illustre café parisien, s'est installé face à moi et m'a entraînée dans les coulisses d'un livre et d'une vie. Et que je l'ai écouté comme je l'avais lu, fascinée, il y a plus de quinze ans.*

*

Ma mère est morte il y a près de dix ans. Elle en avait 93. Je ne suis pas allé à son enterrement. Pourquoi se recueillir autour d'une personne que l'on n'aime pas, sinon par lâcheté ? J'aurais eu honte.

Que s'est-il passé entre ma mère et moi pour en arriver là ? Une sordide affaire dans laquelle ma mère s'était lancée en 1976, à la suite de la publication de mon livre autobiographique, *Le Têtard*. Dès sa sortie, ce livre a eu un succès retentissant auprès du public et de la presse ; dans un article publié dans *Le Matin*, Françoise Xénakis l'a porté aux nues, tout en plaignant ce « pauvre Jacques » qui y racontait son enfance « douloureuse ». Elle a pensé que j'avais dû beaucoup souffrir dans cette enfance, bien plus que de vérité... À l'époque, ma mère avait plus de 75 ans. Elle vendait des objets d'antiquité. Ce livre allait la tuer, disait-elle. Tous ses amis, ses voisins, clients se méfiaient d'elle à présent, affirmait-elle. Elle a intenté un procès contre moi, m'a demandé des dédommagements financiers, m'accusant de causer sa faillite, et ses avocats ont voulu m'interdire d'écrire sur elle. Ne pas écrire sur ma mère ? C'était comme si l'on m'interdisait de parler d'elle. Plus encore, de parler de moi-même, de ma vie. Impossible. J'ai tout de même dû accepter de couper des passages entiers du livre où il était question d'elle et de mon enfance... Par cette attitude, ma mère a brisé le peu de lien qu'il y avait entre nous. C'était cassé. Foutu. J'étais écœuré. Je ne l'ai plus revue jusqu'à sa mort. Je ne pouvais plus... Si, une fois, au mariage de la fille de mon frère. Nous étions un grand groupe réuni dans un restaurant de la région parisienne. Ma mère était là. Je l'ai trouvée vieille, méchante, le visage dur. Au cours du repas, mon frère a voulu mettre en scène un simulacre de réconciliation entre elle et moi. Nous nous embrasserions devant tous ces gens, et ils applaudiraient... Une scène digne du *Parrain* ! J'ai embrassé ma mère qui, je pense, ne m'a pas embrassé. Et je suis parti me rasseoir à une autre table. Ce fut notre dernier contact.

Dans les années qui ont suivi, ma mère a essayé de revenir vers moi à plusieurs reprises, par l'intermédiaire de mes épouses, notamment Françoise. D'abord tentée d'écouter et de croire ce que lui racontait cette femme charismatique et séductrice qu'était ma mère, elle a fini par s'apercevoir qu'elle s'était réinventé une vie et une conscience toutes neuves. Florence, ma femme actuelle a été, elle aussi, un temps fascinée par ma mère. Elle m'a souvent répété qu'elle m'aimait, que nous devions nous revoir... Florence est allée à son enterrement, sans moi.

J'ai toujours eu quelque amour pour ma mère et mon père... sans plus. Ils étaient mes parents, c'était tout. Ils se disputaient trop pour que je les respecte. J'assistais à des scènes terribles : les poignards, les revolvers menaçants, ma mère tirée par les cheveux... Face à cette violence, je ne pouvais ressentir de vrais sentiments pour l'un et l'autre. Tout mon amour allait à mon frère et à ma sœur. Mais je n'étais pas dans la haine pour autant.

Non, je n'ai pas écrit mon histoire avec rancœur. Je crois même y faire part d'une sincère admiration pour ma mère et la femme séduisante et cultivée qu'elle était devenue. Seulement, elle n'a pas accepté d'y lire la vérité : elle nous a abandonnés.

C'est une scène que l'on ne pourra jamais me faire oublier. C'était en 1936. Nous habitions à Vaucresson, dans une minuscule villa qui me paraissait immense à l'époque. J'avais 9 ans, mon frère un de plus, et ma sœur quatre de moins. Notre mère nous a demandé de descendre en ville faire des courses chez l'épicier. « Vous ne payez pas ; vous le mettez sur le compte. » Mais mon frère et moi savions que le compte était déjà plein, et c'est avec cette angoisse de devoir passer commande, dire « inscrivez » et essuyer un refus, que nous avons parcouru les quelques kilomètres qui nous séparaient de la ville. L'épicier a dû lire la peur sur nos visages ; il a « inscrit ». Nous sommes remontés vers la maison. Je me souviens qu'en chemin nous nous sommes arrêtés devant les grilles d'une immense villa, fascinés par les dobermans magnifiques qui en gardaient l'entrée. Nous les avons excités un peu, avant de courir jusque chez nous. « Maman ! On est là ! », « Maman ! »... « Maman ? » Pas de réponse, mais un mot, laissé dans la cuisine, expliquant à peu près ceci : « Mes chéris, vous avez trois artichauts et trois pommes cuites au four. Votre maman qui vous aime et qui part de la maison. » Pleurer, avoir peur, avoir mal, chercher refuge chez les voisins... Il n'y avait rien d'autre à faire. Vers minuit, l'énorme Chevrolet de mon père est arrivée. « Où est votre mère ? » Nous lui avons tendu le mot. Il nous a serrés dans ses bras, avant de repartir, un revolver à la main... C'est cela que ma mère n'a jamais pu admettre. Au fil du temps, mon frère a choisi de prendre sa défense. Non, notre mère ne nous a pas abandonnés. Elle a été courageuse, forte. Elle est la première femme juive libérée... Peut-être... Je ne sais pas. C'est une interprétation guidée par un sens de la famille et de l'honneur que je n'ai pas.

Quoi qu'il en soit, je n'en ai jamais voulu à ma mère. Je comprends très bien qu'elle ait été terrorisée par mon père et qu'elle ait eu besoin de le fuir. Non, jamais, jamais je ne lui en ai voulu. Ni pour ça, ni pour le reste : quand, peu de temps après la séparation, elle s'est installée dans une chambre d'hôtel rue Mira et que j'allais la voir une fois par mois, le samedi. Et qu'elle recevait son ami, Julio, un antifasciste italien. Et qu'ils dormaient dans le même lit que moi, ma mère lui chuchotant : « Ne vous en faites pas, il dort. » Et que moi, éveillé, je voyais et j'entendais tout... Même face à cette vision cauchemardesque, l'enfant de 9 ans que j'étais n'en voulait pas à sa mère.

Après la guerre, je suis allé vivre auprès d'elle à Paris, dans une chambre de bonne. Nous ne nous étions pas vus depuis sept ans. Ma mère était une autre femme. Elle menait la vie d'une bourgeoise avec un poète merveilleux, Mony de Bully. Ensemble, ils s'étaient cachés dans des caves pendant la guerre. À présent, ils se montraient avec les plus grands artistes de l'époque. Grâce à elle, j'ai découvert un monde dont je ne soupçonnais même pas l'existence ; celui de l'érudition, de l'esthétique, de la perversité aussi. C'est elle qui m'a instruit. De Victor Hugo à Kierkegaard, en passant par les auteurs américains, les poètes surréalistes... Elle m'a tout fait lire. C'est elle, aussi, qui m'a appris à peindre.

Je me souviens qu'elle organisait des dîners avec Aragon, Cocteau, Eluard et d'autres. Au cours du repas, elle me demandait de raconter mes histoires de guerre, de maquis, de paysan... Ils m'écoutaient, fascinés ! Oui, je pense que ma mère m'admirait. Plus tard, d'ailleurs, elle adorera mes tableaux. Puis mes livres, paraît-il, à commencer par *Le Têtard*, ce livre qui, soi-disant, la dynamitait... « Jacques n'a pas fait d'études mais désormais il brille au firmament », aurait-elle confié à ma femme, Florence.

Mais au fond, je crois qu'elle avait pour moi autant de haine que d'amour. À cette époque – j'avais 18 ans ! –, elle me faisait prendre mon bain. Elle m'auscultait de la tête aux pieds, puis elle m'attrapait un bout de peau ou d'os : « Ça, c'est pareil que ton père », « Ça, c'est ton père tout craché ». Au début, cela m'amusait. Jusqu'à ce que cela finisse par me faire mal. Il y avait de la haine dans sa voix...

Combien de fois, aussi, l'ai-je entendue me raconter comment elle s'était « trafiquée » avec des aiguilles à tricoter pour que je ne vienne pas au monde. Et comment mon père s'y était acharné, lui aussi, avec une frontale ; comment il lui avait fait débouler l'escalier, l'avait emmenée faire du cheval sachant qu'elle n'était jamais montée sur cet animal de sa vie ! Tout cela, elle me l'a raconté des dizaines et des dizaines de fois quand je vivais chez elle. Et moi de conclure : « Mais rien n'y a fait ; apparemment, j'étais bien accroché... » Mon frère aîné, Claude, était le préféré. Ma petite sœur aussi a été très chouchoutée. Il n'y avait pas de place pour moi. Allez savoir pourquoi... J'ai longtemps été persuadé que je n'étais pas leur enfant et qu'une infirmière m'avait échangé avec un autre nouveau-né... Mais quel enfant n'a pas eu ce fantasme ?

En réalité, ma faute la plus grave était ma rousseur. Ma mère détestait mes cheveux rouges. Ma peau, mon corps de roux. À Paris, elle a voulu me faire teindre. Malheureusement, sur les roux, la teinture ne prend pas ! Alors, elle m'avait acheté du rimmel. Et tous les matins, avant de descendre déjeuner, je devais me brunir les cils et les sourcils... J'avais l'air d'une fille. Dans la rue, je me faisais accoster par les hommes. J'avais tellement honte ! Mais je crois que dans ces moments-là non plus, je ne lui en voulais pas. Elle n'était pas la seule à détester mes cheveux rouges.

Non, je ne l'ai pas haïe. Je l'ai simplement fuie. J'ai quitté la chambre de bonne du septième étage pour vivre ailleurs, n'importe où, n'importe comment. Tout ce qui m'importait, à l'époque, était de m'intégrer absolument, désespérément... Mais comment ? En faisant quoi ? Je n'étais rien. La seule solution était de devenir ce que les bourgeois aimaient : un artiste. Je suis donc devenu peintre. De temps en temps, je retournais chez ma mère. Quand j'avais trop faim. Mais parfois, je préférais avoir faim. Ou manger des orties trempées dans du saindoux. Car dès que vous entriez chez elle, vous étiez certain de ne plus pouvoir en sortir. Toutes les fois où nous allions dîner chez elle, même bien plus tard, mon frère Claude et moi, c'était le même scénario : nous arrivions vers 20 heures. Lorsque nous débattions culture, cela finissait en conflits ouverts autour de peintres, d'écrivains... Alors nous préférions l'écouter parler. Et ce n'était que vers 5 ou 6 heures du matin que nous pouvions espérer aller nous coucher. Elle ne nous laissait aucune liberté ; ni celle de parler, ni celle de partir.

Des regrets ? J'en ai, peut-être, concernant mon père. Souvent, je me dis que je l'ai laissé mourir seul et que j'aurais dû être plus présent à ses côtés à la fin de sa vie. Mais ce n'est pas tant par amour que par pitié pour lui. En lisant *Le Têtard*, lui m'a simplement dit : « Ce n'est pas très bien pour moi. » Rien de plus. Alors que s'il y avait une personne qui aurait pu m'en vouloir, c'était bien lui. Mais il m'avait tellement battu... Il ne pouvait pas nier.

Concernant ma mère, en revanche, non ; aucun regret. Car finalement, autant que je me souvienne, je ne l'ai jamais considérée comme une mère. Elle n'était pas maternelle. L'affection et la tendresse, c'était aux « bonnes » de nous la fournir. J'ignore ce que faisait ma mère, pendant ce temps. Tout ce que je sais, c'est que je n'ai aucun souvenir d'elle se penchant tendrement sur ses enfants. Alors, pourquoi serais-je allé me pencher sur elle, le jour de son enterrement ?

Et quand la mère est absente ?

« Aujourd'hui maman est morte. Ou peut-être hier, je ne sais pas. »

Albert Camus, *L'Étranger*

Patrick Delaroche : « Un garçon s'accommode plus facilement d'un père absent que d'une mère absente. »

D'elle, il reçoit les premières caresses, entend les premiers mots d'amour, retient les premiers contours de la féminité : aimante ou non, adorée ou haïe, la mère apparaît comme une figure déterminante dans la construction psychique du garçon. Alors que se passe-t-il quand elle n'est plus là ? « Donner la vie à un enfant n'est pas suffisant. Il faut aussi le mettre au monde[1] *», écrit l'éthologue et neuropsychiatre Boris Cyrulnik. Mais à qui revient cette tâche si la mère est absente ? Une autre femme peut-elle jamais se substituer à la mère réelle ? Et à quel destin sentimental ces garçons sont-ils voués, puisqu'ils ont manqué de celle que l'on sait être leur grande initiatrice de l'amour au féminin ? Autrement dit : à quel homme la mère absente donne-t-elle naissance ?*

Autre absence, autre « solitude » : pour clore ce volet ouvert avec Patrick Delaroche, j'ai donc choisi de m'adresser de nouveau à ce psychanalyste et pédopsychiatre.

*

---

1. Boris Cyrulnik, *Les Vilains Petits Canards*, Odile Jacob, 2001.

Quelles sont les conséquences pour un garçon que de grandir sans mère ?

Cela dépend de la raison de l'absence de la mère : est-elle décédée ? Est-elle vivante mais partie, ou isolée parce que malade ?...

En quoi ces différentes situations peuvent-elles avoir des conséquences diverses pour le fils ?

Dans le cas de la mère malade ou dépressive, son absence est doublement marquée : elle est physique, mais aussi psychique, puisque cette mère est incapable d'assumer et de « représenter » sa fonction maternelle. Concernant les deux autres cas, à savoir ceux de la mère décédée et de la mère disparue, je vous répondrai par cette phrase entendue de la bouche de l'un de mes patients ayant appris la mort de sa mère qu'il n'avait presque pas connue : « Enfin, je peux dire qu'elle n'est plus là. » Autrement dit, on peut faire le deuil de l'absence réelle. L'absence « figurée », en revanche, il est bien plus difficile d'en parler, de s'en plaindre et, donc, de surmonter la douleur qu'elle engendre. Puis il y a le sentiment de culpabilité qui s'en mêle : est-ce que ma mère n'est pas partie par ma faute ?...

Pour tout enfant, la perte de la mère est, bien entendu, une épreuve douloureuse. Mais en quoi une fille et un fils la vivent-ils différemment ?

Il y a une réelle différence, du fait même de la nature de la relation qui lie chacun de ces deux individus à la mère. Une fille s'inscrit dans des rapports ambivalents avec sa mère, dans une rivalité qui lui paraît souvent inexplicable et qui la trouble, la fait culpabiliser. La perte de la mère devient donc tout particulièrement difficile à assumer pour elle parce qu'elle nourrit ce sentiment de culpabilité. Pour le garçon, qui est dans une relation par nature plus positive et sans ambivalence avec sa mère, la souffrance sera davantage liée au sentiment de la perte d'un amour « pur » et inégalable.

Les conséquences de la perte de la mère varient-elles aussi en fonction de l'âge du garçon ?

Bien sûr. Une mère qui disparaît quand le bébé a 3 mois, ce n'est pas la même chose que quand le fils a 5 ans, c'est-à-dire quand il dispose du langage. Avant le langage, il s'agit, pour l'entourage, d'étayer, de remplacer au maximum la mère dans les soins apportés au bébé. Alors qu'après, il faut lui parler, expliquer, donner des arguments... C'est bien moins simple, d'autant que l'enfant est beaucoup plus conscient de sa situation.

Et quand c'est un adolescent qui perd sa mère ?

On ne peut pas généraliser ; cela dépend surtout de ce qu'a été sa relation avec sa mère. La disparition de celle-ci peut entraîner une grande culpabilité chez l'adolescent qui se serait senti « dur » avec elle ; ou bien, s'il y avait entre eux une très grande connivence, cela peut engendrer un état dépressif chez le garçon et/ou favoriser un phénomène extrêmement fort d'idéalisation de la figure maternelle. Dans tous les cas, il est évident que cette perte de la mère est particulièrement douloureuse pour l'adolescent, plus encore, je pense, que la perte du père.

Pourquoi ?

Un garçon s'accommode plus facilement d'un père absent que d'une mère absente. Car auprès d'un fils, la nécessité primordiale de la présence du père est d'aider à la séparation entre le fils et la mère. Sa fonction est donc d'abord symbolique. De fait, elle peut tout à fait être mise en œuvre malgré l'absence physique du père, dès lors que celui-ci sera présent dans l'esprit et dans les mots de la mère. Concernant la mère, c'est différent. Dans une culture telle que la nôtre qui valorise depuis toujours la mère en termes de tendresse, d'affection, de câlins, le fils ressent profondément, concrètement ce manque.

Est-ce uniquement culturel ?

Inné, culturel : qui peut le dire ? Ce qui est certain, c'est que cette représentation de la « mère tendresse » est si forte culturellement que le garçon ressentira nécessairement l'absence maternelle en ces termes. Il conclura qu'il a manqué d'une affection unique.

Quelles sont les conséquences ?

De manière générale, cela engendre deux types de phénomènes : d'une part, une idéalisation de la figure maternelle, qui devient « toute bonne », « toute généreuse », mais manquante. D'autre part, un phénomène d'« abandonnisme ». Ce garçon, puis cet homme, sera dans une revendication d'amour particulièrement forte surtout, bien sûr, à l'égard des femmes. Mais ce, à des degrés très divers. Cela lui donnera un certain « charme » supplémentaire, si j'ose dire, et une volonté de vivre heureux dans le couple. D'autres fois à un degré beaucoup plus handicapant, parce que sa demande d'amour sera démesurée, trop forte, étouffante...

... Et insatiable : j'imagine que ce phénomène d'idéalisation de la femme peut aussi alimenter, chez le garçon, une insatisfaction affective permanente...

Oui, en effet, lorsqu'il est resté dans cette idéalisation de l'image maternelle et féminine en général, sans passage à la réalité. Mais cela vaut aussi pour les garçons qui, à l'inverse, sont restés trop « collés » à leur mère. Ce sont ces hommes qui courent sans cesse de fille en fille, et ne trouvent jamais la bonne, simplement parce qu'ils l'ont déjà : c'est « maman » ! Pour ceux-là, cette « femme parfaite » existe vraiment, pour les autres, orphelins de mère, elle est disparue mais très fortement inscrite et irremplaçable dans l'esprit du fils.

Tous les orphelins de mère seraient donc voués à une vie sentimentale difficile ?...

Heureusement, non ! Et je serais même tenté de dire qu'au contraire, dans la majorité des cas, la vie de couple est d'une très grande richesse pour ces hommes qui sont particulièrement dans l'attente de vivre un amour heureux.

Est-ce qu'ils ne « risquent » pas d'attendre de leur partenaire une attitude trop maternelle ?

Si, mais n'est-ce pas, au fond, le cas de tous les hommes ? Vous savez, tous les maris sont de grands enfants ! Tous recherchent, auprès de leur partenaire, une attention plus ou moins maternelle. Ce n'est pas forcément une mauvaise chose, tant que cela ne tourne pas à l'exagération, c'est-à-dire que la relation ne se fige pas dans ce seul rapport de « maternage ». Cela dit, sur ce point, on peut faire confiance aux partenaires. Elles ont tôt fait de repérer ce type de problèmes et de trouver des moyens pour les résoudre.

En fait, je crois que concernant leur avenir amoureux, il ne faut pas trop « dramatiser » le cas de ces orphelins de mère ; car ce qui compte beaucoup, aussi, c'est l'environnement et, surtout, la présence d'un substitut maternel dans l'enfance. Dans ce cas, on peut dire que les « dégâts » causés par la perte de la mère vont être sinon totalement évités, du moins très limités.

Qu'est-ce qu'un bon substitut maternel ?

Une femme présente, chaleureuse, mais pas trop « enfermante » non plus, c'est-à-dire qui accepte de laisser du temps à l'enfant pour que celui-ci apprenne à l'aimer. C'est une femme qui, tout en n'effaçant pas la mère réelle, se montre prête à satisfaire les attentes de l'enfant en matière d'amour maternel.

Pas si simple...

Non, en effet, d'autant que le phénomène d'idéalisation de la mère disparue est un obstacle à l'investissement du substitut par le fils. Mais en général, si l'on ne contraint pas l'enfant, cela se fera tout seul, avec le temps. Il ne faut pas le forcer à « aimer » ou à embrasser une belle-mère. Cela doit venir de lui. Puis c'est aussi au père d'aider au bon fonctionnement de cette relation.

Quel est son rôle ?

Le « suffisamment bon » père, dans ce cas, c'est un homme qui a d'abord le souci de ses enfants et la volonté de leur trouver une personne aimante et prête à s'occuper d'eux.

Et face à un fils qui idéalise cette mère disparue ?

Le père doit arrondir les angles et expliquer, avec des mots adaptés à l'âge de l'enfant, la réalité de cette mère disparue. L'essentiel est de ne pas raconter n'importe quoi au petit garçon. Dans des situations telles que celle-ci, douloureuses pour tous, les adultes ont tendance à mentir. Ils croient ainsi ménager leurs enfants, mais c'est tout le contraire. Plus tard, lorsqu'on cherche les causes des ennuis dans la vie d'un homme, c'est souvent là qu'on les trouve, dans ces mensonges qu'il a entendus enfant, tels que : « Maman est partie », alors qu'elle était morte...

Autre attitude essentielle de la part de l'entourage : savoir laisser l'enfant faire son deuil, ne pas le surprotéger. J'ai en mémoire le cas d'un père qui, souffrant lui-même beaucoup de la mort de sa femme, était terriblement effrayé à l'idée que ses enfants puissent être malheureux. Il était constamment autour d'eux, à les faire parler de leur douleur, à se lever la nuit pour veiller sur leur sommeil... Je ne dis pas qu'il ne faut pas entourer ses enfants, bien au contraire. Mais il faut éviter de sombrer dans la surprotection, qui empêche les enfants de faire leur deuil et qui est souvent une source supplémentaire d'angoisse.

Partant du principe que la mère joue un rôle prépondérant dans le développement de la part féminine du fils, qu'en est-il quand elle n'est plus là ?

Je ne crois pas que son absence joue vraiment sur ce point. Car culturellement, la mère est suffisamment idéalisée pour que l'enfant lui trouve des substituts fantasmatiques, sinon réels ; parmi toutes ces femmes vues, rêvées, rencontrées ou fréquentées, il trouvera largement de quoi nourrir sa part féminine.

On peut constater, en effet, que bon nombre d'artistes, et notamment d'écrivains, étaient orphelins de mère : je pense par exemple à Mallarmé, à Rousseau, à Tolstoï, à Nerval, à Julien Green... Autant de personnages sou-

vent très « hauts » en sensibilité. Est-ce un simple hasard ou pensez-vous que l'on puisse faire un tel lien entre absence de mère et hypersensibilité ?

Je ne sais pas si l'on peut faire de lien. Là encore, ne généralisons pas. Il y a aussi nombre d'artistes qui ont vécu très près de leur mère, et d'autres qui ont eu une mère ni trop présente ni trop absente ! Puis, répétons-le, l'entourage familial a son rôle à jouer. Cela étant, il est tout à fait probable, en effet, que lorsqu'il n'y a pas de substitut maternel, et que la mère, absente, est fortement idéalisée, son image « fantasmée » devienne un refuge pour l'écrivain et l'artiste en général. C'est une autre façon de sublimer le manque de la mère, ainsi que de continuer de vivre auprès d'elle, dans le monde de l'imagination.

Élie Semoun :
« La mort d'une mère, c'est un vide qui ne se remplit jamais. »

Élie Semoun aime les paradoxes. Il en joue, il en est : c'est la fan de Jennifer caricaturée et drôlissime[1]*, mais aussi le chanteur de bossa-nova qui veut qu'on le prenne au sérieux*[2] *; c'est l'auteur de poèmes*[3] *mais plus connu dans la peau d'un binoclard analphabète cherchant « une blonde à forte poitrine »... Et c'est aussi cet homme qui, au volant de sa voiture, peut soudain accepter de se confier, pour la première fois, sur l'événement le plus sombre et le plus intime de sa vie. Qu'est-ce qu'une mère, pour un garçon qui a perdu la sienne à 11 ans ? Lui-même ne semble pas avoir fini de se poser la question. Et c'est sans doute pour dissimuler ce grand point d'interrogation qu'il s'est dessiné une nature en point d'exclamation.*

*

Je n'ai pas de souvenirs très précis d'elle, de son visage. Quand je pense à elle, je vois Romy Schneider

1. *Élie annonce Semoun*, vol. 2, 2003.
2. *Chansons*, RCA France, 2003.
3. *Plaisantristes*, Maisonneuve et Larose, 1998.

dans *La Piscine* : j'imagine une femme très belle, avec un foulard noué sur la tête. Je ne sais pas si je l'idéalise... Sans doute un peu, mais alors seulement dans cette image. Pas dans les moments passés avec elle. Les souvenirs de sa voix, des discussions, des promenades avec elle, tous ceux-là, je les compte sur les doigts de la main. Cela m'a longtemps dérangé et me gêne encore, notamment quand j'entends ma sœur parler d'elle. Elle, qui était pourtant plus jeune que moi à la mort de notre mère, a des quantités de souvenirs avec elle. Mais je crois qu'elle en invente beaucoup. Nous avons tous réagi très différemment à cette mort. Ma sœur a choisi d'être dans le culte d'une mère qu'elle n'a pas connue. Mon frère aîné, mort depuis, était homosexuel. Je ne sais pas si l'on peut dire que c'est lié... Sûrement en partie. Quant à moi, je me suis extraverti en même temps qu'introverti. J'ai lutté contre cette souffrance en jouant les comiques, en devenant « original ». Je l'étais déjà par le fait d'être sans mère, et j'ai profité de cette « spécificité » pour me différencier plus encore des autres. Je sais que lorsque, enfant, on me demandait ce que faisait ma mère ou qui elle était, je répondais sans détour qu'elle était morte, avec cette impression de pouvoir en tirer une certaine gloire. J'étais « orphelin de mère » : l'expression elle-même me plaisait beaucoup, au nom de l'originalité qu'elle m'apportait. C'est terrible, non ? Mais c'était ma façon d'occulter la souffrance. Chacun se défend comme il peut.

Je me souviens que, quand elle était à l'hôpital, nous étions totalement inconscients de ce qui se passait, ma sœur, mon frère et moi. Nous continuions à jouer, comme si de rien n'était. Je me rappelle aussi la dernière fois que nous sommes allés la voir. Elle m'a dit : « Tout va bien. » Je savais que tout allait mal. De là, je crois, découle mon goût du paradoxe. J'aime l'union des contraires : l'humour/le pathétique, le blanc/le noir ou, quand je travaillais avec Dieudonné, le grand/le petit, le juif/le Noir... Cela, je pense, parce que l'on m'avait fait un mensonge, mais que je savais être un « gentil » mensonge. Un mensonge qui devait me protéger. Depuis cette scène à l'hôpital, plus rien. Le noir total, ou presque, sur le passé avec ma mère et sur les mois qui ont suivi sa mort. Je me suis protégé en faisant barrage aux souvenirs. Seuls quelques « flashs » me reviennent. Par exemple, je me souviens parfaitement du jour où j'ai pris conscience de la mort de ma mère. C'était quelques semaines après. Nous étions dans un salon de coiffure, mon père et moi, et le coiffeur a demandé banalement : « Et votre femme, ça va ? » Mon père lui a répondu : « Il s'est passé une catastrophe : elle est morte. » À l'instant où mon père a prononcé ces mots, je me suis, pour la première fois, rendu compte qu'il s'était effectivement passé une catastrophe. C'est ce jour-là que j'ai compris que ma mère était morte. Avant, je ne le savais pas, je ne le croyais pas. Mais cela ne m'a pas empêché d'entretenir le doute. J'ai continué à me dire que tout cela n'était qu'une vaste blague. Elle n'était pas morte, elle vivait, quelque part. Quand j'étais ado, je la voyais partout. J'entendais une voix : je croyais que c'était la sienne. J'apercevais une silhouette, dans la rue : je pensais que c'était elle. J'ai beaucoup fantasmé sur l'idée de la rencontrer. Au fond, j'ai usé de toutes sortes de subterfuges pour oublier qu'elle n'était plus là. Et je crois ne jamais avoir cessé de le faire. Je suis un éternel gamin qui passe son temps à se voiler la face. Un gosse de 40 ans qui fait des arrangements avec la souffrance.

Je retrouve l'empreinte de ma mère dans de nombreux traits de ma personnalité. Comme si, malgré tous mes efforts, conscients ou non, pour effacer les souvenirs avec elle, son influence avait voulu passer malgré tout par d'autres voies. Dans mon goût pour la littérature, par exemple : elle était professeur de français. J'en ai gardé un vrai culte des livres et des mots. Dans mon rapport à la mort, aussi : depuis très longtemps, je suis obsédé par la mort. C'est pour cela que je ne fais que des choses très « vivantes » et que je travaille beaucoup. Je ne me laisse pas le temps de penser... au temps. Puis dans mes rapports aux femmes, sans doute. Dans le fait que je ne suis attiré que par des femmes jeunes. Bien sûr, d'autres pourraient trouver des explications plus simples : il est plus facile d'être attiré par le corps d'une fille de 25 ans que par celui d'une femme de 50 ! Mais je crois que, personnellement, ce comportement que j'ai vis-à-vis des femmes est vraiment rattaché à mon histoire et à ma mère. Elle est morte à 36 ans : pour moi, elle est restée éternellement jeune. Une femme que l'on aime et qui vieillit, je ne sais pas ce que c'est... et je ne veux pas le savoir. Depuis quelque temps, je travaille sur tous ces aspects avec un psy, ce qui m'aide à prendre conscience de l'influence de ma mère dans ce que je suis devenu. Mais faire le deuil d'une mère, non, ça, on ne peut pas. La mort de sa mère, c'est un vide qui ne peut pas se remplir. C'est banal à dire, mais tellement vrai.

Ce que c'est qu'une mère ? Je ne le sais pas, en fait. Pour preuve, en ce moment, j'écris un film racontant l'histoire d'une famille soumise à un père tyrannique ; quand j'ai fait lire le texte au scénariste avec lequel je travaille, il m'a immédiatement demandé : « Mais la mère ? Elle est où ? » – « Ah ! c'est vrai ! » Je l'avais oubliée. J'en avais fait un personnage très effacé et qui devenait invisible quand le père se mettait à crier. La mère, ce n'est qu'un fantôme...

À la mort de ma mère, mon père a été très courageux. Il nous a élevés tous les trois, comme il a pu. Il a fait des erreurs, c'est normal ; être père et mère à la fois, ce n'est pas simple. J'ai pu aussi trouver de l'affection auprès de mes tantes qui sont devenues, d'une certaine façon, des substituts maternels. Mais très rapidement, j'ai voulu m'adapter, seul, à l'absence de ma mère, du moins en apparence. Et c'est maintenant, à 40 ans, que je sais qu'elle m'a manqué. Jeune, j'en étais totalement inconscient, mais aujourd'hui, quand je vois les rapports compliqués que j'entretiens avec la vie, la mort, ma femme, les femmes... je comprends que cela tient beaucoup à cette perte, au côté « bancal » de ma jeunesse. Je suis un éternel insatisfait. Comme si je cherchais encore et toujours quelque chose... ou quelqu'un. Peut-être... Tout ce que je sais, c'est que perdre sa mère quand on a 11 ans, ce n'est absolument pas naturel. Et ce sont des détails infimes qui vous le rappellent, au quotidien. *L'Incompris*, de Luigi Comencini, décrit cela très bien : ce film raconte l'histoire de deux garçons qui ont perdu leur mère à l'âge où, justement, mon frère et moi avons perdu la nôtre. Je me suis retrouvé tout au long de ce film. Dans cette scène, par exemple, où le garçon est sous sa douche. Il n'arrive pas à attraper sa serviette, alors il appelle : « Maman ! »... Et il se tait. Quand un môme réalise qu'il n'a plus de raison de prononcer ce simple mot, c'est très... bizarre. Violent. Il y a aussi cette scène où l'enfant s'effondre en découvrant que, par une mauvaise manipulation, il a effacé l'enregistrement de la voix de sa mère sur une cassette. Cette scène-là, je l'ai vécue, à l'identique... Puis il y a les cauchemars sur la mort, qui vous hantent toutes les nuits, toutes les nuits... Et vous savez que votre mère ne viendra pas vous consoler, vous serrer contre elle... Vous avez 11 ans, et pas de bras de mère pour vous rassurer... Je ne cherche pas à faire dans le pathétique ou le larmoyant en vous racontant cela. Je vous décris simplement la réalité. Ce qui se passe vraiment, concrètement, quand la mère n'est plus là. Vivre cela, quand on est un enfant, c'est moche. Oui, c'est tout sauf normal.

Pour conclure : Histoire d'un amour « suffisamment bon »

« N'oublie pas que ton fils n'est pas ton fils mais le fils de son temps. »

CONFUCIUS

C'est une histoire d'amour pas comme les autres. Elle l'aime parce qu'elle l'a désiré, parce qu'il lui ressemble sans être son double et concurrent, parce qu'il lui permet de s'inscrire dans la lignée du premier homme qu'elle a aimé, son père, et dans celle de l'homme qu'elle a élu, son partenaire. Elle l'aime parce qu'il la comble, ce « bout d'elle » sorti d'elle, parce qu'il la rend forte et puissante, ce jeune garçon devenu homme. On ne se déleste pas si facilement du poids d'une éducation sexiste imposée pendant des siècles...

Il l'aime parce qu'il lui doit la vie, les premiers soins, les premiers câlins, les premiers mots et regards doux. Toutes ces attentions sécurisantes qui lui ont donné confiance en lui et aux autres. Il l'aime parce qu'elle est le premier visage et corps de femme qui lui ait été donné d'aimer et, inconsciemment, de désirer.

C'est une histoire d'amour jalonnée de ruptures indispensables. La première, un coup de ciseau du chirurgien dans un cordon. Ensuite, un peu d'air et d'espace qu'il faut laisser entre elle et ce bébé, pour lui apprendre à supporter les délais et absences, puis pour l'inciter à se tourner vers le monde. Et plus le temps passe, plus cet air et cet espace entre eux s'étalent. Elle qui lui a appris à marcher le voit bientôt courir après les filles. Souvent, si elle s'écoutait, elle ferait tout pour le retenir. C'est vrai, n'ont-ils pas tout pour être heureux ensemble ? Ils pourraient se suffire l'un l'autre : elle le bichonnerait, il la protégerait ; elle l'admirerait, il lui dédierait ses trophées... Mais deuxième coup de ciseaux assené dans le cordon, cette fois de la main du père. Sa présence rappelle à la mère qu'elle est femme avant tout et qu'il lui faut déplacer son désir ailleurs que dans ce fils. Il lui rappelle aussi que ce fils n'est pas qu'à elle et qu'elle ne saurait répondre seule à tous ses besoins. Il faut un père à ce garçon, très tôt, et de plus en plus ; il lui faut un homme auquel s'identifier pour devenir homme lui aussi.

Depuis quelque temps, ils s'embrassent moins. Elle n'ose plus ; il la repousse. Elle l'a vu traîner avec une fille. Est-ce qu'ils sont ensemble ? Il rougit, s'énerve quand elle lui pose cette question. Et c'est le cordon, encore, qui s'effiloche, sous l'effet des coups de gueule d'un ado. C'est la crise dans le couple mère-fils. Il explique comme il peut qu'il veut plus d'indépendance, plus d'air, plus d'espace. Elle va essayer d'apprendre à l'aimer autrement ; prendre du recul.

Elle recule... elle recule. Et de loin, le regarde. C'est vrai qu'il a changé. Il a l'air d'un homme. Puis il a des passions qu'elle ignorait ; il défend des opinions qui ne sont pas toujours les siennes ; il a des goûts qu'elle ne comprend pas... On dirait quelqu'un d'autre. C'est Quelqu'un. Un Autre.

Depuis qu'il a quitté la maison, elle le voit moins souvent. C'est dur, même si elle doit bien l'avouer, elle se sent soulagée. Boulot, amour, voyages... Elle n'a plus ce sale sentiment de culpabilité qui l'empêchait de toujours profiter à 100 % de sa vie de femme.

De temps en temps, il passe la voir. Petit, à peine avait-il franchi le seuil de la porte qu'il lui sautait dans les bras, avant de sortir de son cartable un objet à peine identifiable mais pétri de ses mains. Désormais, ses preuves d'amour ont la forme de Tupperware vides ou de sacs débordant de linge sale. C'est différent. Une autre façon de lui prouver qu'il ne l'oublie pas et qu'elle a sa place bien à elle dans sa tête à lui. Il refuse que sa copine lui lave ses caleçons. Cela reste un privilège maternel. Si ce n'est pas une preuve d'amour, ça...

Elle vide son réfrigérateur pour remplir les Tupperware de son fils et enfourne les kilos de linge sale dans la machine en pensant que, bientôt, ces derniers privilèges de mère d'adolescent lui échapperont. À quoi aura-t-elle droit, alors ?

Elle a droit à ses coups de téléphone réguliers. Elle a droit à ses services. Quelle chance elle a d'avoir un fils médecin qui la débarrasse de ses maux de dos ! Ou plombier qui lui répare sa chaudière ; ou peintre qui discute avec elle des dernières expos ; ou même chômeur qui lui explique combien la réalité du monde du travail a changé... C'est aussi grâce à lui qu'elle se découvre l'âme d'une grand-mère gâteau et d'une belle-mère attentionnée. Il lui parle de son travail, de sa famille, de ses passions, de ses projets. Elle n'est pas d'accord sur tout. Elle fait valoir son point de vue, simplement. Sans chercher à le convaincre. Comme une femme face à un homme presque quelconque, sinon qu'il a ses yeux. Parfois, ensemble, ils feuillettent de vieux albums photos. Le petit Léo est si content quand grand-mère lui raconte les bêtises que faisait son papa à son âge...

Il aime la grand-mère qu'elle est devenue, douce, attentive. Est-ce qu'elle l'a été tout autant avec lui quand il était petit ? Oui, il se souvient de ses câlins, de sa tendresse. Mais il se souvient surtout de son père ; cet homme qu'il admirait et qui le comprenait si bien. Souvent, ils allaient au parc ensemble, jouer, courir... Sa mère ? Elle venait parfois, pas toujours. Elle ne l'a pas étouffé ; jamais elle ne s'est mêlée de ses histoires personnelles. Il s'est pourtant toujours senti très proche d'elle, même s'il ne le lui a pas toujours dit. Malgré de vraies embrassades, une certaine pudeur demeure entre eux. Il n'a jamais cessé d'avoir pour elle un profond respect. La femme qu'elle est l'intéresse et l'agace aussi, parfois. Ils ne sont pas d'accord sur tout, c'est normal. Mais la vieille dame qu'elle est aujourd'hui l'attendrit. De temps en temps quand il ne va pas bien, il aurait envie de se réfugier dans son giron, comme avant... Il est certain qu'elle se laisserait émouvoir et qu'elle lui ouvrirait ses bras. Mais non, il ne faut pas, pas comme avant. Ils ont passé l'âge. Chacun sa vie, à présent. Toute son enfance, il a su, il a senti qu'il pouvait compter sur elle. Aujourd'hui, il espère qu'elle sait, qu'elle sent qu'il peut être là si elle a besoin de son aide.

Elle est fière de son enfant, fière de cet homme, de ce père qu'il est devenu. Elle comprend qu'elle a bien fait de lutter contre l'envie de garder auprès d'elle ce « bout d'elle », ce « petit d'homme ». Elle a tenté d'être là pour lui tout en étant, et de plus en plus, « ailleurs ». Elle s'est efforcée, seule et grâce à son mari, son compagnon, d'être dans « l'entre-deux » avec son fils. Ne pas gaver ni priver. Ne pas étouffer ni manquer. Ne pas vouloir être parfaite ni culpabiliser d'être parfois « mauvaise ».

C'est l'histoire d'un amour qui, à force d'efforts sur soi et de respect de la liberté de l'autre, est devenu tendresse, reconnaissance, fierté.

L'histoire d'un amour « suffisamment bon » entre une mère et son fils.

Remerciements

Ce livre n'aurait jamais existé sans la proposition et le soutien chaleureux de Véronique de Bure. Qu'elle soit ici remerciée de la motivation et de la détermination qu'elle a su m'insuffler. Merci aussi à Anne et Alain Carrière pour leur confiance.

Merci à mes parents, et à ces vrais amis qui, parce qu'ils croient en moi, me donnent envie d'y croire, moi aussi.

Merci aux spécialistes pour leur collaboration active et aimable.

Enfin, merci aux mères, fils, frères qui ont bien voulu témoigner. En espérant que cette expérience ne pourra que les servir.

Bibliographie sommaire

Principales publications des spécialistes intervenant dans l'ouvrage

BEN SOUSSAN Patrick :
Le baby-blues n'existe pas, Érès, 2003.
Comment ça fonctionne un père ?, La Martinière, 2003.
La grossesse n'est pas une maladie, Syros, 2000.
Le Bébé à l'hôpital (dir.), Syros, 2000.
Le Bébé imaginaire, Érès, 1999.

BERGERET-AMSELEK Catherine :
Le Devenir adolescent aujourd'hui (dir.), Desclée de Brouwer, 2004.
Naître et grandir... autrement (dir.), Desclée de Brouwer, 2001.
Devenir parent en l'an 2000 (dir.), Desclée de Brouwer, 1999.
Le Mystère des mères, Desclée de Brouwer, 1996.

CAMDESSUS Brigitte :
Les Héritages familiaux (coll.), ESF, 1999.
La Fratrie méconnue (dir.), ESF, 1999.

DELAROCHE **Patrick :**
Psy ou pas psy, Albin Michel, 2004.
La Peur de guérir. Les résistances à la psychanalyse, Albin Michel, 2003.
Adolescents à problèmes, Albin Michel, 2000.
Doit-on céder aux adolescents ?, Albin Michel, 1999.
De l'amour de l'autre à l'amour de soi, Denoël, 1999.
Parents, osez dire non !, Albin Michel, 1996.
Le Psychodrame psychanalytique individuel, Payot, 1996.

HALIOUA **Bruno :**
Mères juives des hommes célèbres, Bibliophane, 2002.
La Médecine au temps des pharaons, Liana Levi, 2002.
Histoire de la médecine, Masson, 2001.
Blouses blanches, étoiles jaunes, Liana Levi, 2000.

KNIBIEHLER **Yvonne :**
La Sexualité et l'Histoire, Odile Jacob, 2002.
Maternité, affaire privée, affaire publique, Bayard, 2001.
Histoire des mères et de la maternité en Occident, PUF, coll. « Que sais-je ? », 2000.
La Révolution maternelle depuis 1945, Perrin, 1997.

VAILLANT **Maryse :**
Vivre avec elle. Mère et fille se racontent, La Martinière, 2004.
Il m'a tuée, La Martinière, 2002.
Les Violences du quotidien, La Martinière, 2002.
Nos Grands Enfants (18-25 ans), Michel Lafon, 2002.
Il n'est jamais trop tard pour pardonner à ses parents, La Martinière, 2001.

L'Adolescence au quotidien, La Découverte, 2001.
L'Enfant ; *Le Couple* ; *Les Ados (12-18 ans)*, Michel Lafon, 2001.

VALLET Odon :
Petit Lexique des guerres de religion d'hier et d'aujourd'hui, Albin Michel, 2004.
Les Religions dans le monde, Flammarion, 2003.
L'Évangile des païens. Une lecture laïque de l'Évangile de Luc, Albin Michel, 2003.
Une autre histoire des religions (2 t.), Gallimard, 2002.
Petit Lexique des idées fausses sur les religions, Albin Michel, 2002.
Dieu a changé d'adresse. Propos d'un pharisien libéré, Desclée de Brouwer, 2001.

Dernières parutions des auteurs et artistes intervenant dans l'ouvrage

Édith CAHIER MITTERRAND, *Ma Famille Mitterrand*, Robert Laffont, 2002.
Andrée CHEDID, *Rythmes*, Gallimard, 2003.
Louis CHEDID, *Un ange passe*, 2004.
Fiona GÉLIN, *Retour d'errance*, Michel Lafon, 2003.
Jacques LANZMANN (avec Florence Lanzmann), *La vie commence à Marrakech*, Le Rocher, 2004.
Frédéric MITTERRAND, *Mauvaise Vie*, Robert Laffont, 2003.
Élie SEMOUN, *Élie annonce Semoun*, Universal Pictures, 2004.

Table des matières

IMPRIMÉ EN ESPAGNE PAR LIBERDÚPLEX

pour le compte des
Nouvelles Éditions Marabout
D.L. nº 79744 - février 2007
ISBN : 978-2-501-05303-7
40.8885.2/01